古典文獻研究輯刊

初 編

潘美月・杜潔祥 主編

第17冊

朱彝尊《經義考》研究（下）

楊 果 霖 著

國家圖書館出版品預行編目資料

朱彝尊《經義考》研究(下)／楊果霖著 — 初版 — 台北縣永和市：
花木蘭文化工作坊，2005〔民 94〕

目 6＋259 面；19×26 公分（古典文獻研究輯刊 初編：第 17 冊）

ISBN：986-81660-1-2（精裝）
1.經義考－研究與考訂

090.21   94018884

ISBN 986-81660-1-2

9 789868 166011

古典文獻研究輯刊
初　編　第十七冊   ISBN：986-81660-1-2

朱彝尊《經義考》研究（下）

作　　者　楊果霖
主　　編　潘美月　杜潔祥
企劃出版　北京大學文化資源研究中心
出　　版　花木蘭文化工作坊
發 行 所　花木蘭文化工作坊
發 行 人　高小娟
聯絡地址　台北縣永和市中正路五九五號七樓之三
　　　　　電話：02-2923-1455／傳眞：02-2923-1452
電子信箱　sut81518@ms59.hinet.net
初　　版　2005 年 12 月
定　　價　初編 40 冊（精裝）新台幣 62,000 元

朱彝尊《經義考》研究（下）

楊果霖　著

目

錄

下　冊

第七章 《經義考》的體例

明清書目在眾多學者的努力下，開創出嶄新的風貌，使目錄的體制及其架構，逐步走向成熟的階段。孫永如在《明清書目研究》中指出：

> 明清書目的發展狀況是空前的，明清書目事業的成就也是巨大的。
> 在目錄之學蔚然興起的社會氣圍之下，經過許多學者的不懈努力和探
> 索，明清書目在部類設置、著錄體例與學術內容的開拓等方面都取得了
> 超越前代的顯著成就〔註1〕。

經過許多學者的努力與探索，書目編纂的觀念與方法，也逐漸形成共識，遂發展出較為完善的體系，使明清書目能有突破性的進展，並能超越前代書目的成就。

明清書目的特點，乃是體例的完備，在長期編纂經驗之下，使得書目的編纂，已能發展出完善的體系。孫永如在《明清書目研究》中指出：

> 熟悉書目體例是正確使用書目的關鍵。因為，書目體例規定了書目
> 性質，收錄範圍，編製形式，著錄內容，并決定了書目作用的異同和大
> 小。要熟悉書目體例，主要在於認真閱讀書目的序跋和凡例〔註2〕。

書目的體例，是使用時的關鍵，若未能熟悉書目的體例，則勢必無法正確的使用書目，也將造成讀者使用的不便。古代書目的編輯體例，多置於序跋或是凡例之中，尤其有關凡例的說明，將使我們掌握書目編纂的要點，以便瞭解其運用的方式。

有關書目的凡例，是讀者使用書目的關鍵，但古人在撰書之時，亦有未曾備有凡例說明，使人難於考索其編纂法則，增添使用的困擾。誠如劉兆祐先生所論：

> 前人著述，書前多不言其例，讀者每感不便，所以考釋一書的凡例，

〔註1〕孫永如：《明清書目研究》，（合肥：黃山書社，1993年7月），頁17。
〔註2〕同前註，頁189～190。

也是整理古籍的一種方法〔註3〕。

古人撰書，往往缺乏凡例說明，是以會造成讀者使用的不便，若能考出書籍撰述的體例，使其便於後人使用，也是整理古籍的一種方式。《經義考》雖有〈自序〉之目，但卻有目無辭，且無凡例說明，是以若要運用該書，勢必先要瞭解其書的體例，方能便於檢索，利於讀者的運用。

《經義考》的卷帙繁富，故能形成完善的著錄體制，歷來論及其書體例者，首推《四庫全書總目提要》卷八五的說明：

> （《經義考》）每一書前，列撰人姓氏，書名卷數。其卷數有異同者，則註某書作幾卷。次列存、佚、闕、未見字。次列原書序跋、諸儒論說，及其人之爵里。彝尊有所考正者，即附列案語於末。……上下二千年間，元元本本，使傳經原委，一一可稽，亦可以云詳贍矣〔註4〕。

上述引文指明竹垞書中的體例，包含有撰者、書名、卷數、存佚、敘錄（序跋、諸儒論說、其人爵里）、案語諸項，歷來介紹《經義考》者，率皆依循本書的論點，且稍加改進，其中較有成果者，首推田鳳台〈朱彝尊與經義考〉一文，該文即源出《四庫全書總目提要》的要項，並加以增飾條列次，使讀者能有較爲系統的認識，茲將田氏之說，轉錄如下：

> 《經義考》著錄群籍之體例，每一書將撰著人姓名列在書名之上（其撰著人不詳者則僅列書名）。次列卷數（卷數有不同時則注某書作幾卷）。又次列存、佚、闕、未見字樣。然後迻錄原書序跋、歷代經師論說，至於著作人生平、時代皆不著錄，完全要從這些序文中才知。其書籍之排列，除御注敕撰一卷冠之卷首外，是按朝代排列，惟於全經內專說一篇者，則附錄全經之末，遂令時代參差。序錄之後，彝尊有所考證時，則附以案語〔註5〕。

田氏之文，較四庫館臣所論的要點，更加細緻，頗有參考的價值。今擬參酌田氏之說，並試加闡發己意，略依作者、書名、卷數、存佚、案語諸項，分別立說，並嘗試增補田氏未善之處，重新釐定該書的體制，以示《經義考》之善備，並爲研治目錄者的參考。

〔註3〕劉兆祐：〈臺灣地區博碩士論文在整理古籍方面之成果並論古籍整理人才之培育〉，（台北：《書目季刊》，1996年9月，三十卷二期），頁38。

〔註4〕（清）永瑢等撰：《四庫全書總目》上冊，（北京：中華書局，1992年10月），頁732。

〔註5〕田鳳台：〈朱彝尊與經義考〉，（台北：黎明文化事業股份有限公司，《古籍重要目錄書析論》第五章，民國79年10月1日），頁145。

第一節　作者著錄體例

　　《經義考》的作者著錄，每置於書名之前，田鳳台先生將其體例略分爲九項，茲條列其要項如下，以便論說：

　　　1、姓名全冠著（者）

　　　2、衹冠姓氏者

　　　3、衹冠名者

　　　4、書亡名氏者

　　　5、皇帝則不題姓名

　　　6、同人有二種以上同類著作，則僅前一書著其姓名

　　　7、姓名有疑者，則注於其下

　　　8、冠其父姓名者

　　　9、冠其封號者〔註6〕

上述僅是標舉田氏所論的要項，至於田氏之文，尚備有例證證成其說，惟未有其他說明。然而，仔細審視其說，雖盡力析出有關作者的條例，但多依其客觀條件加以歸納，不僅未能確實析出使用的通則，也無法反映出著錄作者的體例，茲重新釐測如下：

一、有關清帝的撰注，列於通篇之首，不另析其類別；至於列朝皇帝撰著，則列於各朝之首，且不題姓名，以示尊王之意

　　《經義考》收錄有關清帝撰、注之作，別立「御注」、「敕撰」之目以繫之，但將清帝撰著，置於通篇之首，混淆其中的類別，使得淆亂著述體例。有關帝室撰著，究竟應如何安置，莊清輝《四庫全書總目經部研究》指出：

　　　　考《漢書・藝文志》將高帝、文帝所撰，雜置諸臣之中，殊爲非體。

　　而唐徐堅《初學記》、（明）焦竑《國史經籍志》、（清）朱彝尊《經義考》，

　　將帝王之作，升列歷代之前，雖有臣子尊君之大義，卻有失時代之次序，

　　四庫館臣蓋因襲「《隋書・經籍志》以帝王各冠其本代」〔註7〕。

有關皇帝撰著的安排，大致有上述三項方式〔註8〕，其中以《隋志》的安排，較爲學者接受。從上述的議論中，可以明顯感受到《經義考》將清帝之作，升至通篇

〔註6〕同前註，頁145～146。

〔註7〕莊清輝：《四庫全書總目經部研究》，（台北：國立政治大學中文研究所碩士論文，民國77年），頁111。

〔註8〕除上述三項之外，尚有《澹生堂藏書目》，係將帝製及敕撰之書籍，分列於各部各類之首，此種方式較罕見學者使用，僅羅列於此，以供參考。

之首的缺點，乃是錯失時序的作法，是以並非良好的處理方式。然而，「御注」、「敕撰」之目，是否確實出自竹垞之手，恐仍有疑慮，說法詳見第八章「《經義考》的分類」一文。

除清帝之外，其餘帝王之作，則置於該朝之首，且竹垞著錄的方式，不稱其姓名，以示尊敬之意，如《經義考》卷十二，梁武帝《周易大義》條〔註9〕屬之。

二、一般作者，稱名不稱字例

歷來書目在作者的著錄上，往往複雜難辨，或稱名，或稱字，或稱號，標準既不一致，難以指出作者的真實身份，使讀者產生判斷的困擾，竹垞則一一改以姓名著錄，不另稱其別號，例如：《經義考》卷八十八，汪玉《尚書存疑錄》；王崇慶《書經說略》；王道《書億》；梅鷟《讀書譜》〔註10〕等等，均是「稱名不稱字之例」，如此的著錄方式，可以免去姓名紛亂之誤，有助於指明作者的身份，實有其可取之處。

三、竹垞尊長，不稱其名例

竹垞在作者的著錄上，大抵係稱呼其名，這是著錄的通則。若是竹垞的尊長，則尊稱其「公」，不敢直呼其名，以示敬稱之意。翁方綱《經義考補正》卷第十，唐公文獻《青宮進講經義》條下云：

> 此稱公者，唐文恪之長子允恭，竹垞外祖也，詳見《補正》第一卷《周易集解》下〔註11〕。

此事經過翁方綱等人的披露，業已確證無誤，至於其處理的原因，則見於《經義考補正》卷第一，李鼎祚《周易集解》條下云：

> 此條下有潘恭定公序曰一條，其偁潘謚者，潘恩，字子仁，上海人。明嘉靖癸未進士。南京工部尚書，謚恭定，竹垞祖母徐之祖父也。竹垞此書終以家學自敘，儼若用馬班史例自成一家之言，故於所親不敢偁名如此，然義取尊經，考當紀實，司徒搏班彪，尚偁於漢書贊語，則於潘獨偁其謚，徒以留待後人考索耳〔註12〕。

此事雖屬罕例，但竹垞有此項的安排，卻是不爭的事實。竹垞對於自己的尊長，

〔註9〕朱彝尊：《經義考》，（台北：臺灣中華書局據揚州馬氏刻本影印，民國68年2月台三版），卷十二，頁3。

〔註10〕同前註，卷八八，頁6。

〔註11〕翁方綱：《經義考補正》，（台北：新文豐出版有限股份公司，民國73年6月），卷第十，頁153。

〔註12〕同前註，卷第一，頁7～8。

不稱其名，但稱其諡者，雖能表示其敬意，但卻增加後人查考的不便，若非翁方綱等人留下的案語內容，則其中的始末，恐怕無法爲後人所知悉。

四、不詳作者全名者，則盡力考出其相關資料，若二者俱缺，則以「亡名氏」、「無名氏」、「名未詳」、「失名」等稱之

竹垞相當重視作者的著錄，若無法考出其全名者，則盡力考出相關資料，如《經義考》卷四十一，白雲子《周易元統》十卷〔註13〕，則以「白雲子」稱其作者，此定非其名，當係其號者也。又卷六十九引《家人經傳衍義》下案語云：

> 德亮不知姓氏，疑是趙采所撰。《文淵閣書目》有《家人衍義》二
> 冊，未審即是書否也〔註14〕。

竹垞雖疑其書爲「趙采」所撰，然尚未成爲定論，故其作者的著錄，僅題作「□氏德亮」，以示矜愼。此外，對於那些作者久佚，因而無法確立其作者，則以「亡名氏」稱之，如卷一九七，亡名氏《春秋通天竅》屬之〔註15〕，惟將其列於各朝之末，以示區隔。又《經義考》卷四十八，無名氏《大易忘筌》〔註16〕，則不知其作者，乃以「無名氏」取代其名，究其作用，與「亡名氏」相同。

又《經義考》卷六八著錄《易塵》一書，其作者僅知爲「樊氏」，是以在「樊氏」之末，標明「名未詳」字樣〔註17〕，同卷另有《周易翼義》一書，亦僅知其作者爲「洪氏」，也標明「名未詳」〔註18〕，以供讀者參考之用。至於《經義考》卷四八，《讀易記》一書，也僅知其作者爲「趙氏」，則標明「失名」字樣〔註19〕，針對上述的名稱變化，雖有不同的差異，但竹垞盡力考出其姓氏；或考出其名；或考出其號者也，均可提供我們一定的參考作用。

五、除作者姓名之外，再加上封號，藉以加重讀者的認識

《經義考》卷十二，南平王蕭偉《周易幾義》條〔註20〕，則於姓名之外，另加「南平王」封號，如此作法，可使人確認其皇室的身份，並加重讀者的認識。整體而論，作者姓名之外，若能再加上封號，雖能增加讀者的認識，且能指明其

〔註13〕參考註9，卷四一，頁1。
〔註14〕參考註9，卷六九，頁6。
〔註15〕參考註9，卷一九七，頁8。筆者案：「亡名氏」或作「無名氏」，如參考註9，卷二一一，頁5錄有無名氏《燕傳說》屬之，二者實無差異。
〔註16〕參考註9，卷四八，頁8。
〔註17〕參考註9，卷六八，頁5。
〔註18〕參考註9，卷六八，頁5。
〔註19〕參考註9，卷四八，頁7。
〔註20〕參考註9，卷十二，頁4。

身份，但此舉亦會破壞著錄的通則，徒亂其著錄的體例。

六、排列次第，係以作者的登科年代為其準則，無科名者，則統一置於該朝前後，以示區分，至於作者僅有姓氏或無名氏者，則置於該朝之末，以示區隔

竹垞在作者的著錄上，除了標舉人名之外，也能依據作者的朝代，先後排列，至於排列的法則，則是依據科舉的先後排列，例如：《經義考》卷三三，錄有王宗道、王太沖、楊忱中、吳淵、李心傳、牟子才、王萬、陸持之、羅之紀等人，其中王宗道、王太沖、楊忱中是嘉定元年（1208）的進士；吳淵是嘉定七年（1214）進士；蔡齊基是嘉定八年（1215）州戶錄；李心傳是寶慶二年（1226）正月布衣召；牟子才、王萬是嘉定十六年（1223）進士；陸持之是嘉定十六年（1223），寧宗特詔秘書省讀書，並以迪功郎入省；羅之紀是嘉定中孝感縣尉，其中除了李心傳稍有出入之外，其餘諸人皆是依據科名的先後，次第排列。又在王宗道之前，另有徐雄，係為開禧元年進士（1205），由於「開禧」在「嘉定」年間之前，故徐雄排在嘉定諸子之前；又在徐雄之前，又有黃龜朋、宋聞禮等嘉泰年間的人士，由於「嘉泰」年間更早於開禧，是以黃龜朋、宋聞禮又在徐雄之前，諸如此類的安排方式，可以看出竹垞在作者次第上，能依據科名的先後排列，至於沒有科名者，則依次插入相近年代者，至於作者僅有姓氏，甚至作者不詳者，則統一置入該朝之末，以示區隔。觀上述方法的運用，乃是承自黃虞稷《千頃堂書目》的創例，周彥文在《千頃堂書目研究》中，釐測其書體例如下：

> 集部別集類以登科年為排列準則。若無科名者，則統置於該朝科分之前，如洪武、建文；或置於該朝分之後，如永樂至崇禎〔註21〕。

竹垞《經義考》的編纂觀念，亦等同於此，是以可見其友朋間的相互影響，致使在目錄編纂的概念，亦十分近同。一般而言，《千頃堂書目》的作者依登科年為排列準則，但僅限於集部的部份，竹垞在經部典籍的編排上，亦能運用此種方法，且擴大此法的運用，顯見當時目錄學界，亦能接納此種方式，其後《四庫全書總目》亦接納此法，以為其著錄的義例。

七、託名之書，依其所託作者時代為次

竹垞對於託名的偽書，依所託的時代為次，如《經義考》卷五錄有卜商《易傳偽本》〔註22〕，則從卜商之時代，將其置於漢代諸家《易傳》之上，此法緣自

〔註21〕周彥文：《千頃堂書目研究》，（台北：東吳大學中文研究所博士論文，民國74年4月），頁120。

〔註22〕參考註9，卷五，頁1。

《漢志》，四庫館臣在《四庫全書總目》卷一指出：

> 託名之書，有知其贗作之人者，有不知其贗作之人者，不能一一歸其
> 時代，故《漢書・藝文志》仍從其所託之時代爲次，今悉從其例〔註23〕。

竹垞依據《漢志》之法，將此類的撰述，歸入所託的作者時代。

八、書籍業經重編，依其重編者時代為次

　　書籍若經過重編的程序，則其排列的次第，乃是依其重編時代爲準，使作者的排列，能符合其確實的成書時代。如《經義考》卷二五二，眞德秀《四書集編》一書下，錄有眞志道〈學庸集編後序〉引「眞德秀」云：

> 《大學》、《中庸》之書，至於朱子而理盡明，至予所編而說始備，
> 雖從《或問》、《輯略》、《語錄》中出，然銓擇刊潤之功，亦多間或附以
> 己見，學者儻能潛心焉，則有餘師矣〔註24〕。

眞德秀自言其書的編纂，乃是取擇朱熹《或問》、《輯略》、《語錄》之書，重新編纂而成。竹垞對於此類典籍的安排，則依「眞德秀」排序，不從「朱熹」的時代，這種排列的方法，其後亦爲《四庫提要》所襲用，乃是較常使用的一種方式。

九、同一作者的同類經籍，則分行排列，但作者僅題一次以繫之

　　竹垞在作者的著錄上，將同一作者的相近作品，依序排列，但只題一次作者姓名，以免過於冗雜，如卷七八，錄有劉炫《尚書述義》、《尚書百篇義》、《尚書孔傳目》、《尚書略義》等四部典籍，惟其作者的題稱，乃置於《尚書述義》之上，至於其餘三書，乃不再標示作者「劉炫」之名。

十、作者為諸人合撰者，則以「等」字區隔

　　竹垞在作者的著錄上，若爲諸人合撰的作品，則以「等」字區隔，例如：《經義考》卷十二，張該等《群臣講易疏》屬之，此類的著錄方式，原無不當，然其「等」字大字置中，難免與書名相混，故在著錄方式上，應力求小心。

　　綜合上述所論，竹垞在作者的著錄上，上承《千頃堂書目》，而更詳密，下啓《四庫提要》的編纂，影響十分重大，說法詳見第十章「《經義考》的影響」。

〔註23〕參考註4，卷一，頁2。
〔註24〕參考註9，卷二五二，頁3。

第二節　書名著錄體例

田鳳台將書名體例，略分為四項，茲簡述其條例如下：

1、祗著書名者

2、書名不同者

3、書名明言其僞者

4、注釋書名者〔註25〕

上述所論雖有參考的價值，但仍未能確實釐測竹垞書名的體例，今重新釐測如下：

一、單獨著錄書名，為共通的體例

竹垞著錄書名的通則，乃是單獨著錄於作者之下，如《經義考》卷五，楊氏何《易傳》、韓氏嬰《易傳》等均屬之〔註26〕，此類的著錄方式，較合於古書著錄的通則。

二、一人撰著數書，則作分行排列

《經義考》對於一人數書的安排，則採取分行排列的方式，《經義考補正》卷第一指出：

> 丁杰按：「按《經義考》體例，凡一人數書俱分行排列。此獨以《先天圖說》附於《易解》之下，想其說既佚不能辨其是一是二，故附於此，後似此者同之〔註27〕。

竹垞在書籍排列的體例上，若遇著一人數書，則俱分行排列，是為書名著錄的正例。例如：《經義考》卷七十一，有關「赫經」的著錄如下：

> 赫氏經《太極傳》
>
> 一卷
>
> 存
>
> 《太極演》
>
> 二十卷
>
> 佚〔註28〕

上述的書名，係為其著錄的正例，然亦有出例者，如《經義考》卷六十二，「王

〔註25〕參考註5，頁 146～147。

〔註26〕參考註9，卷五，頁 6。

〔註27〕參考註11，卷第一，頁 11。

〔註28〕參考註9，卷七一，頁 9。

立極」條下，即著錄如下：「王氏立極《易經解惑》、《學易隨筆》」〔註29〕。王立極有《易經解惑》、《學易隨筆》二書，竹垞不作分行處理，乃列於同一行下，惟這種例證的數量，要遠遜於分行排列的情況，當係一時偶失所致。

三、書名標示偽字，以示書籍偽作

竹垞對於偽籍的處理，除於案語論及見解之外，也嘗試在書名上，標示「偽」字，以示區別。如《經義考》卷二九一，《魏正始石經大學偽本》〔註30〕、卷一〇〇，端木賜《詩傳偽本》〔註31〕等等屬之，故其對於偽籍判定屬實者，乃直接標示「偽」字，藉以提醒讀者在使用上，宜注意該書的真偽問題，但若有誤判的情事，則會有誤導讀者的情況，且與原著錄書名不合，是以優劣互見，若能不改動書名著錄，則於案語詳述其原由，相信將會是更好的處理方式。

四、標示書名異稱，以供判斷準據

竹垞在書名的著錄上，亦能提供書名的異稱，藉以提供讀者判斷的準據。由於書籍有同書異名的現象，故竹垞在標記書名的同時，亦兼記書名的異稱，如《經義考》卷二五，晁公武《易詁訓傳》下，引作「一名《易廣傳》」〔註32〕，此乃摘記別名者也。

又在竹垞著錄中，亦有錄及全書，並於其下注明所錄各經名稱，如《經義考》卷二八七，《漢一字石經》下，標舉《一字石經周易》、《一字石經尚書》、《一字石經魯詩》、《一字石經儀禮》、《一字石經春秋》、《一字石經公羊傳》、《一字石經論語》等書〔註33〕，這種標注的方式，兼具注釋書名的功效，使讀者可以明瞭《漢一字石經》的內容，可以藉此得知各書的書名。整體而論，則竹垞往往指明書名的異稱，使讀者有參證的機會，不致惑於異名的差異，導致錯失判明的準據。

第三節　卷數著錄體例

〔註29〕參考註9，卷六二，頁7。又同樣的情況，另參考註9，卷三一，蔡淵《易象意言》等五書，上述五書俱佚，同列於一行之下（頁11），由於五經均佚，故竹垞僅題作「俱佚」二字，然其書與蔡淵僅存之《周易經傳訓解》一書，亦屬分行排列之例，讀者可自行參考。
〔註30〕參考註9，卷二九一，頁3。
〔註31〕參考註9，卷一百，頁1。
〔註32〕參考註9，卷二五，頁2。
〔註33〕參考註9，卷二八七，頁1。

　　古代文獻的著錄，往往以篇、卷為其計數的單位，隨著文獻體式的轉變，計數方式亦隨之轉變，如「篇」、「卷」、「冊」等單位，則為較常見到的計數單位。大抵言之，以「篇」而論，係源於簡策體式〔註34〕；以「卷」、「軸」、「幅」而論，則源於卷軸體式，「冊」則源於「冊頁體式」。然而，並非所有的計數差異，均緣於文獻體式的轉變，然有些計數方式的變化，則是隨著民眾主觀的選擇，是以有所異同，如「章」、「首」、「則」、「條」等方式，係以文獻的內容為其計數的單位。如果就其通用的時代而論，大抵在隋、唐之前，是以「篇」、「卷」為其常見的慣例。及至宋、元之後，則以「卷」、「冊」較為通用，現今於古書的計數上，則較習慣以「卷」為其計數的單位。

　　卷數計數的方式，亦頗為複雜，古書的篇卷，也往往分合無常，從「篇」、「卷」計數單位的轉變，可以考察歷代學術轉化的情況。關於此點，洪湛侯在《文獻學》中，即有如下的說明：

　　　　研究古代文獻典籍，掌握古書的篇數或卷數，也是一個重要環節。
　　　　例如從各個朝代的史志目錄所載藏書的篇、卷數，可以了解這一朝代的
　　　　藏書情況，從而考察其學術文化發展的概貌。對於有些亡佚的書，也可
　　　　從書目記載的篇、卷數中推見它的內容性質和規模〔註35〕。

透過卷數的整理及其統計，可以成為研究學術史的參考。我們可以藉由卷數的參差，來考見其書規模之外，也可藉此評斷其書的真偽、存佚、演變等差異，故能成為文獻整理的憑據。

　　朱彝尊取校諸家書目，在篇卷的計數上，亦承襲前代書目的複雜多變，是以在登錄的體式上，難免顯露出駁雜不一的計數方式。田鳳台氏對於《經義考》的卷數體例，提出五項條例，茲簡列於下，以利論證：

　　一、卷數不同者
　　二、有書篇者
　　三、有書冊者
　　四、有書軸者

〔註34〕傳統的見解，都認為「篇」的名稱，起於竹簡，而「卷」從縑帛，此章學誠《文史通義》卷三〈篇卷〉之文中，有較為詳細的論述。然而，洪湛侯在《文獻學》頁90～91 中，取銀崔山漢簡《孫子十三篇》和《孫臏兵法》及雲夢睡虎地秦簡的形式，而倡議重新審議傳統對於「篇」、「卷」源於簡冊的見解，其說可供參考。（台北：藝文印書館，民國 85 年 3 月）

〔註35〕洪湛侯：《文獻學》，（台北：藝文印書館，民國 85 年 3 月），頁 91。

五、記卷亡者〔註36〕

田氏在該文之中，雖備有例證，但體例未能完善，如其所論及的計數單位，僅及卷數、篇、冊、軸等四項，然細審《經義考》全書，則另有條、幅、則、首、章諸項，然田氏均未能論及，殊有缺憾。若審議田氏所論的五項義例，則其中所謂「卷數不同者」、「記卷亡者」，均能視爲「卷」的分化，且與其他「有書篇者」、「有書冊者」、「有書軸者」的處理方式，略有不同。以此觀之，則田氏所論竹垞卷數體例，亦顯稍有未善。其次，田氏雖備有例證說明，藉以證成論點，但未能申論其義，亦未能辨明原委，是以有關各種文獻的體式的轉變及其意義，均未能論及，是以稍顯未備。整體而論，則田氏所論的諸項條例，未能適度反映出竹垞的撰書條例，且缺乏詳盡的說明，是以仍需重新釐測，以期能反映出《經義考》的文獻體式，今重新推估竹垞卷數體例，大抵有如下幾項要點：

一、標舉出典，考其篇卷

竹垞在卷數的登錄上，多會註明出處，以示著錄有所憑據。這種著錄的方式，實不失爲較好的著錄形式。如《經義考》卷一一九，梁簡文帝《毛詩十五國風義》，在卷數的著錄上，題作「《七錄》二十卷」〔註37〕，顯見其書出自《七錄》的著錄。又卷一二二，王安石《新經周禮義》〔註38〕一書，則標記題作「《宋志》二十二卷」，則可看出其資料引證的來源，諸如此類的著錄方式，將有助於查考出典，且能使讀者獲得更多的訊息。

除了標註出處之外，有時也能標記前書的分類類目，以供參考，如《經義考》卷十一，徐苗《周易筮占》一書，則標註「《七錄》五行家二十四卷」，雖然此處《七錄》「五行家」乃是承繼《隋志》而來，但仍能提供讀者參考之用。

卷帙的登錄，若能標記出處，則能提供較好的參考依據，也是屬於較好的方式，但竹垞雖標示卷數的來源，但並非全數標示，其中尚有發現闕漏卷數，或是根據他書轉引，卻不標明出處的例證，則這種方式，仍有待進一步加以補全其說。

二、計數單位，承繼前目

竹垞在卷數的計數單位上，往往承繼前目，是以無法純以「卷」爲其計數的單位，乃兼及其他諸項的計數方式，以田鳳臺氏所考察者，即包含卷、篇、冊、

〔註36〕參考註5，頁147。田氏各舉有範例，在此不加贅舉，姑舉其例，以利論證。
〔註37〕參考註9，卷一一九，頁1。
〔註38〕參考註9，卷一二二，頁2。

軸四項，說法詳見上文。然而，若能細審竹垞全書，則尚包含有條、幅、則、首、章等五項，是以竹垞在計數的單位，有未能統一的問題，此乃源自古籍分卷方式不一，是以各書目著錄既不一致，故產生紛歧的計數單位，但從竹垞的計數單位的變化，可以窺知古籍計卷的諸多演變。下文即依次論及竹垞引證的單位，並言明其中的數量及要點：

卷：「卷」為古代書籍常用的計數單位，竹垞在《經義考》中，隨處可見以「卷」為其著錄的體例，這種著錄的方式，係竹垞認為較好的方式，惟限於出處混淆，故無法統一其說，但此種著錄方式，業已成為中國古籍著錄的重要原則之一。歷來古籍的計數方式，多已習慣以卷為其計數單位，竹垞亦不能免俗，是以其對於卷數的著錄，乃主張以「卷」為主，且對於前代僅載冊數的書目，則提出嚴正的批評。茲引《經義考》卷二百九十四的竹垞案語，以表明其看法：

迨明正統六年（1441），少師楊士奇、學士馬愉、侍講曹鼐編定《文淵閣書目》，有冊而無卷，兼多不著撰人姓氏，致覽者茫茫自失〔註39〕。

《文淵閣書目》的編訂，僅載其書冊數量，但不及於「卷數」的說明，故竹垞批評此一作法，且主張以「卷」為主，但衡諸竹垞全部的著錄體例，卻非完全以卷為計數的單位，也偶有「篇」、「冊」等各種方式，此乃緣於竹垞承自前目所致。前賢著錄既不一致，故《經義考》的纂輯，也多承繼此一疏失，導致全書無法統一卷帙的體例，是以竹垞雖明知計數應以「卷」為主，但欲求統一體例，則勢有未殆，故不得不兼及其他的計數方式。因此，導致竹垞在計數方式上，無法完全以「卷」為其計數單位，主要乃是受到時勢所限，這是必須事先加以說明。

篇：竹垞在卷數計數方式上，雖以「卷」為其記錄的主體，其中以「篇」為其計數單位者，亦佔有三九二部的典籍，如《經義考》卷五，《竹垞易經》等屬之，該書題作「五篇」〔註40〕，係以「篇」為其計數的單位。整體而論，以「篇」為計數的單位，大抵出現在古本的計數方式，是以時代略早於其他諸項的計數方式，在竹垞著錄的內容中，亦不乏許多以「篇」為計數的單位，茲不贅舉。

冊：竹垞對於卷數的體例，雖主張以「卷」為主，但由於出處來源不同，各書目的著錄亦不一致，故雖欲統一卷數的單位，卻勢有未能，導致在卷數的計數上，也兼及其他諸項，其中亦有以「冊」為名者，雖竹垞對於「有冊而無卷」的著錄方式，乃頗有微言，但其在著錄方式，亦無法統一以「卷」為單位，究其原

〔註39〕參考註9，卷二九四，頁7。
〔註40〕參考註9，卷五，頁1。

因，乃是纂輯取材複雜所致。因此，竹垞在取用前目之時，亦無法完全擺脫他法，純粹以「卷」爲其計數單位。在《經義考》的著錄上，亦有以「冊」爲其計數單位。如《經義考》卷二五，彭與《神授易圖》一書〔註41〕，其卷數的記載爲「四冊」，這是以「冊」爲其計數的例證。

章：竹垞亦有以「章」爲其計數的單位，總計竹垞書中，合計七處著錄，係以「章」爲計數的單位。一般而言，以「章」爲計數的單位，通常乃是發生在「詩類」的相關典籍，在所有七項的著錄中，全部都與「詩」類有關，僅有一條係石刻文獻，列入「刊石類」，如《經義考》卷二九一，《石刻魯頌炯篇》〔註42〕，題作「四章」；至於其他的六項著錄，則多係模擬補作《詩經》的作品，故列入「擬經」類，如鄭剛中《補南陔詩》〔註43〕，題作「五章」，由於〈南陔詩〉在《詩經》中，係有目無辭的作品，是以鄭剛中的補作作品，列入「擬經」類，亦無不當之處。

首：在竹垞著錄之中，亦有以「首」爲其計數的單位，此類合計六項著錄，係以「首」爲其計數單位，且仍是以詩的體裁出現，如《經義考》卷二一五，林子充《論語詩》〔註44〕下，即著錄作「五十首」，其餘五例近同，茲不贅述。

則：「則」是內容計數的單位，在《經義考》中，亦有以「則」爲其計數的單位，如卷四八錄有夏氏失名《讀易十字樞》一書〔註45〕，其下卷帙載錄僅錄有「十則」，惟此類例證僅此一例，今條列如上，以供參考。

幅：「幅」是圖畫的計數單位，在《經義考》中，亦兼收經籍文圖的文獻，是以會有「幅」的計數單位。卷九四，桂萼《禹跡九州圖》下，載有「四幅」字樣〔註46〕，全書數量有一例，今說明如上。

條：「條」是注文的計數單位，在《經義考》中，亦涉及經籍的注解，爲了強調「注」的本質，是以出現以「條」爲其計數的單位，惟數量不多，僅有一例，如卷二七八，柳宗元《揚子新注》下，載有「五條」字樣〔註47〕，是則可見《經義考》中，亦有以「條」爲其計數的單位。

軸：「軸」是圖畫的計數單位，在《經義考》中，亦涉及經籍文圖的著錄，是

〔註41〕參考註9，卷二五，頁4。
〔註42〕參考註9，卷二九一，頁3。
〔註43〕參考註9，卷二七四，頁4。
〔註44〕參考註9，卷二一五，頁2。
〔註45〕參考註9，卷四八，頁6。
〔註46〕參考註9，卷九四，頁4。
〔註47〕參考註9，卷二七八，頁8。

以會有「軸」的計數單位。卷二五，彭與《易義文圖》下，載有「二軸」字樣〔註48〕，全書亦僅載一項，說明如上。

綜合上述所論，竹垞在卷數的單位上，有複雜多變的情事，雖然竹垞贊成以「卷」爲計數的單位，但衡諸全書的編纂，仍無法完全統一體例。從《經義考》卷二百九十四中，我們尚可考見竹垞的相關見解：「古書著錄，未有不詳其篇卷及撰人姓氏者，故其卷帙寧詳無略。」〔註49〕同卷亦指出：

> 涿州高氏《百川書志》、連江陳氏《一齋書目》、山陰祁氏《澹生堂
> 書藏書（目）》、周藩西亭宗正《聚樂堂藝文目錄》皆詳列篇卷、姓名，
> 而祁氏於類書說部文集中，遇有經解，悉行列出，差足法也〔註50〕。

從上述的引述中，我們可以得知竹垞對於卷帙的著錄，有著相當正確的觀念，尤其是主張採取「寧詳無略」的方式，更是相當正確的處理原則。因此，竹垞對於《百川書志》、《一齋書目》、《澹生堂書藏書（目）》、《聚樂堂藝文目錄》等書目能詳列篇卷的作法，則給予高度的評價，至於竹垞無法統一著錄的體例，實乃受到形勢所迫，故難以苛責其錯。

三、定著篇卷，釐訂異同

竹垞在卷帙的著錄上，多承繼前目，但徵引既多，但前賢的卷帙著錄，亦每有不同，甚至連篇卷的單位，亦有所不同，故竹垞在篇卷的著錄上，亦需要定著篇卷的多寡，選擇其中的代表資料，加以著錄卷帙，至於其餘的不同內容，則附錄於卷帙之下，以供參考。如《經義考》卷十四，孔穎達等《周易正義》條下，載「《舊唐志》十四卷」，惟其下另注「《中興書目》同，《新唐志》作十六卷」，從此項著錄的方式上，可以考知竹垞在取擇的標準上，明顯是以《史志》爲標示的主體，且以較早的史志爲其著錄的標準。如《隋志》、《舊唐志》、《新唐志》皆有其目，則以《隋志》爲標目，其下附以《舊唐志》、《新唐志》的卷目，以備參考，至於其他書目，則在選定主標題後，再和其他史志交雜排列，這種次第的排列，實可看出其對於各書目的學術評價。

又竹垞在安排卷帙缺錄的情況時，則標注「卷亡」，如卷四十一，金華先生《易辨疑》〔註51〕一書，則題作「卷亡」，蓋既失其卷帙，則不強加標立卷目，但由於

〔註48〕參考註9，卷二五，頁5。
〔註49〕參考註9，卷二九四，頁6。
〔註50〕參考註9，卷二九四，頁7。
〔註51〕參考註9，卷四一，頁2。

此類的例證不少，是以後來則直接略去，乃不記其卷帙之名，導致出現缺題卷帙的情形。如卷十一，向秀《周易義》條下〔註52〕，既沒有標示卷帙的多寡，亦缺錄「卷亡」的標識，此類例證頗多，茲不贅舉。

綜合上述所論，竹垞對於卷帙的安排，明顯承繼前代書目的複雜多變，是以雖有心改以「卷」為其計數的單位，但卻難以辦到，是以在卷數的安排上，有篇、卷、冊、章、首、則、幅、條、軸諸例。時至今日，若我們重輯經學書目，仍將面臨竹垞當日難以定捨的問題，是以我們實難以此來非難竹垞的作為。基本上，竹垞在卷數方面的安排，雖有小誤，但其以《史志》為主要標目，並摻以其他書目注之，則可看出竹垞統合各種卷數的差異，亦能提供讀者參考的價值。

第四節　存佚著錄體例

明清之時，目錄學在著錄方法上，產生重大的變革。呂紹虞在《中國目錄學史稿》中指出：

> 每書注明「存」、「佚」、「闕」或「未見」和「存目」的方法，是這
> 一時期（指：明至鴉片戰爭前後）著錄方法的重要發展〔註53〕。

在早期目錄發展史上，其存佚體例的著錄上，多僅著錄「存」、「佚」二項，及至朱彝尊始，方始增為「存」、「佚」、「闕」、「未見」四目，孫詒讓在《溫州經籍志·敘例》中指出：

> 目錄之別存佚，自唐釋智昇《開元釋教錄》始也，朱氏沿厥舊規，
> 增成四目。存佚之外，有曰闕者，篇簡俄空，世無完帙；有曰未見者，
> 弆藏未絕，購覓則難也。四者昕分，實便檢覈。

歷來明白標示「存」、「佚」二例的判斷，乃是緣自唐釋智昇《開元釋教錄》一書，其後的書目，率皆沿襲舊規，多能加入「存」、「佚」二項的考察；至於判別「闕」例，則至遲在《隋志》之時，即已能客觀標示殘缺之例，如經部·易類《周易》二卷下注云：「魏文侯師卜子夏傳，殘缺，梁六卷」。又史部·正史類《晉書》二十六卷下注云：「本四十四卷，訖明帝，今殘缺，晉散騎常侍虞預撰。」，皆有注明「殘缺」之例；至於「未見」之例，則係竹垞真正的創見，孫詒讓綜合竹垞的分類形態，

〔註52〕參考註9，卷十一，頁1。
〔註53〕呂紹虞：《中國目錄學史稿》，（台北：丹青圖書有限公司，民國75年），頁166～177。

則以「闕」為「篇簡俄空，世無完帙」；至於「未見」則為「弆藏未絕，購覓則難也。」，若就分類的立意來看，這四種有關存佚的考察，頗便於檢覈，也能符合當代的學術見解，故此例一出，遂為後世目錄學者所沿用，尤其在專科書目的編纂上，更能蔚為時代風潮，成為目錄學者所採用的通則。相較之下，章學誠在《史考釋例》中，雖對此四目提出解說，則定義稍嫌混淆難懂，茲說明如下：

> 存佚者必實見而著「存」，知其必不復存著「佚」，然亦有未經目見而見者稱述其書，確鑿可信，則亦判「存」。又有其書久不著錄，而言者有徵，則判「未見」。如後漢謝承之書，宋後不復錄，而傅山謂其家有藏本，曾據以考《曹全碑》，雖琴川毛氏疑之，然未可全以為非，則亦判為「未見」，所以志矜慎也。又如古書已亡，或叢書刻其畸篇殘帙，本非完物，則核其著錄而判「闕」。亦有其書情理必當尚存，而實無的據，則亦判為「未見」。他皆仿此。

上述章氏對於「存」、「佚」、「闕」、「未見」的見解，雖可提供我們參考，但其對於「存」、「未見」的分野，仍有值得商議之處，章氏所謂「未經目見而見者稱述其書，確鑿可信」，則判為「存」例；然「其書久不著錄，而言者有徵」，卻判為「未見」，實含有主觀認定的成份。基本上，上述二種認知，實無太大的區別，然判定的結果，卻截然不同。若純就學理而論，則有關「未見」的考察，多含有編纂者的主觀認定，雖能志其矜慎，但最好能標示判斷的依據，否則隨著學者的學力不同，而影響其參考的價值。

近代學者呂紹虞對此四目，亦有如下的解說：「存者決其可有，佚者無事追求，闕者或可補苴，未見者偶或可遇」〔註 54〕。所謂「存者決其可有」、「闕者或可補苴」、「未見者偶或可遇」三項，並無疑義，但「佚者無事追求」，則恐有商議之處，蓋經籍雖判為「佚」籍，然限於編纂者的識見不同，則恐有誤判之虞，而縱使原書已佚，但若能透過輯佚的方式，則或許能使佚籍復存，是以如能勤於鉤勒稽覈，則或許能恢復原書本貌，故而呂氏之說，蓋係約略之辭。

田鳳台在〈朱彝尊與經義考〉一文之中，將朱氏存佚體例的運用，釐析成為五項義例，茲簡列其條目如下：

　　一、注記存佚卷數者

　　二、其書見於某書目中者

　　三、書俱佚未見者

〔註54〕同前註，頁 177。

四、有關記者

五、註明出處者〔註55〕

該文備有例證，藉以證成其說，今暫舉條例，以便下文論述。細審田氏之文，將產生如下幾點的問題：首先，在《曝書亭集》卷三十三〈寄禮部韓尚書書〉之中，即明白指出《經義考》一書，係分「存、佚、闕、未見四門」〔註56〕，是以有關其存佚的判斷，自應以此四門為其義例。田氏雖然有此認知，但卻捨棄不用，殊為可惜。若能依此四門為其存佚的判例，應可收致綱舉目張之效。但細審上述田氏所定諸例，則仍然未脫存、佚、闕、未見四項的範疇。如田氏所論之第一項條例，則合「存」、「佚」二項條例為一條例。至於其第二項條例，可列入「未見例」中之附例。第三項、第四項條例，可以併入「闕例」之中。田氏在存佚體例的考察中，捨卻現存之例，卻自擬類目，有捨近求遠，徒亂體例的缺失。其次，田氏在體例的闡釋時，往往僅舉例證，並未說明其中的意義，或係相關創發之處，似乎稍嫌簡略。歷來簿錄圖籍關於「存」、「佚」考察者，所在多有，但自《新、舊唐志》以下者，大抵均以現存典籍為著錄對象，已經甚少兼記亡書之例，竹垞不僅兼記「亡」、「佚」，甚且根據前代書目，考出「闕」、「未見」二例，其中有關「未見」的判例，係竹垞的創發之處，然田氏並未指明，於例則稍有未善。又田氏所論「註明出處者」，實不應列入存佚的考察，故有錯亂體例的現象。綜合上述所論，《經義考》的存佚體例，仍有待重新釐定，故應回歸原來認知的存、佚、闕、未見四例。至於各例的意義及其創發，亦應一併說明，以示竹垞在存佚體例的認知，實有其深遠的影響。

　　《經義考》考訂群籍，並注明存、佚、闕、未見四例，今將各類之數量及其比例，試繪一簡圖如下：

總數 8443	存	佚	闕	未　　見	其　　他
個　　數	1971	4374	46	2027	25
比　　例	23.3%	51.8%	0.5%	24.0%	0.3%

　　根據上表可知，標示存在的典籍數量，佔所有著錄總數的百分之二三，達一千九百七十一部，約為總數的四分之一，其中與標示為「佚」籍的比例，則相距

〔註55〕參考註5，頁148。

〔註56〕朱彝尊：《曝書亭集》，（台北：世界書局，民國78年4月），卷三三〈寄禮部韓尚書書〉，頁414。

近倍。考竹垞在《曝書亭集》卷三十三〈寄禮部韓尚書書〉一文中指出：

（朱氏）見近日譚經者，局守一家之言，先儒遺編，失傳者十九。

因倣鄱陽馬氏《經籍考》而推廣之〔註57〕。

若以《經義考》著錄的佚籍而論，約佔全書總數的百分之五十一，達四千三百七十四部，僅踰著錄總數的半數，縱使加入「闕」、「未見」之籍，則亦僅有全部著錄的百分之七十六左右。因此，竹垞上文所論，僅係約略概說之辭，然質諸《經義考》的著錄數量，雖略有差異，但歷代經籍佚失的情況，確實已經非常嚴重，值得學者的重視。

《經義考》初名《經義存亡考》，原係以考訂經籍存亡爲主，其後復參以諸家藏書書目，藉以增補「闕」、「未見」的判定，考此二項的補訂數量，僅佔全數的四分之一。竹垞在「存」、「佚」、「闕」、「未見」的判例，亦成爲後世考訂存佚時的參考事例，然「未見」之例，則有待確實考訂，始能確實明瞭其存佚的情況。此外，竹垞尚有二十五部的典籍，並無判明存、佚、闕、未見等情況，是以仍有出例的現象。下文即依據竹垞所訂的體例，分別標示存、佚、闕、未見四項體例，並將未能判明存佚的典籍，置入「其他」一項，以說明其中的創發及其意義。

一、存 例

胡楚生先生在《中國目錄學》中，對於《隋志》著錄書籍殘缺亡佚之例，有以下的說明：「書有殘缺亡佚者，爲便於後人考究，乃附注於約略相關之書名以下」〔註58〕。在早期書目著錄上，大抵是以現存圖書爲著錄的對象，故不需要特別標示存佚，即能客觀表達出存佚的現象，而透過書籍存在的多寡，即可分析出學術的興衰流變。由於當時書目並不需要特別標示存佚，是以有關存佚的標記，一直要到唐代以後，始明白標示書籍的存佚，以供讀者參考。然而，隨著時代的推演，目錄觀念逐漸成熟，是以書目的著錄上，並不滿足於客觀標示存佚，是以更積極的標示存佚的判定，於是產生有關存佚的判定，故能形成中國書目的重要特色。

隨著時代的推演，後世書目多能標示存、佚的判定，這種觀念的改變，更能增添書目參考的價值。《經義考》的纂輯，屬於較晚期的書目編纂，故在存佚的判定上，也就益發完整。考竹垞所判的存籍，即多達一千九百七十一部，在這些存籍之中，可以提供我們更多的考察，值得我們的重視。首先，就典籍存在的類別

〔註57〕同前註，卷三三，〈寄禮部韓尚書書〉，頁414。
〔註58〕胡楚生：《中國目錄學》，（台北：文史哲出版社，民國84年9月），頁37。

而論，分別是「易」、「春秋」、「禮記」、「書」、「詩」等五類，其中「易」類多達四百八十四部，遠較其他類別爲多，這和各類典籍收錄的多寡，有著密切的關聯。若進一步觀察其平均卷帙，「四書類」典籍躍升爲第三位，平均卷帙約在十五卷之譜，可見其保留的情況較爲完整。至於「書類」典籍的平均卷數，則降爲第七，平均約僅五卷，從其平均卷帙的多寡，可以觀察其典籍存在的情況，大致是以個人撰述爲主，並非注疏之作。

就存籍的的時代而論，以明代典籍較多，多達九百八十九部，其次依序爲宋、清、元、唐、漢、晉諸朝，這是因爲唐、宋之後，由於經濟的發達及雕版技術的盛行，間接帶動圖書的流通，圖書數量也因此提升，使得書籍更易保留，是以距離較近的時代，則其圖書的保存情況較好。從經學史的概念來看，則明代的典籍，其存在的數量最多，但歷來評價較低，是以在經籍的創發上，顯然要較爲薄弱一些，故仍有研究的空間。此外，元代經學的發展，一向不爲世人所重視，但從存在的典籍來看，則元代的典籍，仍位居前幾名，如就存在的年份來看，則其所佔的比重亦多，值得學者重新評估其價值。因此，若限於傳統的觀念所限，則對於元代經籍的研究，恐會錯失值得探述的主題，是以仍需學者投注更多的心力，去注意有待元代經學的課題。整體而論，在經籍的保存上，應以間隔的時代愈短，則保存的情況，理應愈好，若就此一概念看來，則原應以清代典籍的保存最好，但在數量的統計上，卻遠遜於宋、明兩朝，甚且落於元朝之後，如若探究其中的原因，則是因爲竹垞處於清初時期，是以未能收錄有清全期的經籍數量，致使存籍的數量並非最多，但若就佚亡的情況而論，則清代被判爲佚籍的情況，顯然要較其他朝代更少。

從作者的人數來看，則撰著經籍的作者頗多，但甚少出現較大規模的經籍撰著，至於清朝、晉朝的平均典籍卷數，明顯勝過其他各朝，顯示此一時期的經學撰述，有較大規模的纂輯成果。至於漢代存在的平均卷數，則明顯要遜於他朝，這可能和其卷數計數方式的差異，有著密切的關聯。

綜合上述所論，經學的發展、興盛，與其典籍存在的多寡，有著極爲密切的關聯，如若經學不受到重視，則經籍的存在、創作的數量，將相對減少，甚至容易被時代的洪流所淹沒，而難以受到世人的重視。當我們檢視《經義考》的著錄時，發覺存籍的數量明顯減少，顯見歷來經籍的創作雖多，但亡佚的數量，卻十分嚴重。時至今日，竹垞當日判爲存籍的經籍，究竟又有多少的流失，實難以重新評估。因此，若要改善整體經學研究的困境，勢必要重新掌握經籍存在的狀況。

二、佚　例

所謂「佚」，乃是指其書確實亡佚，不復存於世間。然而，這種判斷的觀念，雖是十分顯明易懂，但判例僅供參考，仍會隨著判定者的學識深淺，致有不同的解答，尤其是歷來的藏書資料，往往藏於各種地方，在缺乏索引的情況下，容易會有錯誤的判例。而且，縱使其書已判爲佚籍，若經過後人的蒐求，或能使佚籍重現於世間，是以前賢有關存佚的判定，實難確實無誤的反應事實的眞象。

竹垞有鑒於經籍佚失的嚴重，乃大量從事經籍的考訂，以期有助於後人的參考。當我們在檢視該書的著錄時，確實發現經籍漏失的情況，十分嚴重。如就亡佚典籍的分類而論，以「易類」佚失，最爲嚴重，竟高達一一一一部，五〇七九卷典籍，其數量之多，主要肇因於「易」類典籍較多所致。至於「春秋」類典籍，有七四九部典籍，五七〇五卷，雖然在部數統計上，未如「易類」，但卻在卷數統計超越「易類」典籍。其次，乃爲書類、詩類、禮記等三類，基本上，在佚失典籍中，係以五經類的典籍爲主。惟值得注意的是在五經類典籍之下，緊接著係「論語類」典籍，其中佚亡的總數，也高達到二八三部，一二六七卷，如就其比例而論，其數量相當繁盛，究其主要的原因，可能是因爲「四書類」典籍的合印，使得「論語」、「孟子」的單行注疏、研究之作，逐漸被時代淘汰所致。

就亡佚典籍的時代而論，以宋代經籍佚失最多，遠遠超過其他各朝，達一八七三部典籍，超過佚失典籍的四成以上，這種佚失的數量，著實令人驚訝。其次，依次是元代（四七〇部）、晉（二七九部）、漢（二七九部）、唐（二〇九部）等等，至於明、清二朝，由於所處的時代，較接近竹垞纂輯的朝代，是以在佚籍的統計上，明顯要低於上述各朝。在眾多統計結果中，特別要注意到清代的統計數字，竹垞身處清代初期，但在佚籍的統計上，也有六部典籍亡佚不存，顯見某些典籍在成書之後，未能確實保留，且典籍若未經刊印傳世，則其佚失的現象，將更爲明顯，是以典籍保留的重要性，實不可等閒視之。

竹垞在佚籍的判定上，亦深刻影響到後來經籍的輯佚風氣。清人在復古的風尚下，相當重視經籍的輯佚，故其考訂的結果，能成爲學者率先輯錄的對象，間接達到保留文獻的功效，且能帶動乾嘉考證學派的發展。此外，竹垞在佚籍的判定上，雖有助於讀者收集佚籍的作用，但其中有錯判的情事，在經過清人的糾繆之後，已能有較清楚的認識，說法詳見第九章「《經義考》的缺失研究」一文。

綜合上述所論，竹垞有關「佚」籍的判定，由於觀念十分明確，是以在認知上，較不會產生疑義，但限於編目者的識見不同，故在判別的結果上，間有失誤的情形，是以有關存佚判定的結果，只能形成相對性的參考價值，至於確實的判

定，則有待讀者細心的考究，才不致於產生錯判的情況。

三、闕　例

　　所謂的「闕」，是指書籍的存在不全，有漏失的現象。在《隋志》的著錄上，即能標示「殘闕」之例，惟例證亦少，尚未形成體系。此後，《唐藝文志》、《崇文總目》亦有曾著錄「闕」字的判例。《續宋會要》指出：

　　　　紹興十二年（1142），從向子期言，以《唐藝文志》及《崇文總目》
　　　新闕之目，注闕字於其下，頒諸州搜訪，但存六十六卷之目，而無敘釋，
　　　晁（公武）、陳（振孫）及近世諸家書目著錄之一卷本是也〔註59〕。

是以有關「闕」的判例，並非始自竹垞，自唐、宋以來，即有書目標示「闕」例，以備搜訪之用。竹垞在《經義考》中，亦有標示「闕」字的判例，如就典籍的分類而論，是以「易類」的典籍較多，此點和其他諸項的判定相近。但由於「闕」例的判定較少，縱使在「易類」典籍中，亦僅有十七部，二二○卷的典籍，被判為「闕」籍，其中的數量，明顯要低於其餘諸項的判別，是以有關「闕」典的判定，實無太多說明的必要。除去「易類」典籍之外，其餘的類別，則依序是「群經」、「詩」、「書」、「禮記」等類，然數量亦僅六部、五部、四部、三部而已，實顯得無足輕重，僅羅列以為說明。如再就典籍的時代而論，仍以宋代為盛，佔有十八部，其餘則分別為明（八部）、元（三部）等等，亦較少探述的價值。

　　竹垞對於「闕」例的判定，明顯較「存」「佚」的判例稍晚，是以有些案語之中，顯示其書已為殘缺之籍，但其仍判為「存」籍，如：《經義考》卷二三四錄有余允文《尊孟辨》一書，竹垞判別為「存」籍，但其下案語則云：

　　　　余氏《尊孟辨》五卷，今惟辨「溫公疑孟」十一條；「史剟」一
　　　條；「李泰伯常語」十七條；「鄭叔友藝圃折衷」十條；附載《晦菴全
　　　集》中〔註60〕。

據案語所論，該書確有遺漏，理應置入「闕」典，但竹垞仍判為「存」籍，是以朱昆田在校注本書之時，則在「存」字之下，另立「闕」字，此一判例，可以顯出竹垞在存佚的判斷上，有刪改未盡的遺跡。此類的案例，尚有卷十七，范仲淹《易義》〔註61〕、卷十七，陳襄《易講義》〔註62〕、卷二四九，瞿九思《六經以俟錄》〔註

〔註59〕同前註，頁54。
〔註60〕參考註9，卷二三四，頁2。
〔註61〕參考註9，卷十七，頁7。

63）等等，理應改作「闕」字，然竹垞當日未能改判，致使留下前後判例不同的情況。

四、未見例

竹垞在四項判例之中，尤以「未見」之例，備受學者的批評，此項判例的定義，較不明確，且受限於判斷者的識見不同，將導致判定的成果，會有極大的差異。綜合竹垞的判例，其所謂的「未見」，乃是指前人有所著錄，但出處或疑，導致無法確實判明存佚，但由於近人曾經著錄，且言之鑿鑿，是以雖未能親見，無法確實判為「存」籍，但也並非「佚」籍，由於是非難斷，故於「存」、「佚」之間，別立出「未見」之例，以俟後考。惟此類的判例，由於無法確實釐出存佚，其結果會有較大的爭議，因此有較多判別錯誤的情形，有待重新評斷其確實的狀況。如就典籍的分類而論，在所有「未見」的判例中，仍以「易類」典籍居首，佔有四三三部，一四九五卷，其數量頗多，緊接著是「禮記類」（三二九部）、「書類」（二五六部）、「春秋類」（一九七部）、「四書類」（一五七部），「群經類」（一四八部）、「詩類」（一三〇部）等等，若以該類的數量而計，則「禮記類」、「四書類」等類，均佔該類四項判例的首位，顯見竹垞對於此類典籍的判斷，多承繼前目，無法確實還原存佚，是以顯得較無把握，有含混的情況。相較之下，竹垞在「易類」、「詩類」典籍的判斷上，則顯得較有把握。由於竹垞在《易》、《書》、《詩》等類，完成較早，是以多有存、佚的判定，至於其他諸類，由於成書較晚，故考訂的成果，也顯得較為粗竦。

就典籍的時代而論，明代典籍判為「未見」者最多，竟高達一三〇三部；其次，以宋代次之，卻僅有三六九部；其次依序是元代（二四一部）、清代（四二部）、唐（八部）等等，其中又以明代典籍被判為「未見」的情況最多，清代也高達四二部，這種統計的結果，顯示出竹垞雖曾利用明清藏書書目，來從事「存」、「佚」、「闕」、「未見」的考訂，但對於明、清書目的參考價值，似乎並未完全相信，其考訂存佚的準則，多以眼見為憑。因此，明清書目的材料，雖有利其收錄文獻，但對於存佚的判定，卻傾向於「未見」的判例，反而模糊存佚的判定。

所謂「未見」的判例，乃是夾雜在「存」、「佚」的灰色地帶。竹垞利用大量的明清書目，藉以考察典籍的存佚，卻造成「明」、「清」經籍被判為「未見」者，數量急劇的增加，雖然「未見」可以迴避過於濫判的缺失，但卻對於存佚的實際

〔註62〕參考註9，卷十七，頁9。
〔註63〕參考註9，卷二四九，頁3。

認定，產生阻礙，使讀者無法確實判別存佚，失去參考的價值。因此，有關「未見」的判例，仍有必要重新判定，使其達到確實指引讀者治學的功效。

五、其 他

　　竹垞以「存」、「佚」、「闕」、「未見」四例爲其著錄的通則，但考其全書，亦有未能判明存佚的情況，如《經義考》卷二二，張胥《周易繚繞詞》下有竹垞案語云：「劉不疑以下，時代未詳，存佚亦莫可考。」〔註64〕，即表明自劉不疑《易論》以下，共有十六部的典籍，由於存佚難考，故不強加牽合，在「存佚」的考察上，暫時從缺，是以雖有乖體例，但仍有可取之處。此外，另一種「存佚」的考察，則或緣於抄輯過程所生的漏略，致使未能判明存佚，僅以「口」字代替，例如：《經義考》卷六九眞德秀《復卦說》一書，其存佚判爲「口」字，如此一來，讀者無從考知其結果，或許當日曾有判斷，惜失去確切的結果，實爲可惜。

　　根據上述所論，竹垞將存佚的考察，大致分爲「存」、「佚」、「闕」、「未見」四例，其中有關「未見」的判斷，乃是目錄學史上的創見，且常爲後世學者所襲用。竹垞在纂輯之初，將書名題作《經義存亡考》，且僅考及「存」、「亡」二項判定，其後加入明清藏書書目，始將存佚的判定，加入「闕」、「未見」二種判例，並將「亡」改爲「佚」字，於是書名題作《經義考》三字。在今日所存稿本中，亦可看出其存佚的判定，乃是逐漸更動所致。因此，在存佚的審定上，有刪改未盡，前後判定不同的現象。整體而論，竹垞在存佚的判定上，雖有稍許的缺失，但其有關存佚的判例，卻能成爲後世師法的對象。後世學者在研究經籍之時，往往會根據竹垞的判例，來判定經籍的存佚，甚至成爲輯錄佚書時的參考，故其影響，能值得我們的重視。

第五節　案語體例

　　竹垞在《經義考》中，總共出現一〇六五次的案語〔註65〕，茲將其出現的次

〔註64〕參考註9，卷二二，頁9。
〔註65〕關於朱彝尊的案語次數，吳政上先生於《經義考索引·自序》之中云「七百二十餘條」（〈自序〉，台北：漢學研究中心，民國81年3月），頁5。惟筆者重作統計，則次數多有出入。蓋朱氏案語，大抵在版刻上，均以降敘錄三字爲起始，以「按」「又按」爲其通例，然亦有不云「按」「又按」者，而低降敘錄三字，直接補錄正

數，依其頻率的多寡，繪製一簡表如下：

易	182	禮記	72	群經	28	孝經	13	通禮	7
逸經	137	春秋	56	周禮	23	著錄	12	通說	6
惣緯	126	詩	53	刊石	18	書壁	12	御注	5
承師	94	擬經	38	儀禮	18	四書	10	樂	4
書	93	論語	32	孟子	17	爾雅	7	鏤板	2

　　根據上述簡表，我們有如下幾點認知：首先，竹垞案語的多寡，或可看出其治經的偏好，其中五經之中，以易、書、禮記、春秋、詩爲其次第的多寡，至於禮類的典籍，若能合併「禮記」「周禮」「儀禮」「通禮」的案語總數，則在五經案語的多寡，僅次於「易」類，名列第二。從統計的次數看來，案語的多寡，可能與典籍的數量相涉，如易、書、詩、禮、樂等五類典籍，除樂類典籍偏少之外，其餘四經的案語次數，均明顯的超前。至於其餘諸經的案語頻率，則有偏少的情事，是以竹垞能專注於五經的審訂。此外，「逸經」「惣緯」「承師」的案語數量，則位列二、三、四位，但細究其案語的內容，多以交待輯錄的來源爲主，較少涉及考訂的內容，故其數量雖多，但所能提供的研究價值，卻不如其他諸類的案語。根據案語的內容，可以提供我們審核竹垞經學的觀念，以及其對於各經的考辨成果。

　　田鳳台在考察竹垞案語時，將其分爲十項，可以提供初步的參考價值：

　　一、考作者姓名

　　二、考作者爵里時代

　　三、補釋書名者

　　四、考書之內容

　　五、考正書中文字

　　六、插入評語者

　　七、補敘錄之不足

　　八、考書之疑誤

　　九、考書之篇目

文內容者：又或合併數項著錄，以補錄其著錄出處者，是以體例或不一致，而統計次數則有較大出入，今以低降敘錄三字位置，其文意係補錄《經義考》正文之語，爲其案語統計依據；而各著錄合併出一案語，則分開計算；同一著錄之中，或有「案」、「又案」等數項案語，亦分開計算，合計出現一〇六五次案語。

十、考書之存佚殘闕〔註66〕

觀田氏之說，能有其參考的價值，可以提供我們瞭解竹垞案語所涉及的內容，但限於篇幅之故，未能全面反映案語的內容，有重新探討的空間，今重加審視，釐測條例如下：

一、考辨僞書風貌

　　經籍歷時久遠，難免會出現作僞的情事。竹垞每於案語之中，能辨明經籍的僞造，且有優異的表現。陳祖武在〈朱彝尊與《經義考》〉中指出：

> 《經義考》爲朱彝尊晚年一大著作。承理學衰微之後，接武漢儒，考古窮經，在清初漸成風氣。朱氏一生耳濡目染，考辨疑義，正訛糾謬，於群經多所用力。諸如考證以《太極圖》說《易》之源於道家；辨析東晉晚出古文《尚書》之爲僞作；論定《子貢詩傳》、《申培詩說》之同出明人豐坊杜撰等，皆言之有據，確然可信。其考訂所得，與一時經師顧炎武、黃宗羲、黃宗炎、閻若璩、胡渭、姚際恆、毛奇齡等，同調共鳴，相得益彰，爲清代漢學的興起開了先路〔註67〕。

竹垞對於辨僞的方法，確有完善的概念，說法詳見第三章第二節「治學的方法」，茲不贅述。整體而論，其對於古經的考辨較少，有稽古崇漢的意味，對於宋代經籍的審議，雖有批評，但反對的情況，僅是客觀呈現僞冒的情形，其反對最力者，則是明代經籍的僞作，觀其所作的評論，絲毫不留情面：

> 豐坊僞《石經大學》，唐氏（指：唐伯元）誤信之，上言於朝，請頒行學官，而又述之爲書，與管志道交相唱和，皆夢魘之語也。〔註68〕

此處指明豐坊僞作《石經大學》的情況，更對於唐伯元不辨眞僞，誤信此書，甚至上言朝廷，請頒行於學官的作法，更評爲「夢魘之語」。又《經義考》卷一六〇，顧憲成《大學質言》下案語云：

> 《石經大學》止可欺無目之人，端文顧公（指：顧憲成）乃亦收之，吁！可怪也〔註69〕。

《石經大學》既是經籍僞作，原只能欺騙無識之人，但大儒顧憲成亦收其文，深

〔註66〕參考註5，頁153～156。
〔註67〕陳祖武：〈朱彝尊與《經義考》〉，（《文史》第四十輯，1994年9月），頁222。
〔註68〕參考註9，卷一六〇，頁6。
〔註69〕參考註9，卷一六〇，頁7。

受其騙，故竹垞嘆爲「可怪」之事。又《經義考》卷一六○，周從龍《大學遵古編》條下云：

> 周氏（指：周從龍）誤信《石經大學》爲古文，名其編曰：『遵古』，不知《石經》之非本也〔註70〕。

此處責備周從龍不知《石經大學》之僞，書名題曰「遵古」，實乃無識妄題之人。綜觀上述所論，竹垞重視經籍眞僞的情形，且能積極從事辨僞的工作，對於不能明辨眞僞，誤信僞書的學者，更是深感不滿與嫌惡，其客觀析理的態度，使其能明辨經籍眞僞，直探書籍的內涵，實值得我們的效法。

二、補證解題內容

竹垞有鑒於序錄的論證，或有未足之處，故補錄相關的文獻，藉以補足其義。例如：《經義考》卷七九，顧臨等人《尚書集解》下案語云：

> 是書所集，相傳凡二十家，晁氏所未及者：司馬光、王安石、黃通、楊繪、陸佃、李定、蘇洵、胡瑗、張晦之、程頤〔註71〕。

此處係補錄「晁公武曰」一文的不足，茲錄晁氏之文如下：

> 皇朝顧臨、蔣之奇、姚闢、孔武仲、劉敞、王會之、周範、蘇子才、朱正夫、吳孜所撰，後人集之爲一編，然非完書也〔註72〕。

如據晁說內容，該書撰者僅有顧臨等十人，由於全文依敘論及諸家，語氣已完，然據竹垞所考，則當補入司馬光等十家，藉以補充解題的不足，使得讀者不致惑於晁氏之文，而以該書爲十人所撰，另亦得知其餘十家姓氏，對於其作者的瞭解，將更爲完善。

又《經義考》卷十八，莊綽《撰蓍新譜》下云：

> 陳傅良作〈薛季宣行狀〉，稱其校讎是書，且爲之序，今存《浪語集》中〔註73〕。

竹垞輯錄有薛季宣〈序〉一篇，並於案語引陳傅良作〈薛季宣行狀〉的資料，謂薛季宣撰有〈序文〉一篇，且存於《浪語集》中，藉以補錄〈序文〉的出處，其說可供參考之用。

〔註70〕參考註9，卷一六○，頁5。
〔註71〕參考註9，卷七九，頁3。
〔註72〕參考註9，卷七九，頁3。
〔註73〕參考註9，卷十八，頁5。

此外，竹垞在案語中，不僅補錄敘錄的論證，也兼評各家的論點，使人可以得知竹垞對於解題的看法。如《經義考》卷二百九十四云：

> 夾漈鄭氏（指：鄭樵）疑〈詩序〉之非古，而所輯《六藝略》反信偽《三墳書》為真，未免多學而寡識也〔註74〕。

是則案語批評鄭樵的論點，並以其貪多博識，有見聞未精之憾。綜合上述所論，竹垞案語能補證解題的不足，甚至批評解題的缺失，其說法與解題有論證之功。

三、說明作者事跡

《經義考》既屬簿錄之籍，則其所載，多有關於書名、作者之例，故竹垞除在解題中，載明前賢對於作者事蹟的說明之外，也在案語中論及作者的相關事蹟，下文即分項論說，藉以說明竹垞所補的作者事蹟，以明其中值得借鏡之處。

姓氏：竹垞在案語中，亦兼考作者姓氏者，如卷六十八郭氏《易學集解》一書案語如下：

> 郭氏《易解》去著書姓名，而題曰「無名氏」，知其姓者有吳上舍序也〔註75〕。

故原書作者略去姓氏，而題作「無名氏」者，然竹垞據其序文得知其姓，乃以「郭氏」稱之。

又未詳撰者姓氏，或僅知其姓，但未知其名者，則竹垞亦力求推知其作者，惟其結論亦力持保守，僅陳述推測，以待讀者自判。如卷六十八《易說》條下案語：

> 《易說》二卷，未詳何人所撰。鄭端簡公家所藏抄本，或係端簡公稿亦未可定〔註76〕。

則原書作者姓氏不詳，惟從其原始藏書來源，來推知其書或係「鄭端簡公」的著作，其說雖未必屬實，但卻可供參考之用。又卷六十九引《家人經傳衍義》下案語云：

> 德亮不知姓氏，疑是趙采所撰。《文淵閣書目》有《家人衍義》二冊，未審即是書否也〔註77〕。

〔註74〕參考註9，卷二九四，頁6。
〔註75〕參考註9，卷六八，頁6。
〔註76〕參考註9，卷六八，頁6。
〔註77〕參考註9，卷六九，頁6。

則懷疑「德亮」即「趙采」，且與《文淵閣書目》所錄趙采《家人衍義》相校，其中頗有相近之處，則竹垞推測亦屬合理。

此外，若作者姓氏誤植，則竹垞必定力闢其說之誤，如《經義考》卷三十五云：

> 奉化二舒，兄津，字通叟；弟澥，字平叟，著《易釋繫辭釋》共二十有三卷。王氏《續通考》指爲「通叟」所作，誤也〔註78〕。

據此，可知舒津、舒澥兄弟的生平資料，且辨明《續通考》所錄的作者資料有誤，然其誤植之因，乃係兄弟相近，且字號相似的緣故。

著作：竹垞在案語中，往往補充作者的相關說明，其中兼及作者的其他著作，可供參考之資。前賢在撰著經籍時，或不以經學聞名於世，故竹垞補錄作者的其他名作，藉以提高讀者對於該位作者的認識。如《經義考》卷十八，莊綽《撰著新譜》下案語云：「綽嘗著《雞肋編》者也」〔註79〕。由於莊綽不以經籍著稱於世，故竹垞乃補錄其《雞肋編》一書，藉以提高讀者對莊綽的認識，使讀者可以有較爲清楚的認識。考《直齋書錄解題》另載有莊綽《本草節要》三卷、《明堂鍼灸經》二卷、《膏肓灸法》二卷等書，然皆如《撰著新譜》一般，不復見世間有其存書，惟《雞肋編》獨存，竹垞遂舉《雞肋編》爲例，以補莊綽的其他著作，使讀者可以有相互參證之效。

又《經義考》卷四十二云：「葉氏《菉竹堂書目》有胡袛遹《紫山文集》二十冊」〔註80〕。竹垞是項案語，係置於胡袛遹《易直解》之下，惟其書已佚，是以行文的風格及其內容，則難於稽核，故另舉胡氏《紫山文集》一書，藉以提醒讀者可以就近檢閱此書，則或有見獲。

交游：《經義考》卷十八，石牧之《易解》下案語云：「《趙清獻公集》有〈溫守石牧之以詩見寄次韻〉之作」〔註81〕。據朱氏所錄《紹興府志》的說明，我們可以得知石牧之曾爲溫州太守，然朱氏此處所錄案語，可知其與趙清獻公曾有詩歌往來之作，則與趙清獻公相交無疑。

除了上述所論的交游之外，亦列有朋黨等級者，例如：《經義考》卷二十，李貴《易義》下案語云：

> 楊仲良《長編紀事本末》：「崇寧二年（1103），編管當人子弟李貴、

〔註78〕 參考註9，卷三五，頁9。

〔註79〕 參考註9，卷十八，頁5。

〔註80〕 參考註9，卷四二，頁4。

〔註81〕 參考註9，卷十八，頁4。

單州。又元祐黨籍餘官中有贄。又中書省開具〈元符臣僚章疏〉分正上、
正中、正下、邪上尤甚、邪上、邪中、邪下七等，贄名在邪上尤甚中。
其後，追復元祐黨人，贄名在餘官二等〔註82〕。

朱氏此處案語，係置於李贄《易義》條下。據此，則可知李贄的黨朋等級及其約
略的評價，雖然所論未必屬實，但亦可看出其涉入黨爭的事實。

時代：余嘉錫在《目錄學發微》一書中，對於考明撰著時代，有著如下的
見解：

著作之時代明，則凡政治之情況，社會之環境，文章之風氣，思想
之潮流，皆可以推尋想像得之。然後辨章學者，考鏡源流，乃有所憑藉，
而得以著手〔註83〕。

作者所處的時代，乃關係著作的背景，其重要不言可喻。《經義考》卷十八云：

凌氏《萬姓統譜》以微為南北朝人。觀其論《周易》義云：「唐衛
元嵩作《元包》，以坤卦為首，乾卦後之。」疑是宋初人〔註84〕。

此處係補證勾微為宋初之人。竹垞敘錄引董真卿之語，謂勾微於鄭樵《通志》所載，
並未言明其書究竟隸屬何代，僅能得知凌氏《萬姓統譜》以勾微為南北朝人，但竹
垞根據其書徵引唐衛元嵩《元包》之語，乃疑其或為北宋初人，則竹垞推論的要點，
縱雖不中，亦不遠矣。此點推論，至少推翻《萬姓統譜》所論的內容，且可將勾微
的確切年代，移至中晚唐以迄宋代初年，亦得以補充作者所處年代的大致情況。

又卷六十八引《易十三傳》條下案語云：「《易十三傳》未詳誰氏所撰，第知
為嘉靖間人」〔註85〕。則雖不知其撰者為誰？然可知其為嘉靖間人。故竹垞每於
案語之中，考及作者時代，此則考出《易十三傳》的撰者，係為嘉端間人，可以
收致參證之效。

竹垞在全書之中，多能依據作者時代先後，依序排列，若作者時代確切者，
則不加案語說明；反之，若作者所處的朝代，有所疑慮者，則於案語之中，說明
其取捨的標準，以供讀者取擇之用，這種重視作者的時代先後，實能提供讀者考
察典籍傳承的佐證。

爵里：《經義考》卷三十二，王宗傳《童溪易傳》條下案語云：

林焞亦寧德人，淳熙八年（1181）與宗傳並舉進士，焞序稱與童溪生

〔註82〕 參考註9，卷二十，頁5。
〔註83〕 余嘉錫：《目錄學發微》，（台北：藝文印書館，民國76年），頁52。
〔註84〕 參考註9，卷十八，頁6。
〔註85〕 參考註9，卷六八，頁6。

同方學同學，同辛丑第，則宗傳爲寧德人無疑，鄱陽董氏以爲臨安人，誤

矣〔註86〕。

竹垞在案語中，亦考及作者的爵里，如《經義考》卷二三四，章甫《孟子解義》

下云：「龜山志墓稱係浦城人」〔註87〕是則辨明章甫的籍貫爵里。

朱氏此條敘錄，係置於王宗傳《童溪易傳》條下。關於王宗傳的爵里爲何，

則有董眞卿「臨安人」的說法，朱氏則取林焞之序推斷其確切爵里爲寧德人士，

是則推翻董氏之說，其說頗有參考的價值。

又《經義考》卷十八，陳皋《易論》條下案語云：「陳皋，字希古，見文同梓

〈州處士張公墓志〉，當是蜀人」〔註88〕。是則考訂陳皋爲蜀地人，其說足供爵里

參考之用。

字號：《經義考》卷十八葉昌齡《周易圖義》下云：「鄭氏《藝文略》有葉子

長《易義》二卷，當即昌齡之字」〔註89〕。竹垞此條係繫於葉昌齡《周易圖義》

條下，竹垞從其相近書名推求，則謂鄭樵《藝文略》所錄的葉子長《易義》一書，

即爲《宋志》、《中興書目》所錄葉昌齡的《周易圖義》，並據此推求「子長」乃爲

葉昌齡之字，雖然審情合度，稍嫌粗竦，且其中證據尚待補證，惟其說法，亦可

聊備一說。若果眞朱氏推求無訛，則可補錄作者的字號。

又《經義考》卷十八，陳皋《易論》下云：「陳皋，字希古，見文同梓〈州處

士張公墓志〉，當是蜀人。」〔註90〕是則可知陳皋字號，足供補證作者資料之用

生平：在竹垞的案語中，亦有涉及作者生平者，例如《經義考》卷十九在沈

季長《周易新義》條下云：

曾氏《元豐類稿》有〈貴池縣主簿沈君夫人元氏墓志〉：「子三人，

曰：『季長』，越州司法參軍。」〔註91〕。

據此，則可知沈氏之母姓沈，且季長曾任越州長法參軍的職務，是則可稍補作者

生平的資料。

仕宦：竹垞案語中，亦考及作者仕宦資料，如《經義考》卷四十四云：

《吉安府志》謂鄴（指：吳鄴）不忘故土，自號義山，附之宋遺民

〔註86〕 參考註9，卷三二，頁6。

〔註87〕 參考註9，卷二三四，頁1。

〔註88〕 參考註9，卷十八，頁5。

〔註89〕 參考註9，卷十八，頁3。

〔註90〕 參考註9，卷十八，頁5。

〔註91〕 參考註9，卷十九，頁7。

之列。攷《元祕書志·題名》:「張應珍,以至元三十年(1293)十二月由從事郎歷祕書丞,大德八年(1304)六月遷祕書少監,九年(1304)十月,乃更姓名吳鄒。」則嘗仕於元矣。論世者所當知也〔註92〕。

此處竹垞案語,係補證《吉安府志》所錄,指出該書所載吳鄒「自號義山先生,示不忘其故土」,恐後人誤其氣節高尚,且終生不仕異族,是以據《元祕書志》所錄,則舉出吳鄒曾仕於元代的實證。此處案語,除可補證吳鄒仕宦的始末,亦可改正《吉安府志》載錄或有誤導之嫌。

又《經義考》卷六十九引文天祥《貢卦義》下案語云:

《貢卦義》一篇,先生兼崇政殿說書,時於熙明殿進講義也。又有《詩定之方中講義》一篇,今集中不載〔註93〕。

可知文天祥身兼崇政殿說講,雖非其主要仕宦官銜,但對於我們瞭解其撰書時的身份,能有所助益。

古人名字間有相同,竹垞重視人名的相關考訂,其對於人名的變異,自有其特殊的見解,如《經義考》卷二八一,案語云:

仲尼之徒,名字間有同者。既有曾蒧,亦有奚容蒧,又有公西蒧;既有冉耕,亦有司馬耕;既有宓不齊,又有任不齊;既有公西赤,亦有壤駟赤;既有卜商,亦有秦商;既有原亢,亦有陳亢;既有狄黑,亦有宰父黑;既有冉孺,亦有公良孺;既有秦祖,亦有顏祖,**此名不嫌同也**。冉求字子有,有若、漆雕徒父亦字子有;顏無繇字季路,仲由亦字季路;顓孫師字子張,琴牢亦字子張;巫馬施字子期,叔仲會亦字子期;子西蒧字子上,公西輿亦字子上;秦非字子之,公祖句茲亦字子之;原憲字子思,燕伋亦字子思;曾蒧字子皙,伯虔、狄黑、奚容蒧亦字子皙;喪駟赤字子徒;秦冉字子開,琴牢亦字子開;申績字子周,公伯繚亦字子周;榮旂字子祺,縣成亦字子祺;顏噲字子聲,樂欬亦字子聲;漆雕哆字子斂,邦巽亦字子斂,**此字不嫌同也**。然則薛邦、鄭國,子徒、子從,安得以名字相類而并疑其姓氏之誤邪?乃議祀典者封鄭而罷薛,安見其必為一人?揆之于禮,終有未安也〔註94〕。

竹垞從實際例證中,歸納出古人名字間有相同者,是以對於名字的異同,十分重

〔註92〕參考註9,卷四四,頁7。

〔註93〕參考註9,卷六九,頁4。

〔註94〕參考註9,卷二八一,頁5~6。

視。因此，其對於歷來作者的誤植，或作者的闕漏，均能詳考文獻，藉以補充說明，以提供讀者判定的依據，其說頗有可采之處，至於若干作者不明者，則亦能審度各項文獻，提供其個人的判斷，以示持平之論，使讀者得以自判其中是非。

四、輯錄原書佚文

竹垞對於經籍佚文，相當重視，除有「逸經」之目，藉以蒐羅經籍佚文之外，並於各經籍撰著之下的案語，能夾雜各種佚文的輯錄，藉以考訂其內容，例如：《經義考》卷五，淮南王劉安《道訓》條下案語云：

> 鴻烈《解》引《易》曰：「『〈剝〉之不可遂盡也，故受之以〈復〉。』，此則《道訓》之〈序卦〉傳文矣。」〔註95〕

漢淮南王劉安聘請九位學者，撰就《道訓》一書（即所謂《淮南九師書》），惟該書久佚，原文難於稽覈，竹垞輯錄佚文一則，藉以觀其解《易》手法。觀《道訓》解易之法，頗有語意牽強之失，渾然不似行家所爲，至於其解說的經義，無益於經義的闡釋。王通在評論《道訓》一書時，即云「九師興，而《易》道絕。」，何喬新云：「九師之《易》，王通以爲《易》道因之而微，則無資於聖經可知。」之語，蓋其解經之義，與傳統經說有大相逕庭之感，無益於經學的弘揚，終將爲時代所淹沒，不存於世間。

又《經義考》卷二三九，曹褒《五經通義》下云：

> 劉向、曹褒俱撰《五經通義》，群書所引大都皆向之說，惟《太平御覽》一條，竊有可疑，文云：「歌者象德，舞者象功，君子尚德下功，故歌在堂，舞在庭。何言歌在堂也？《燕禮》曰：『升歌鹿鳴』，以是知之。何言舞在庭也？《援神契》曰：『合忻之樂舞於堂，西夷之樂陳於戶』，以是明之。」度劉向時《援神契》未行於世，至褒撰禮，多雜以《五經》讖記之文，然則此蓋褒十二篇中語也〔註96〕。

劉向、曹褒俱撰有《五經通義》一書，現存《五經通義》之文，皆屬劉向所撰，僅有《太平御覽》所載的一則佚文，由於錄有《援神契》之文，非劉向所能見及，乃以其文爲曹褒佚文，其說可供參考。

佚文的摘引，往往對於其書性質的瞭解，能有參考的作用，如《經義考》卷二六五，《尙書刑德傚》下案語云：

〔註95〕參考註9，卷五，頁4。
〔註96〕參考註9，卷二三九，頁6。

書名《刑德做》者，其辭有云：「涿鹿者，竿人頭也；黥者，馬黥竿人面也；臏者，脫去人之臏也；宮者，女子淫亂，執置宮中，不得出也；割者，丈夫淫，割其勢也。劓象七政，臏象七精，墨象斗華。」蓋法家爲之〔註97〕。

從所錄的佚文中，可以明顯察知其內容，係述及刑律之事，對於我們瞭解古代刑罰，能有助益。從佚文的性質中，可以推知其書性質，當爲法家所作，其立論的根基，非傳統儒者議論的風格。竹垞舉佚文的內容，亦能有助於我們認識典籍的性質，使我們可以依例推之，得知其大致的風格。

竹垞在佚文的徵引上，雖有直接摘引原文，以便讀者參閱之用，然其對於若干經籍佚文，亦非全數摘錄，或僅直接點明出處，以使讀者能有覆案之處。例如：《經義考》卷七云：「京氏《飛候》，《太平御覽》每引之」〔註98〕。《太平御覽》往往引錄京房《飛候》之文，此則雖未能一一錄及佚文，然其指引之功，可供讀者參證之效。竹垞設有「佚經」之目，皆收集十三經逸篇遺文，惟於案語中，每涉及佚籍之文，則標示之，以供佐證之效，使讀者得以明白其書的風格、內涵，這種種的作法，皆是緣自其對於文獻的重視，雖然所輯數量不多，但仍提供參考的價值。

基於對文獻的重視，使得竹垞在遇著佚文之時，多能輯錄佚文，以供參考之用，但其對於佚文的輯錄，仍有其選擇性，如遇有價值的佚文，則不廢篇幅，一一引錄其文，或者標示出處，以供採擇之用，若遇其內容淺薄，則不予著錄，如《經義考》卷二六六，《春秋命曆序》下案語云：「《命曆序》文皆荒唐謬悠之說，不足錄」〔註99〕。根據案語所示，竹垞亦能見及《春秋命曆序》的佚文，只是見其荒唐謬悠之文，不足憑據，乃略而不論，是以其對於佚文的輯佚，並非毫無選擇性，其中亦能根據實際的需要，來選擇輯錄的題材。《春秋命曆序》一書，其後有馬國翰、黃奭、王仁俊等諸家輯本，可見竹垞輯佚的概念，與後世輯佚學家的觀念不同。

綜合上述所論，在竹垞案語之中，亦能輯錄許多的經籍佚文，有關其輯佚的方式及影響，有如下幾點的說明：首先，竹垞在考證的過程中，每遇佚文，能多所留意，對於有價值的佚經遺文，能隨手輯錄，可供我們瞭解其書的風格、內涵、價值等等，從其輯錄典籍之多，能廣及各項經籍，對於後世經籍輯佚風氣的發展，顯然有其正面的貢獻。由於清初輯錄佚經的風氣未盛，未能形成大規模的輯佚風潮，是以竹垞輯錄佚經之舉，層面雖廣，但成果顯得零星片斷，僅能視爲考證的

〔註97〕參考註9，卷二六五，頁3。
〔註98〕參考註9，卷七，頁1。
〔註99〕參考註9，卷二六六，頁7。

附屬產物，但其對於瞭解佚經的內容，仍能提供助益。其次，針對一些次要的佚文，或是數量過多的文獻，則或標示出處，以供讀者自行採錄，若是遇著價值不高的典籍，甚至連出處標示，都省略不論，以免遺誤後學。從上述說明中，我們可以得知竹垞雖對佚文的價值，能表示重視之意，但其輯佚之舉，並非全書編輯的要點，是以多僅偶一爲之，縱使另外編有「逸經」一目，藉以蒐求各類逸篇遺文，但僅僅三卷的內容，實難有完整的成就，至於案語所涉的佚文，更只有三、五條，如就實際的佚文數量而言，實難全面反映其實況，僅能提供零星的參考價值。因此，其對於輯佚的貢獻，並非實際的輯佚成果，而是發凡體例，擴大輯錄層面，其對於後世佚經的輯錄，能有正面的啓示作用。

五、標註文獻出處

竹垞在《經義考》的案語中，能標註文獻的來源，例如《經義考》卷十八，在袁建《易義》下案語云：

> 王錡、袁建、盧穆、白勳、薄洙、汪沿、于弅俱《義海》所引，時代爵里莫考〔註100〕。

據此，王錡、袁建諸人的著錄來源，是出自《義海》一書，透過這些案語的說明，可使我們考知其引書的來源。

又《經義考》卷十八，王存《易解》下云：「王氏《易解》，《宋志》不載，見尤氏《遂初堂書目》」〔註101〕。《宋志》未能著錄王存《易解》一書，但尤袤《遂初堂書目》著錄之，故此處所載的資料，乃是依據《遂初堂書目》的內容，加以甄錄。上述的說明，不僅可以考知引書的來源，尚可瞭解不同著錄的差異。又另有一種情形，則同時指出不同的來源，以收參證之效。如《經義考》卷二百九十四云：「岳珂《郟錄》載龍圖閣經典，卷帙與孫逢吉《職官分紀》同。」〔註102〕據此，岳珂《郟錄》、孫逢吉《職官分紀》二書的著錄，內容相同，且知敘錄所引「孫逢吉曰」，乃是出自《職官分紀》一書。

竹垞言明論據來源之外，也能兼考著錄差異，頗見其綜理之意。例如：《經義考》卷三十二云：

> 蓋山齋於《易》、《周禮》皆有總義也，二書儲藏家多著於錄，特予

〔註100〕參考註9，卷十八，頁7〜8。
〔註101〕參考註9，卷十八，頁4。
〔註102〕參考註9，卷二九四，頁4。

未之見也〔註103〕。

竹垞時常徵引各家藏書書目，據以考訂書籍的存佚，是以雖未親自目前其書，但可據以判明「未見」之例。又如《經義考》卷二十五云：

> 二陽（指陽枋、陽岊兄弟）《易說》，其學本於朱子門人晏氏，黃晉卿所謂：大陽先生枋，小陽先生岊也。其後裔又有玉井《易說》，而楊用修志《全蜀藝文》，曹能始記蜀中著作，均未之及，何與〔註104〕？

竹垞考見《全蜀藝文志》、《蜀中著作考》二書，均未註明陽氏《易說》諸書，故知二書著錄的內容，皆有漏罅，可據以補其漏失者也。

此外，尚有綜理異說，直接說明論斷的依據，此類的案語說明，更能提供讀者參據之效。如卷一百八十六吳曾《春秋考異》條下案語云：

> 《春秋考異》，陳氏《書錄解題》云：「不著名氏，錄三傳經文之異者。」而《宋（史）藝文志》題作「吳曾」，今從之〔註105〕。

此則案語能客觀反映《書錄解題》、《宋（史）藝文志》二書的著錄情況，也能得知其著錄之時，乃是取自《宋史・藝文志》的資料。

其次，竹垞在資料重出的處理方面，為求減少重複內容，導致增加篇幅，是以兼記案語說明，以示資料別有載錄，讀者可自行參閱，如《經義考》卷二百八十九云：「蓬萊閣重刻《石經》，詳見《漢石經》下」〔註106〕。蓬萊閣重刻《石經》，乃重刻《漢石經》，是以此處案語，乃提示讀者需重審《漢石經》條敘錄資料，始可明其流緒。考《經義考》卷二百八十七著錄《漢一字石經》一項，其中所錄敘錄，包含《後漢書・靈帝本紀》、〈蔡邕傳〉、摯虞《三輔決錄・注》、《後漢書》、〈單颺傳〉、〈張馴傳〉、〈儒林傳〉、〈宦者傳〉、謝承《後漢書》、袁宏《後漢紀》、楊龍驤《洛陽記》、楊衒之《洛陽伽藍記》、酈道元《水經注》、江式、《北史・劉芳傳》、《隋書・經籍志》、〈劉焯傳〉、韋述《西京新記》、郭忠恕《汗簡》、林罕、李綽、張舜民、方勺、歐陽棐《集古目錄》、趙明誠《金石錄》、董逌《廣川書跋》（三條）、姚寬《西溪叢語》、黃伯思《東觀餘論》、邵博《聞見錄》、鄭樵《通志略》、洪适《隸釋、隸續》（七條）、婁機《漢隸字源》、張繽、趙魼《書史》、黃溍、陶宗儀《書史會要》、楊慎、于慎行《筆麈》、趙崡《石墨鐫華》、顧炎武《金石文字記》、黃虞稷等資料，均涉及《漢石經》的說明，苟若重出，則耗費篇幅，是以竹垞出

〔註103〕參考註9，卷三二，頁8。
〔註104〕參考註9，卷三五，頁6。
〔註105〕參考註9，卷一八六，頁5。
〔註106〕參考註9，卷二八九，頁7。

示案語一則，以示其互見來源，藉以節省篇幅。

竹垞在輯纂《經義考》之時，雖未能完全標示出處，但透過案語的說明，可以看出竹垞取材的依據，茲將竹垞自言文獻來源者，繪製一簡表，以供參考：

孝經緯	經部·讖緯類	267：4	大戴禮記	經部·禮類	267：3
禮記疏	經部·禮類	265：10	禮記義疏	經部·禮類	265：5
周禮全書	經部·禮類	123：2	禮殿圖	經部·禮類	281：8
禮記	經部·禮類	281：11	明堂月令論	經部·禮類	265：9
樂典	經部·樂類	167：5	詩疑問	經部·詩類	245：6
公羊傳疏	經部·春秋類	266：8	春秋胡傳附錄纂疏	經部·春秋類	195：6
乾坤鑿度	經部·易類	263：7	周易義海撮要	經部·易類	18：7
尚書考靈曜	經部·易類	264：3	大衍索隱	經部·易類	34：7
易通卦驗	經部·易類	264：4	乾鑿度	經部·易類	264：8
經典釋文	經部·五經總義類	283：1	五經正義	經部·五經總義類	239：11
廣韻	經部·小學類	282：3	楚漢春秋	史部·雜史類	275：5
祕書監志	史部·職官類	44：7	漢記（張璠）	史部·編年類	11：7
漢紀	史部·編年類	283：1	高麗史	史部·載記類	40：12
寶祐登科錄	史部·傳記類	155：2	益部耆舊傳	史部·傳記類	267：4
晏子春秋	史部·傳記類	282：5	長編紀事本末	史部·紀事本末類	294：4
三朝北盟會編	史部·紀事本末類	277：5	中興兩朝聖政錄	史部·政書類	225：5
通典	史部·政書類	265：9	西漢會要	史部·政書類	239：1
訪碑錄	史部·金石類	237：5	通志	史部·別史類	180：3
路史注	史部·別史類	266：7	路史	史部·別史類	282：2
明一統志	史部·地理類	130：8	吉安府志	史部·地理類	44：7
水經注	史部·地理類	264：7	鎮江府志	史部·地理類	24：1
興化府志	史部·地理類	22：7	茅山志	史部·地理類	97：12
萬曆重編內閣書目	史部·目錄類	129：9	萬卷堂書目	史部·目錄類	97：2
菉竹堂書目	史部·目錄類	291：1	紹興書目	史部·目錄類	70：7
紹興四庫續到闕書目	史部·目錄類	79：9	授經圖	史部·目錄類	180：3
國子監書目	史部·目錄類	227：9	郡齋讀書志附志	史部·目錄類	180：3

郡齋讀書志	史部・目錄類	180：3	直齋書錄解題	史部・目錄類	180：3
明史藝文志稿	史部・目錄類	294：8	吳興書估目錄	史部・目錄類	221：6
世善堂藏書目錄	史部・目錄類	227：1	天一閣書目	史部・目錄類	97：8
文淵閣書目	史部・目錄類	104：5	遂初堂書目	史部・目錄類	41：2
國史經籍志	史部・目錄類	180：3	紹興續到四庫闕書目	史部・目錄類	274：5
續經籍考	史部・目錄類	294：8	輿地碑記目	史部・目錄類	34：7
澹生堂目錄	史部・目錄類	134：7	聚樂堂書目	史部・目錄類	247：8
宋書	史部・正史類	267：6	隋書	史部・正史類	285：1
續漢書	史部・正史類	265：10	漢書	史部・正史類	285：1
晉書	史部・正史類	263：7	史記正義	史部・正史類	263：5
史記	史部・正史類	282：7	三國志	史部・正史類	281：6
南齊書	史部・正史類	265：5	宋史	史部・正史類	289：6
法苑珠林	子部・釋家類	264：2	群書考索	子部・類書類	210：11
編珠	子部・類書類	263：6	續文獻通考	子部・類書類	133：6
太平御覽	子部・類書類	274：7	藝文類聚	子部・類書類	239：4
源流至論	子部・類書類	294：4	初學記	子部・類書類	277：4
職官分紀	子部・類書類	294：4	貞觀公私畫史	子部・藝術類	119：3
歷代名畫記	子部・藝術類	267：7	少室山房筆叢	子部・雜家類	277：5
一貫編	子部・雜家類	160：3	論衡	子部・雜家類	265：9
瞿塘日錄	子部・雜家類	55：12	顏氏家訓	子部・雜家類	263：5
濯纓亭筆記	子部・雜家類	144：5	長短經	子部・雜家類	295：2
困學紀聞	子部・雜家類	110：7	愧郯錄	子部・雜家類	294：4
呂氏春秋	子部・雜家類	281：12	風俗通義	子部・雜家類	281：6
白虎通德論	子部・雜家類	266：8	金樓子	子部・雜家類	270：1
朱子語錄	子部・儒家類	283：11	先聖大訓	子部・儒家類	281：1
孔子家語	子部・儒家類	284：1	孔叢子	子部・儒家類	295：2
道藏	子部・道教類	71：11	真誥	子部・道教類	264：7
抱朴子	子部・道教類	279：6	莊子	子部・道教類	281：11
齊民要術	子部・農家類	274：7	韓非子	子部・法家類	282：6
漢武洞冥記	子部・小說家類	284：1	樂府詩集	集部・總集類	264：2
文選註	集部・總集類	275：5	宋文選	集部・總集類	210：9

文苑英華	集部・總集類	292：2	克齋集	集部・別集類	82：4
方舟先生集	集部・別集類	41：1	剡源集	集部・別集類	220：5
古靈集	集部・別集類	151：2	後村集	集部・別集類	83：7
周益公集	集部・別集類	81：7	石堂集	集部・別集類	253：2
五峰集	集部・別集類	25：6	橫浦集	集部・別集類	80：8
潘黃門集	集部・別集類	274：1	劉爚・雲莊集	集部・別集類	124：5
晦庵全集	集部・別集類	234：9	雲莊集	集部・別集類	234：9
蒙川集	集部・別集類	213：5	松雪齋集	集部・別集類	85：2
峴泉集	集部・別集類	71：11	小畜集	集部・別集類	103：6
北溪集	集部・別集類	37：4	嵩山居士集	集部・別集類	269：8
支言	（待查）	269：8			

　　根據上述的說明，竹垞自言的文獻種類眾多，並擴及四部典籍，每一類的典籍，均有豐富的數量。整體而論，又以經籍、史籍、類書、子籍、文集、方志諸類爲主，頗能符合竹垞藏書的特色〔註107〕。觀其所述及的文獻來源，可供我們查考《經義考》的引書種類，如《論衡》的引用，可使我們考索「王充曰」的出處來源；《顏氏家訓》有助於考察「顏之推曰」；《群書考索》有助於查考「章如愚曰」；《輿地碑目》有助於考得「王象之曰」等等，由於竹垞在引書的題稱方式，往往僅注明「某人曰」字樣，未能詳其確實出處，若透過竹垞案語所論的文獻來源，可使我們較能輕易掌握其引書的來源。此外，標示文獻的來源，可以助於減省篇幅，並明白各著錄的差異，使我們透過案語的說明，能考察文獻的出處，其中頗有參考的價值。

六、整理存闕情事

　　竹垞在案語中，常論及經籍存闕的情況。例如：《經義考》卷一百八十八，周孚《春秋講義》條下：「周氏《講義》，止及隱公，凡十六條，附載《蠹齋鉛刀編》。」〔註108〕周孚《春秋講義》非單獨發行，乃是附屬於《蠹齋鉛刀編》，且全書僅存十六條，讀者可以瞭解更多存佚的相關判定。對於一些罕見的存籍，則於案語之中，說明其藏處，如《經義考》卷十四，孔穎達等《周易正義》下云：

〔註107〕參考註9，卷三五，〈曝書亭著錄序〉，頁441指出竹垞藏書的八項特色「曰經、曰藝、曰史、曰志、曰子、曰集、曰類、曰說。」，適與上述所論的要點相符，。
〔註108〕參考註9，卷一八八，頁2。

　　　　葉氏《菉竹堂書目》有「長孫無忌《周易要義》五冊，凡十八卷。」

　　無錫秦對巖前輩今有其書，大略與《正義》相同。考《正義》即係無忌

　　刊定，非別一書也〔註109〕。

《菉竹堂書目》著錄長孫無忌《周易要義》五冊，無錫秦對巖藏有其書，且得知

其內容與《周易正易》近同，惜《經義考》未見著錄，僅於案語中，標示秦氏藏

其書，顯見當時確有其書。竹垞既載藏書之所，也能論及藏書流傳的過程，如《經

義考》卷一四一，陸佃《禮象》下云：

　　　　陸氏《禮象》，丹徒張先生鵬巡撫山東，獲之章丘李中麓家，惜已

　　殘闕矣〔註110〕。

此處載明書籍流通的情況。陸佃《禮象》一書，原藏於李中麓之家，然張鵬為山

東巡撫之時，獲李氏之家。據此，則知其書流傳的經過。又卷七十九，孔武仲《書

說》下云：

　　　　是編諸家藏書目均無之，疑其佚久矣。康熙乙亥（1695）三月，西

　　吳書賈目中有抄本二冊，亟索之，云：「於正月鬻之松江張姓者。」叩其

　　名字，不知，無從訪獲，為之惘然〔註111〕。

竹垞涉有書籍存佚的判定，故對經籍的流通，甚表重視，此處所論的內容，雖不

知其確實藏家，但對於考察書籍流通的經過，仍有一定的助益。

　　　又針對佚籍的情況，能提出說明，如《經義考》卷一九一，熊禾《春秋通解》

下云：

　　　　退齋〈與胡庭芳書〉有云：「早歲成《春秋通解》一書，又厄於火。」

　　又云：「兵難之餘，學徒解散，文集燼亡，徒抱苦心，力實不逮。」則是

　　書燼後，不果續也〔註112〕。

是書被判為「佚」籍，如據案語所言，則顯示竹垞的判定，乃確有證據，證明其

說。至於是書已佚，雖有輯佚之書，亦判為佚籍，並於案語中說明，如：《經義考》

卷二七六，崔鴻《十六國春秋》下云：

　　　　今世所傳《十六國春秋》，乃後人采《晉書》、《北史》、《冊府元龜》、

　　《太平御覽》等書集成之，非原書也〔註113〕。

〔註109〕參考註9，卷十四，頁3。

〔註110〕參考註9，卷一四一，頁5。

〔註111〕參考註9，卷七九，頁4。

〔註112〕參考註9，卷一九一，頁11。

〔註113〕參考註9，卷二七六，頁3。

雖然其書尚存世間，但已是學者重新輯佚的典籍，非原來之書，故竹垞將其判為佚籍，恐學者會有誤解，故特此說明判斷的原因。

竹垞在案語之中，也有關於「未見」的說明。如《經義考》卷三十二，趙汝談《易學舉隅》下案語云：

> 春陵樂雷發謁山齋詩云：「淳熙人物到嘉熙，聽說山齋亦白髭。細嚼梅花看《總義》，只應姬老是相知。」蓋山齋於《易》、《周禮》皆有總義也，二書儲藏家多著於錄，特予未之見也〔註114〕。

是書判為「未見」者也。蓋判定的準據，乃是諸家多著於錄，只是未能目見其書，故定為「未見」，以矜其慎。

書籍已缺，非其原書，案語則說明闕漏的情況。如《經義考》卷三三，《丙子學易編》下，竹垞判為「闕」籍，並於案語云：

> 李氏《學易編》，今惟俞石澗節本，僅存特十之一爾。抄自潁州劉考公戡家。曰：丙子者，嘉定九年（1216）也〔註115〕。

是書僅存俞石澗節本，所存的數量，僅有全書的十分之一，是以判為闕典。

竹垞在案語的說明中，能補充其存佚的判定，尤其對於「未見」、「闕」的鑒別，能說出其判定標準，使讀者能確信其說，增加判定的說服力。有關典籍存佚的考察，若能說明其判定標準，使讀者能依循其條件，逐一考索，將更能收致參考成效。

七、闡述學說體系

學術自有其傳授的體系，同一師承的來源，其學說必定相近，要瞭解各經學發展的系統，必先瞭解作者的師承體系。竹垞在考論經學體系之時，常述及漢代經師的傳承體系。漢人在傳經之時，往往嚴守師法和家法，使得漢代學者陷入今古文的爭執，彼此攻伐。周積明〈《四庫全書總目》的經學批評〉一文指出：

> 漢人傳經，嚴守師法和家法。西漢重師法，東漢重家法。師法者，溯其源；家法者，演其流。先有師法，而後成一家之言。如《易》之有施讎、孟喜、梁丘賀之學，是為師法；施家又有張禹、彭宣之學，孟氏又有翟牧、白光之學，梁丘氏又有土孫張、鄧彭祖、衡咸之學，是為家

〔註114〕參考註9，卷三二，頁8。
〔註115〕參考註9，卷三三，頁7。

法〔註116〕。

我們試著檢視其案語的內容，可知其中有不少關於師法、家法的說明，藉以申論一家的學術體系，如《經義考》卷五云：

> 東漢之爲梁邱《易》者，代郡范升、辨卿。升上〈疏〉曰：「臣與博士梁恭，山陽太守呂羌，俱修梁邱《易》，又京兆楊政子行、潁川張興君上，亦傳其學。」〔註117〕。

據此，可知東漢之治梁邱《易》學者，有范升、辨卿、梁恭、呂羌、楊政、張興諸人，又《隋書》所論：「梁邱《易》亡於西晉。」〔註118〕，洪邁亦云：「晉永嘉之亂，梁邱之《易》亡。」〔註119〕，是以梁邱之《易》，迄西晉永嘉之亂後，則世無傳其學者，從竹垞案語中，可以闡釋東漢時代，治梁邱《易》學諸人，亦可形成一個獨特的學術體系，則其所論內容，不僅可以補敘錄的不足，且頗有參考的價值。

竹垞重視師承傳授的體系，是以在案語中，經常可見相關的說明，如：《經義考》卷二九七有案語云：

> 西漢經師各有家法，其授受流派，〈儒林傳〉載之詳矣。其後費直、京房之說行，而爲施、孟、梁邱之《易》者寡；杜林古文興，而爲歐陽、大、小夏侯之《書》者竦；《毛傳》廣，而《齊》、《魯》、《韓詩》漸衰；《左傳》立，而嚴、顏《春秋》幾輟。范《史》述儒林不能如班氏之備，稽之歐陽子、趙氏、洪氏所碑碣，治梁邱《易》則有重安侯相杜暉慈明；治歐陽書則有郎中王政季輔、鄭固伯堅、綏氏、校尉熊喬、郏令景君，又有閻葵、龔叔謙；治小夏侯《書》則有閻葵、廉仲絜；《魯詩》則有司隸校尉魯峻仲嚴、執金吾丞武榮含和；治《韓詩》則有郎中馬江元海、山陽太守祝睦元德、廣漢屬國都尉丁魴叔河、從事武梁綏宗、費縣令田君、中常侍樊安子佑；治嚴氏《春秋》則有祝睦、處士閻葵、班宣高、暨子讓公謙、泰山都尉孔宙季將、巴郡太守樊敏升達、祝長、嚴訢少通、文學掾百石卒史孔龢；治顏氏《春秋》則有魯峻。此皆史傳所不載，考

〔註116〕周積明：〈《四庫全書總目》的經學批評〉，（《孔孟學報》，民國85年3月28日，七十一期），頁183。

〔註117〕參考註9，卷五，頁8。

〔註118〕參考註9，卷五，頁8。

〔註119〕參考註9，卷五，頁8。

古君子續《九經》師授之譜所當入者也〔註120〕。

竹垞對於兩漢師承、家法的流派，皆能詳細釐析，使讀者得知其流傳經過。尤其在文獻的使用上，更能徵引金石的相關著作，考古的實物，來考訂各師承傳授體系，藉以彰顯各學說的流變，對於我們考察漢儒經學的傳授，尤有助益。除此之外，也能針對其他各朝的流傳經過，提出一番說明，使讀者得以瞭解其學說的來源，如《經義考》卷三十五，陽岊《字溪易說》條下案語云：

二陽（指陽枋、陽岊兄弟）《易說》，其學本於朱子門人戛氏，黃晉卿所謂：大陽先生枋，小陽先生岊也。其後裔又有玉井《易說》，而楊用修志《全蜀藝文》，曹能始記蜀中著作，均未之及，何與〔註121〕？

據此，則可知陽枋、陽岊兄弟所學，係源出朱熹一脈，且陽氏後裔，亦有以《易學》馳名者，恰好可以形成朱子易學的支系。

竹垞重視經說傳授的體系，故設有「承師」五卷，上起自孔子弟子，下迄宋、元諸儒，能條分縷析的釐訂清楚，有助於瞭解其演進的歷程。在竹垞案語中，亦能補充許多宋元以後儒者的師承關係，使讀者能得知更多傳經的始末，並能針對其傳經體系的變異情況，提出一番比較研究。有關其對學說傳授的說明，請詳見第三章第三節「文獻整理的貢獻」。

八、校勘異文諸說

竹垞在案語中，屢次表明對校勘的重視，凡是遇有異文，必細勘其同異，有關校勘之法的運用，正是竹垞治學的重要方法。例如：《經義考》卷五五，楊時喬《周易古今文全書》下案語云：

楊公《周易全書》引據諸家姓氏訛舛甚多，如以陰弘道爲洪道世，東鄉助爲唐東卿，晁公武爲武子正，以公用力之勤，摭采之博，不應紕繆如是，殆校勘者不得其人也，非敢形前人之短，慮後學故識於此〔註122〕。

竹垞不僅指明《周易全書》中的錯誤，也指出『校勘者不得其人』的紕繆，顯見其對校勘的重視。因此，在案語之中，時時對於文句的異同，提出校訂的成果，其中甚有可取者也。例如：《經義考》卷五，孟喜《周易災異》下案語云：

許氏《說文解字‧序言》：「《易》稱孟氏，則所引皆孟氏《易》也。

〔註120〕參考註9，卷二九七，頁16～17。
〔註121〕參考註9，卷三五，頁6。
〔註122〕參考註9，卷五五，頁8。

其與今文異者，如『夕惕若厲無咎』作「夕惕若夤」句……皆與今文異

〔註123〕。

孟喜《易》學，許慎稱其文多異辭，王應麟從其說法，但是書已佚，故竹垞摘引佚文以校，藉以明其文辭多變。在古籍整理的過程中，異文的校勘工作，一直是簿錄工作的重要事項，竹垞在校勘工作上，雖非全面的從事校勘工作，但其所舉事項，可以提供讀者初步的認識，使讀者可以明其風格特色。

竹垞在校勘異文之時，也能重視宋儒的改經情況，如《經義考》卷一五六，程顥《大學定本》條下案語云：

明道改本〈大學〉，自「大學之道」至「則近道矣」，下接「康誥曰克明德」至「止於信」，下接「古之欲明明德於天下者」至「未之有也」，下接「此謂知本，此謂知之至也」，「所謂誠其意者」至「辟則爲天下僇矣」，下接「詩云瞻彼淇澳」至「大畏民志，此謂知本」，下接「詩云殷之未喪師」至「以義爲利也」〔註124〕。

根據此則案語，則知程顥所改動的情況多矣！竹垞則一一表明之，使讀者可以得知宋儒改經的行爲。又同卷，程頤《大學定本》條下案語云：

伊川改本〈大學〉，自「大學之道」至「未之有也」，下接「子曰聽訟吾猶人也」至「此謂知之至也」，下接「康誥曰克明德」至「止於信」，下接「所謂誠其意者」至「辟則爲天下僇矣」，下接「詩云瞻彼淇澳」至「此以沒世不忘也」，下接「康誥曰惟命不于常」至「驕泰以失之」，下接「詩云殷之未喪師」至「亦悖而出」，下接「生財有大道」至「以義爲利也」〔註125〕。

據此，則不廢篇幅，指明程顥、程頤兄弟的改經行爲。〈大學〉之文，係自《禮記》裁篇而出，是以其文理應同於《禮記》的內容，然程氏擅加移易，致使文句與原書不符，竹垞則指明其異動的情況。一如其校勘的慣例，此處亦未給予論斷，僅提示其異動的文句，以供讀者採擇之用。至於有關改經的評價問題，則柴紹炳有一段較爲中肯的評論：

夫仲尼不敢改魯史，而程、朱改〈大學〉、《孝經》，此等事姑聽先儒自爲之，勿可效也〔註126〕。

〔註123〕參考註9，卷五，頁7。
〔註124〕參考註9，卷一五六，頁1。
〔註125〕參考註9，卷一五六，頁1～2。
〔註126〕參考註9，卷一五六，頁1。

是以有關宋儒改經的行爲，實不可效法者也。竹垞亦深明其故，是以在其校勘群經之時，多保留異文的情形，聽由讀者自判，以免有失公允，其作法頗有參考的價值。

竹垞重視異文的讎校，是以每遇見異文，皆能釐正異同，指明各書的改動情況。在《經義考》中，每見其審議各項異文，並針對其變動之處，提出說明，這種善用校勘之法，使其考訂的成果，能有良好成效。整體而論，校勘是文獻整理的重要方法，有關其對校勘的運用，請參見本文第三章第二節「治學的方法」一節，從該文的說明中，可以得知其善用此法，以從事古籍的整理工作。這種汲汲於文句的審議，有助於釐清眞僞，直探經義，對於後世的考證之學，尤有助益。竹垞雖大量引證異文，但都僅是客觀呈現異文的現象，對於其中的正誤，多未能提出判定的結果，僅羅列各項異文，以供讀者自我推斷。

九、論述書名篇題

古籍流傳過程中，書名或有異同，篇次亦不盡相同，竹垞於案語之中，每記其書名異同，並及於篇題次第。例如：卷二四四，錢時《融堂四書管見》下云：

> 錢氏《四書管見》有《孝經》而無《孟子》，與朱子所定四書不同，故附以群經〔註127〕。

據此，錢時《融堂四書管見》所謂的「四書」，非傳統的「四書」，乃是包含《論語》、《孝經》、《大學》、《中庸》四書，案語補錄的內容，可使讀者得知其書名之義，與傳統觀念不同，也能得知其書何以附列「群經類」。

又《經義考》卷一五五，瞿九思《中庸三書》下案語云：

> 瞿氏三書，一曰《中庸口授》，二曰《中庸位育圖》，三曰《中庸運卦》〔註128〕。

根據案語所述，則瞿氏《中庸三書》，正包含《中庸口授》、《中庸位育》、《中庸運卦》三書，若未經言明，則何以得知其書名？因此，竹垞書名的說明，將使我們更清楚的掌握其資料，有助於瞭解相關的內容。這種對於書名的重視，主要是來自目錄著錄的觀念，由於《經義考》著錄的內容，經籍的資料，係佔有全書的重要部份。至於經籍的著錄，則不外乎包含書名、作者、卷數諸項，是以竹垞對於書名不明確的內容，則酌加案語說明，使讀者能更瞭解其相關的資料。

竹垞在案語中，除了考察書名命名之義外，亦兼及考證篇名及其次第，可供

〔註127〕參考註9，卷二四四，頁5。
〔註128〕參考註9，卷一五五，頁4。

讀者參考之用。如《經義考》卷十六《周易先儒論九事》條下云：

按：九事者，「太皥受龍馬負圖」第一；「重六十四卦推盪訣」第二；「大衍之數五十」第三；「八卦變六十四卦」第四；「辨陰陽卦」第五；「復見天地之心」第六；「卦終未濟」第七；「著揲法」第八；「陰陽律呂圖」第九〔註129〕。

則不僅可知《周易先儒論九事》所錄「九事」爲何？亦且知其順序，可供讀者參考之用。又《經義考》卷三十二，陳造《易說》條下云：

陳氏《易說》，首無妄，次屯，次同人，次大有，次豫，次蒙，次需，次夬，次姤，次小畜、大畜，次復，次噬嗑，次革，次比，凡十五卦〔註130〕。

據此，則知陳造《易說》一書的篇題次序，有助於對該書體例的瞭解。其次，由篇目的多寡，我們可以知道陳造《易說》在撰著之時，並非以全本的《周易》爲其考撰的題材，是以全書或有缺損。

又《經義考》卷一六〇，吳應賓《古本大學釋論》下云：

吳氏（指：吳應賓）《釋論》，本陽明王氏之說，凡五卷。提綱釋、篇名釋、古本釋、首章第一；釋誠意、修身第二；釋齊家、治國第三；釋平天下第四；新本辨第五，所謂新本者，僞《石經》本也〔註131〕。

據此，可知吳應賓《古本大學釋論》各篇題的順序，也有助於我們瞭解書中的要旨，足供參考補證之用。在竹垞的案語中，表明〈新本辨〉中的「新本」一詞，乃是指「僞《石經》本也」，使讀者可以得知爲僞《石經》本，如此便加深讀者對於吳應賓《古本大學釋論》的認識，正可謂言簡而意賅。

又《經義考》卷二七九，林愼思《續孟子》下的案語云：

《續孟子》十四篇，一曰〈梁大夫〉、二曰〈梁襄王〉、三曰〈樂正子〉、四曰〈公都子〉、五曰〈高子〉、六曰〈公孫丑〉、七曰〈屋廬子〉、八曰〈咸邱蒙〉、九曰〈齊宣王〉、十曰〈萬章〉、十一曰〈宋臣〉、十二曰〈莊暴〉、十三曰〈彭更〉、十四曰〈陳臻〉〔註132〕。

從上述引文中，我們能得知竹垞對於各篇題的篇名，乃至書名的考訂，都盡心考訂，這些考訂的內容，都將有助於日後輯佚工作的進行，也使我們對於書籍的內

〔註129〕參考註9，卷十六，頁6。
〔註130〕參考註9，卷三二，頁3。
〔註131〕參考註9，卷一六〇，頁8。
〔註132〕參考註9，卷二七九，頁10。

容，能有個大致的認識。

綜合上述所論，竹垞精於目錄之學，故在著錄各項經籍之時，也間能考訂各經書的書名、篇題，使讀者能得知各經書的書名，乃至於各篇的題稱，如此一來，可以提供讀者較爲詳盡的記載，有助於瞭解全書的內容。書名和篇題是書目著錄的要點，若能詳細記載其相關的資料，也將有助於日後該書亡佚之後，可以得據各項引文，逐項還原全書，使得佚籍能恢復原書的面貌。在竹垞的案語之中，其中所涉及的內容，頗多此類的資料，若能全面提供此類的訊息，將有助於各經籍的異動情況。

十、言明卷帙分合

卷帙的分合，有助於瞭解流傳演變的過程。古書在流通的過程中，卷數的著錄，往往會有許多的差異，尤其是正史〈經籍志〉、〈藝文志〉的卷帙著錄，其變動頗甚，究其原因，則是「一」、「二」、「三」、「七」、「十」等數字，容易形近而致訛，是以卷數的著錄，往往差距頗多，更甚於書名、作者的著錄。因此，考訂卷帙的分合，往往是簿錄學家重視的焦點。在竹垞在案語中，亦能述及卷帙的分合，例如：《經義考》卷五，卜商《易傳偽本》：

> 子夏《易傳》，見於《隋經籍志》止二卷；《釋文序錄》止三卷爾。
> 至《宋中興書目》益爲十卷；而今本多至十一卷，不獨篇第悉依王弼，
> 并其本亦無異辭〔註133〕。

是則案語，可見子夏《易傳》在流傳過程中，其卷帙分合的情況，亦可考見其中篇第、文句，悉同於王弼所錄之本，所考足供參證之效。

竹垞對於卷帙的分合過程，往往提出其追索的結論，如《經義考》卷一六〇云：「右（指：羅汝芳《大學說》一書）其弟子從《一貫錄》中抄出單行」〔註134〕。羅汝芳《大學說》一書，原是《一貫錄》的部份內容，係羅汝芳弟子自行抄出，另出單行之本。綜合上述所論，竹垞能考察其流傳的過程，對於其卷帙分合的演變，往往多所究心，能提供學者考知卷帙分化的情況，也能得知其分合的原委，可供讀者參閱之用。

十一、指出經籍要旨

〔註133〕參考註9，卷五，頁3。
〔註134〕參考註9，卷一六〇，頁3。

竹垞在《經義考》中，往往能指明經籍的要旨，以供讀者參考，如卷六十八《易小帖》條下案語云：「此係西河氏雜紀說《易》之可議者。」〔註135〕是文直接說明其書的內涵，係以雜論各家說解《易》理之可議者，可供釐清各家異說之參考。

又卷七十《易數大略》下云：

> 是書專說大衍，趙氏《筮宗》屢引其文，不著撰人姓氏。於大衍之數五十，釋曰：「大衍者，八卦之衍數也，八卦經畫二十四，重之則四十八。又每卦各八變，其爻亦四十八，是四十八者，八卦之正數，衍其正數，是謂大衍。衍，羨也，以四十八而羨其二，則爲五十之成數，其用四十有九。」釋曰：「五十除一者無一也，掛一以象三。」……。趙氏識其傳（附）會，又兩餘當分扐，不應并在第二指間，其言是也。至於論揲法有曰：「〈乾〉用九爲老陽，〈坤〉用六爲老陰，〈震〉、〈坎〉、〈艮〉用七爲少陽……。」其大略可見矣〔註136〕！

則可知其內容大略。竹垞對於經籍的考證，頗重其中的內容，是以無論經籍存佚與否，均盡力考求其要旨，使讀者可以覽目而知群經要旨。

十二、載明版刻情況

在竹垞的案語中，有些內容是載明版刻情況，如《經義考》卷二百八十一，朱升《小四書》下云：「《小四書》舊刻板在婺源流傳未廣，近陸御史隴其重刊行之〔註137〕。」《小四書》一書，舊有刻板，惜流傳不廣，其後乃有陸隴其重刊之本，據此可明其版刻流傳的情況。

竹垞對於經籍的版刻情況，十分的瞭解，在其案語之中，往往涉有許多版刻的記錄，可以提供我們進一步考察經籍刊行的情況。例如：《經義考》卷一百四十七傅崧卿《夏小正戴氏傳》下案語云：

> 傅氏書，余見宋時鋟本，後題男右通直郎，知泉州晉江縣事賴刊板，孫右迪功郎，前靜江府修仁縣尉繪校勘〔註138〕。

竹垞本身爲藏書家，是以對於宋版圖書的見識甚廣，在其全書的案語考訂之中，多能兼記刊刻者姓名，或是校勘者的名字。據此，可以得知其書有傅崧卿的家刻

〔註135〕參考註9，卷六八，頁2。
〔註136〕參考註9，卷七十，頁7～8。
〔註137〕參考註9，卷二八一，頁9。
〔註138〕參考註9，卷一四七，頁2。

之本，由其子傅賴刊板行世，且由其孫傅繪從事校勘工作。這些相關的記錄，將對於我們瞭解其書的版刻情況，能有所助益。

又《經義考》卷八十八，呂柟《尚書說疑》條下案語指出：「呂氏《書說》，吾鄉項鼎鉉、孟璜曾刻之家塾〔註139〕。」《尚書說疑》疑作《尚書說要》。沈初等《浙西採集遺書總錄》甲‧頁四八著錄。竹垞指出此書有項鼎鉉、孟璜的家塾刻本，對於我們瞭解其典籍的情況，實能有所裨益。

竹垞為考證名家，其在考證之時，每能引諸家刻本，以證其異同，說法詳見本文第三章第二節「治學的方法」一節。由於交友多藏書名家，故能見及各類的版刻，對於版本的認知，亦有深厚的見識，故在《經義考》的案語中，亦能載明一些版刻的情況，惜非全面行之，故無法呈現每部經籍的版刻情況。昔日章學誠曾擬補其版本缺漏之失〔註140〕，惜未能完成，實為可惜。

十三、評論書籍特色

竹垞案語，每涉及書籍特色的評論，其論點每有精闢之論，可供讀者參考。如《經義考》卷一百四十六著錄吳懷賢《禮記幼學》一書，竹垞案語如下：

> 經生習禮，凡言喪制者，多置不讀，然未有刪其文者，是書乃徑刪之。李本寧〈序〉引凶服不入公門為諭，是亦欺世之言也〔註141〕。

此處案語，乃言明《禮記幼學》一書的特色，乃是刪去喪制相關經文，置之不論，雖與經生習禮不讀喪制有關，但徑刪之，未免於禮不合，李維楨序其書，乃引「凶服不入公門」為諭，竹垞乃以為「欺世之言」，是亦以吳懷賢刪去喪制相關經文為非是。

又卷一百四十六，阮峻《禮記滌除》一書下，竹垞案語曰：

> 《滌除》一書，未詳卷帙，其說大學云：「先儒以大學為大人之書」，立義雖精，而非古訓之舊。《小戴學記》云：「大學之法，大學之禮，大學之教。」《大戴保傅篇》：「八歲出，就外舍，束髮入大學。」並指學宮言之，音當從太〔註142〕。

阮峻錯以「大學」為《大學》，且以其書為「大人之書」，故竹垞評其「意義雖精，

〔註139〕參考註9，卷八八，頁5。
〔註140〕章學誠〈論修史籍考要略〉，見《章氏遺書》嘉業堂刊本，1922年。（轉引《目錄學研究文獻匯編》頁270，彭斐章、謝灼華、喬好勤編，修訂版一刷，1996年6月）
〔註141〕參考註9，卷一四六，頁3。
〔註142〕參考註9，卷一四六，頁4。

而非古訓之舊」，並且引《小戴禮記・學記篇》及《大戴禮記・保傅篇》爲據，斷其所論「大學」爲《大學》者，實則當爲「太學」，意指學宮言之，故阮氏所論，實乃錯讀之故，是以此書的價值，亦顯而易見者矣。

又《經義考》卷二六七，《孝經威嬉拒》下案語云：

> 《威嬉拒》之說，欲去惡鬼，須具五刑，令五人皆持大斧，著鐵兜鍪駈之。此眞邪說，於《孝經》何與焉〔註143〕？

從上述的說明中，可以窺知《孝經威嬉拒》的內容梗要，其所謂驅除惡鬼之法，實多存有迷信之說，且與《孝經》的內容無關，是以竹垞評其書爲「邪說」，從其評論的說明中，雖然內容極其簡省，但所議論的事項，卻可提供我們選擇研究題材的參考。

各類經籍的撰述，皆有其時代的風格，也有其典籍的特色，竹垞所提出的評論，可以提供讀者參考的作用。《經義考》所能提供的治經功用，除了輯錄的解題之外，也多仰賴於案語的內容，尤其在案語之中，涉及各書的評價等等，皆是其深思熟慮的結論，雖非每篇皆有議論，但其評論的事項，對於我們瞭解書籍的特色，實能提供正面的貢獻，這種主觀的評價，具有提示讀者的作用。

十四、言明選錄標準

竹垞輯錄的序文，或嫌其文章過於冗長，乃將其刪去不錄，但其在案語中，亦能交待其刪錄的情況，例如：《經義考》卷二五七，陳禹謨《經言枝指》下云：「諸序文多冗長，故不錄」〔註144〕。竹垞在敘錄的選錄上，多載明序跋的內容，以供參考之用，惟此處未能錄及序跋，乃是由於原書序文過於冗長，故刪去不錄，並非缺乏序跋所致，也提醒讀者，若需要檢視原書資料，仍有序跋可供參考，也藉以表明未收序跋的原因。

在著錄的內容上，亦能說明著錄與否的標準，如：《經義考》卷二七七，晏嬰《晏子春秋》下案語云：

> 諸家《春秋》不盡擬經，然既託其名，不容不錄，若葛立方之《韻語陽秋》、崔銑之《文苑春秋》，緣附不倫，斯去之〔註145〕。

「擬經」之目，乃是收錄仿經的撰著，此處案語指出《韻語陽秋》、《文苑春秋》

〔註143〕參考註9，卷二六七，頁4。
〔註144〕參考註9，卷二五七，頁5。
〔註145〕參考註9，卷二七七，頁1。

二書，刪去不錄於「擬經」目中，主要的原因是內容不符所致。又《經義考》卷
九，魏伯陽《周易參同契》下「案語」云：

> 《參同契》本道家之言，不當列於經義，然朱子嘗爲之注，且謂「無
> 害於《易》」，故附載之。是書諸家注解頗眾，則概略而不記也〔註146〕。

竹垞以《參同契》本道家之言，本不當置於「易類」，但由於朱熹曾撰《參同契考
異》，並以此書「無害於《易》」，故將此書附載於「易類」。過去簿錄學家，皆將
《參同契》之書，置入子部，或入「道家類」，或入「神僊類」，或入「五行類」〔註
147〕，皆不曾列入「易類」，竹垞由於朱熹之故，將其選入「易類」，但卻未收其他
注本，惟恐讀者不知其選錄的標準，乃於案語說明之。此類的案語，不僅能得知
其選錄標準，也能得知其分類的概念。綜合上述所論，竹垞於案語中，說明選錄
的標準，使讀者能得知其編纂的觀念，尤其對於著錄與否的說明，更可提供我們
研究其分類的觀念，藉由其說明的要點，使我們可以掌握一些出例的情況，而不
致於產生誤判的情況。

十五、闡述學風轉移

竹垞對於學風轉移的情況，亦有其觀察的心得。在案語之中，每有涉及學風
轉移的情形，如《經義考》卷二四○，梁武帝《五經講疏》下云：

> 六代之主，篤好儒術，莫如梁武立士林館，躬御國子講肄，五經皆
> 有講說。何佟之、嚴植之、賀瑒、明山賓等覆述制旨。朱异、賀琛、孔
> 子祛等遞相講述經義，多至二百餘卷，然自同泰捨身，而後所臨幸者，
> 同泰、重雲、愛敬、開善、善覺等寺，所開說者，涅槃、般若、大品、
> 淨名、三慧諸經，竺乾之典日密，周孔之言日疎。此孟子所云：「下喬木，
> 而入幽谷者也。」〔註148〕。

學術風尚，歷代皆有轉移，六朝之主，多能篤好儒術，是以帶動經籍的研習，不
獨學者撰述經義，皇帝亦能親自講說義理，是以儒術暢行天下，蔚爲時代風尚。
惟迄梁武帝於同泰寺捨身之後，學風由儒學轉爲釋家，昔日臨幸國子監講說經義，
乃轉爲至同泰、重雲、愛敬、開善、善覺等寺，開講涅槃、般若、大品、淨名、

〔註146〕參考註9，卷九，頁7。
〔註147〕《郡齋讀書志》、《文獻通考·經籍考》將其置入「神仙類」，《舊唐書·經籍志》、
　　　　《新唐書·藝文志》置入「五行類」，又《新唐志》將希還《參同契》置入「道家
　　　　類」。
〔註148〕參考註9，卷二四○，頁3。

三慧諸經，竹垞於短短一段案語中，即能闡述學風轉移的情況，可謂言簡意賅，充份表達學術變動的現象。

又《經義考》卷二三九，鄭玄《六藝論》條下案語云：

> 西漢學士大都專治一經，兼經者自韓嬰、申培、后蒼、孟卿、膠東庸生、瑕邱江翁而外，蓋寥寥也。至東漢而兼者漸多，鄭康成出，凡《易》、《書》、《詩》、《周官》、《儀禮》、《禮記》、《論語》、《孝經》，無不為之注釋、而又六藝七政有論，《毛詩》有譜，禘祫有議，許慎《五經異議》有駁，臨孝存《周禮》有難，何休之墨守、膏肓、廢疾，或發、或鍼、或起，可謂集諸儒之大成，而大有功於經學者〔註149〕。

短短一段案語，將西漢、東漢學者治經的差異，表達的十分清楚。西漢學者大都專治一經，許多學者都將畢生心力，投注在一部經書的研究。至東漢開始，學者治經的風向，已有所改變，學者多能兼治眾經，是以在經義的闡釋上，能較以往改進，這種學風的改變，使得經學的研究，能邁向新的層次，有利於經學的發展。

又《經義考》卷一五六，司馬光《大學廣義》下案語云：「取〈大學〉於《戴記》，講說而專行之，實自溫公始」〔註150〕。自《小戴禮記》盛行於世，則《大戴禮記》久不受到重視，自司馬光《大學廣義》開始，始強調《大戴禮記》的重要，乃取其說以立論，遂造成一股流行之風，遂有「十四經」之名〔註151〕，這種學風的轉變，使得《大戴禮記》的探述，乃有復活的傾向。清代學者主張兼采《大、小戴禮記》的內容，竹垞亦不例外，在《經義考》「禮記」一目中，大抵能兼顧大、小戴《禮記》的資料，其觀念十分的正確。若溯及此一風潮的開始，則司馬光的貢獻，亦不容輕忽，是以竹垞在於案語之中，特別標明其對於學風的影響，藉以提醒讀者能重視其中的轉變，實承自司馬光的提倡所致。

十六、匡正前賢訛誤

《經義考》輯錄的解題，常能提供讀者治經的參考。前賢考訂經學問題之時，或有謬失之處，竹垞則於案語中，匡正前賢論點的錯誤，可以提高全書的參考價值。例如：《經義考》卷一三一，孔穎達《儀禮正義》下案語云：

> 孔氏不聞有《儀禮正義》，《唐》、《宋志》俱無，《授經圖》獨著之，

〔註149〕參考註9，卷二三九，頁10。
〔註150〕參考註9，卷一五六，頁1。
〔註151〕參考註56，卷三三〈寄禮部韓尚書書〉，頁414。

恐記憶之誤也，其載孔氏《周禮正義》亦然〔註152〕。

竹垞據《唐志》、《宋志》未曾著錄孔穎達《儀禮正義》，乃定其說誤出《授經圖》。今查諸書目所載，確實未見孔氏撰有《儀禮正義》、《周禮正義》二書，是以竹垞所疑之事，有其參考的價值。

又《經義考》卷一三一，田僧之《儀禮注》條下案語云：

> 陸氏《釋文序錄》載注解傳述人，於《儀禮》有鄭康成注。此外，馬融、王肅、孔倫、陳銓、裴松之、雷次宗、蔡超、田僧之、劉道拔、周續之凡十家，云自馬融以下，並注《喪服》。考《隋經籍志》，十家之中，惟載王肅《儀禮注》十七卷，其餘未嘗有全書注也。《舊唐書·經籍志》於馬融《喪服紀》下云：又一卷鄭玄注，又一卷袁準注，又一卷陳銓注，又二卷蔡超宗注，又二卷田僧紹注，亦未載諸家有全書注。至《新唐書·藝文志》始載袁準注《儀禮》一卷、孔倫注一卷、陳銓注一卷、蔡超宗注二卷、田僧紹注二卷，並不著其注《喪服》，則誤以《喪服注》為《儀禮》全書注也。下至鄭氏《通志略》，既於《儀禮》全書注載袁準、孔倫、陳銓、蔡超宗、田僧紹姓名，而又於《喪服傳注》五家複出，由是西亭王孫《授經圖》、焦氏《經籍志》皆沿其誤，今未敢遽刪去，仍兩載之，而辨其非是，當以陸氏《序錄》為正也〔註153〕。

據此，辨明馬融、陳銓諸人，原本僅注《喪服》部份，非注全部《儀禮》，至《新唐志》起，始以袁準、孔倫、陳銓、蔡超宗、田僧紹諸人，注解《儀禮》一書；及至鄭樵《通志》，更變成同時注解《儀禮注》、《喪服傳注》二書，皆沿《新唐志》之誤者也。其後，朱西亭《授經圖》、焦竑《經籍志》二書目，皆承繼鄭樵《通志》之誤。竹垞審明歷來目錄的記載，得知田氏諸人未曾注解《儀禮》，但由於前目載之，故仍兩存之，惟恐遺誤後學，是以在案語之中，辨明其非是，並以陸氏《序錄》為是，其說頗有見地，可供參考。

十七、論定文字音讀

竹垞在案語中，亦嘗試審議文字的句讀，如《經義考》卷一四〇，雷肅之《禮記義疏》下案語云：

> 雷氏《義疏》：《樂記》「治世之民安以樂」，讀至「安」絕句，「以

〔註152〕參考註9，卷一三一，頁5。
〔註153〕參考註9，卷一三一，頁2～3。

樂」二字為句〔註154〕。

據此，竹垞曾嘗試論定文字的句讀，古書本無句讀，學者隨文圈點，是以標點的不同，會影響音義的解讀，其於案語中說明己見，可供參考之用。

除了文字的斷句之外，也兼及文字的音讀，如《經義考》卷一四○，范宣《禮記音》下案語云：「《釋文》詮《爾雅注》「蝗」字，引范宣《禮記音》：『音橫』」〔註155〕。「蝗」、「橫」二字，今日讀音不同，但范宣《禮記音》既標此二字同音，可供查索晉代方音的參考。

竹垞相當重視文字的句讀，對於字句的參差，每有校勘之舉。因此，在《經義考》中，常可見有關文字句讀的審議，則其考訂的成果，每有參考的價值。文字的音讀，若不能審慎議定，則往往會使研究成果有誤，故其每遇音讀的差異，則一一標明，使讀者得以明其異同。

《經義考》的體例豐瞻，著錄詳盡，這些體例的形成，係受到當代學術的影響。洪湛侯在《文獻學》中，指出目錄體例的形成，乃是累積前人的經驗，不斷改進所致，茲錄其說，以為論證：

> 古典目錄書體例的形成，凝聚了歷代目錄學家在工作實踐中積累的寶貴經驗，足資借鑒。隨著科學、文化和圖書事業的發展，圖書門類和數量飛速增長，我們決不能滿足前人已有的成就停步不前，我們應該在已有的基礎上，繼續創制和改進目錄體制的基本結構，使之為新時代的科學研究工作，提供更多的圖書資料〔註156〕。

古代目錄體例的形成，係歷經長久的修正，不斷的累積經驗所致，但何種編排體例，是較符合目前學界的需要，則學者仍不斷嘗試各類的著錄方式。基本上，目錄編纂的體制，係要求能提供更完整、詳盡的資料，是以隨著記錄的事項，不斷的翻新演變，則所要提供的資料，將隨時更正。因此，最好的著錄體例，亦將隨時間的演變，且能不斷的改進，當我們檢視舊有的編輯體例時，亦應不斷思考如何成為己用，使目錄的功用，能確實發揮到「辨章學術，考鏡源流」的學術價值。

竹垞在編纂《經義考》之時，其中的體例創制，或參詳前代書目，致使體例多方，未能一致，此乃融合未盡之故。除此之外，在整體體例的安排，竹垞勇於創新體例，使其目錄的編纂，能隨著時代的演進，與學術的需要，逐漸改變既有的體例，使其能符合專科書目的使用需要，這種創新的見解，也深受其後專科書

〔註154〕參考註9，卷一四○，頁3。
〔註155〕參考註9，卷一四○，頁2。
〔註156〕參考註35，頁108。

目編纂者所襲用。因此，若從體例的一致性來看，則竹垞的體例安排，或有失當之處，但其對後世專科書目的影響與啟示，卻是無庸置疑的事。整體而論，竹垞在體例的安排上，雖未能達成完整一致，此乃受限於著錄甚多，且來源複雜，而難於整編所致，此乃勢所必然，故雖有小疵，卻未足以輕議其失。當我們檢視竹垞的編輯體例時，不禁讓人感受其許多的體例要點，卻深受到後來《四庫提要》纂寫者的青睞，也深刻影響到其後專科書目的編纂體例，而竹垞身處清初時期，即能有此成就，實不得不讓人佩服其學術的表現。

第八章 《經義考》的分類

　　中國目錄發展的特點，乃是隨著學術的內涵及其數量的變化，來調整其中的類目，以便達到「辨章學術」、「考鏡源流」的功效。明清之際，書目的發展，業已邁向成熟的階段，尤其對於分類、體例的觀念，業已逐漸成型。孫永如在《明清書目研究》中指出：

> 明清書目的發展狀況是空前的，明清書目事業的成就也是巨大的。
> 在目錄之學蔚然興起的社會氛圍之下，經過許多學者的不懈努力和探索，明清書目在部類設置、著錄體例與學術內容的開拓等方面都取得了超越前代的顯著成就〔註1〕。

明清之際，學者逐漸修正舊目的缺失，使得書目編纂的觀念，可以突破舊有的樊籬，能有新的創制。在眾多改變之中，尤以分類的概念，能勇於突破舊有的窠臼，重新調整類目，使其符合學術的內涵，最能反映出學術的變化。隨著目錄觀念的改變，書目收錄的內容，也開始產生質變，加以分科日細，是以專科書目快速竄起，甚至更發展出特種書目，以符合時代的轉變，間接帶動書目的更張與發展。

　　明清之際，目錄發展漸趨定型，尤其是分類類目的改變，更能傳達學術的變遷，使我們得以觀察其中的變化，並尋繹學術發展的軌跡。周彥文在《中國目錄學理論》中指出：

> 部類會產生質變的現象，往往是因為有學術門類新興或衰落，或是舊有的學術門類發生了內在變化所造成的〔註2〕。

上述的見解，適足以反映出中國書目的特點，若能透過分類型式的變化，將能有助於查考學術的興衰流變，是以分類的研究，也就成為書目研究的重點要項。明、

〔註1〕孫永如：《明清書目研究》，（合肥：黃山書社，1993年7月），頁17。
〔註2〕周彥文：《中國目錄學理論》（台北：臺灣學生書局，民國84年9月），頁162。

清之際，經學的發展，業已形成完整的體系，也爲經學書目的發展，提供有利的契機。《經義考》的出現，正代表著經學研究的發展，已經邁向嶄新的階段，顯示出經籍受到重視的程度。由於此書收錄眾多的經籍，使得該書在類目的安排上，更能客觀的加以歸併，以符合學術的變遷，故擁有全新的分類理念，且有完善的分類體系。本章擬就《經義考》的分類方式，提出一番考察，並且分析類目的內涵，及其分類觀念的轉化，以期能認識到竹垞分類的原則及其特點。

第一節　分類的義例

　　一位優秀的目錄學者，對於書目類目的安排，必定費盡心思，著意安排，以期能符合學術的變遷。若分類的類目，僅能承襲前目，卻不思改變，則不僅無法符合使用的需要，也難以提昇書目的價值。當我們檢視《經義考》之時，即可發現其編纂的理念，雖有承自前目，但間有創新，也影響到其後專科書目的發展。下文即嘗試分析竹垞分類的義例，藉以窺知竹垞對於編目的方式：

一、分類方式，依據學術性質歸併

　　竹垞分類的原則，乃是依據學術體系加以分類，故在類目的安排上，頗能符合學術的特性，是以隱含分類的法則，能形成完善的體系。觀其分類的類目，共分成下列諸項：御製、敕撰、易、書、詩、周禮、儀禮、禮記、通禮、樂、春秋、論語、孝經、孟子、爾雅、群經、四書、逸經、毖緯、擬經、承師、宣講、立學、刊石、書壁、鏤板、著錄、通說、家學、自敘等三十個類目，其中「宣講」、「立學」、「家學」、「自序」乃是有目無文，缺而弗錄，證明此書並非定稿之作，實爲可惜。

　　竹垞在類目安排上，雖能依據前目爲基礎，但非全然承襲前目，例如：傳統書目的分類法則，多依據典籍爲著錄的內容，然竹垞除典籍的著錄之外，也能兼及相關的主題，故在類目之中，亦有未能著錄任何典籍，如「逸經」、「鏤板」諸類屬之，此種分類的概念，與傳統目錄分類法則，稍有差異。其次，傳統書目的分類方式，係以典籍存在多寡來歸併類目，例如：「樂類」、「讖緯」等目，由於流通較少，或已佚失久矣，故罕見書目專立類目收之，然竹垞卻能審視性質，酌立類目以繫之。

　　竹垞在類目的安排上，能跳脫前目的限制，以學術體系爲考量，是以產生許多新的類目，以符合其編纂的需要，這種歸併的方式，對於後世專科書目的編纂，

產生若干的啟示作用。此外，竹垞對於分類的最大創獲，乃在於擴大經學的範圍，使原先因為「體裁」的標準，歸入其他史部、子部、集部的典籍，都能回歸經部的範疇，徹底解決「崇質」、「依體」的分類歧見，對於拓展經學的內容，有許多實質的幫助。當我們在檢視《經義考》的內容時，不應該以傳統經部的範疇，來衡量其內容，否則易產生隔閡之感。

二、類目排列，尊崇古文經學次第

　　竹垞在類目次第的安排上，尊崇古經類目的次第，其六經次第，乃是依據《易》、《書》、《詩》、《禮》、《樂》、《春秋》，這種次第，正是古文經學的次序，毛奇齡在《經義考》〈毛奇齡序〉中指出：「古經六：《易》、《書》、《詩》、《禮》、《樂》、《春秋》，見于《經解》」〔註3〕。從《漢志》以來，《易》、《書》、《詩》、《禮》、《樂》、《春秋》的排列方式，即被視同古文家的排列方式，其後《經典釋文》、《隋志》、《舊唐志》、《新唐志》等書目，也都依循此例，竹垞對於漢學古經十分重視，基於這種認知下，其類目的排列，仍能尊崇古經的次第，依序排列，這種安排的方式，可以看出其治經的特色，有著崇尚古經的特點。

　　明末清初之際，一般學者較盛行宋明理學，對於古經的價值，較為輕忽，針對這種情況，竹垞亦能提出個人的見解，《經義考》卷二九七案語云：

　　　　漢之經師用力勤而訓義艱，有功於經大矣。而又兢兢各守其師說，遇文有錯互，一字一句不敢移易，其尊經也至，莫有侮聖人之言者，平心以揆之，漢人亦何罪之有？乃宋人之論，謂《詩》因《序》而亡，經因窮而絕，至以訓詁之害等于秦火之燔，毋乃過與？〔註4〕

基於對漢學古經的重視，故其在分類的次第上，也依循古經為次。此外，在「論語」、「孝經」類目的安排，《隋志》將「孝經」的類目，置於「論語」之前，但《經義考》卻恰與相反。喬衍琯先生在〈論經部的分類〉之中，論及二書的重要性：

　　　　《孝經、論語》同為傳、記。這從先秦用以書寫的簡策長度，便可看出：五經簡長二尺四寸，孝經一尺二寸，而《論語》祇有八寸長。古代一尺，約合台尺七寸，大約五經長六十公分，在如今是很罕見特長的書了。而論語祇有二十公分，約相當三十二開本，屬「短書」。《孝經》

〔註3〕朱彝尊：《經義考》，（台北：臺灣中華書局據揚州馬氏刻本影印，民國68年2月台三版）〈毛奇齡序〉，頁1。
〔註4〕同前註，卷二九七，頁17。

則約長三十公分，約是十二開本的長度。而當時書的長短，是與其受重
視的程度成比例的。所以《孝經》的重要性在《論語》之上〔註5〕。
從簡策的長短，來看典籍受重視的見解，僅能提供參考，但並非絕對的定論，我
們從歷來出土的簡策中發現，簡策的長短，本無定制，此說見於查啓森〈介紹有
關書史研究的新發現與新觀點〉中，該文歷舉武威《儀禮》漢簡、睡虎地十一號
秦墓法律條文竹簡，與山東銀山漢簡、河南信陽的戰國楚簡、湖北隨縣擂鼓墩一
號墓的曾侯乙的遣策等等，以說明「簡策長短無定制」〔註6〕，這種說法，似乎已
能確證無疑，從而推翻王國維先生利用文獻考察的幾項論點〔註7〕。簡策既然沒有
定制，或是因爲不同時空狀態下，簡策的長短會有所改變，並非純爲定制。因此，
喬衍琯先生以簡牘長短來考察受重視的程度，實有商榷的餘地。雖然不能單純就
典籍簡策的長短，來判斷書籍受重視的程度，但「孝經」、「論語」類目次第的更
換，可以代表著兩種不同的編輯理念。對於這種次第的變化，胡楚生先生曾有一
段說明如下：

> 《漢志》以「論語」次於「春秋」之後，又以「孝經」次於「論語」
> 之後，阮孝緒《七錄》因之，及至《隋志》，乃移「孝經」改置「論語」
> 之前，蓋以孔子行在《孝經》，爲曾子言之，自爲一家之學，而《論語》
> 雜出門下弟子，不純出於聖人之手也，自《隋志》以下，各代志書，多
> 從此義，不復再爲改置矣〔註8〕。

如據胡氏所論，兩目次第先後之異，在於「孔子行在《孝經》，爲曾子言之，自爲一
家之學，而《論語》雜出門下弟子，不純出於聖人之手也」，故類目安排的差異，實
可看出其中取擇的標準，亦有不同，故其說可供參考之用。其次，我們從書目發展
史上，大抵如胡氏所論「各代志書，多從此義」，然其所論，「不復再爲改置矣」，則
僅限於正史・藝文志的部份，並非所有書目，皆從此種排列的方式。例如《隋志》
之後的書目，大抵均從《隋志》之目，如《舊唐志》、《新唐志》、《崇文總目》、《郡
齋讀書志》、《直齋書錄解題》、《宋史藝文志》、《世善堂書目》、《國史經籍志》、《明
史藝文志》等等，均從《隋志》之例，將「孝經」之目，置於「論語」之前，然《文

〔註5〕喬衍琯：〈論經部的分類〉，（台北：《國立中央圖書館館刊》，民國83年6月，新
27卷1期），頁65。

〔註6〕查啓森：〈介紹有關書史研究的新發現與新觀點〉，（北京：商務印書館，《中國圖
書論集》，1994年8月），頁52～53。

〔註7〕參考王國維：〈簡牘檢署考〉一文，該文載於《王靜安先生遺書》之中，其中主要
論點，係關於簡策定制的見解。

〔註8〕胡楚生：《中國目錄學》，（台北：文史哲出版社，民國84年9月），頁117。

獻通考・經籍考》、《百川書志》則從《漢志》、《七錄》之例。從《隋志》變更「孝經」「論語」順序之後，似乎大多數的書目都採取《隋志》方式排列，唯《經義考》則從《漢志》、《七錄》、《文獻通考・經籍考》、《百川書志》之例，是以究竟何者排列方式較好，迄今尚無定論，僅代表著二種不同觀念的分類法則。

在其他新增的類目中，能依其時代先後順序，依次排列。《曝書亭集》卷四十，〈水村琴趣序〉指出：

> 至漢而鴻都有經，宜其推石而鐫之木，然必俟張參書壁之後，又久而鏤板方興焉〔註9〕。

竹垞類目的排列，正好是先「刊石」，次「書壁」，其次「鏤板」，至於「擬經」、「承師」類，則源於發展較早，其概念的形成，大約在西漢即已完備，故列於「刊石」之前，「著錄」、「通說」由於收錄較遲，則列於「鏤板」之下，這種排列的次第，均隱含時代的先後排列，實有其可取之處。

三、典籍偏少，附入性質相近之類

竹垞分類的標準，乃是依據學術性質加以歸併，是以能形成經學的完整體系，說法已見上文分析。然而，又有某些典籍的類別，由於典籍數量稍少，未能獨立成目，且所涉涵攝的相關性質，或能重複歸併不同的類目，在無法妥切安排之時，乃將其附入性質相近之類，例如：《樂》《禮》合論者，則併入「通禮」類，如《經義考》卷一六六，鄭鼎新《禮樂舉要》〔註10〕、亡名氏《禮樂議》〔註11〕等屬之。又《論》、《孟》合論者，則併入「論語」類〔註12〕，諸如此類的安排，則由於數量過少，未足以獨立成目，則僅併入其中一目，不另區分為其他的類目，且不會產生重出的現象。

四、先列本經，其後附以單篇之作

竹垞分類的安排上，往往將經籍裁篇而出，以入於各類，使其符合分類的法

〔註9〕 朱彝尊：《曝書亭集》，（台北：世界書局，民國78年年4月再版），卷四十，〈水村琴趣序〉，頁490。
〔註10〕 參考註3，頁8。
〔註11〕 參考註3，卷一六六，頁11。
〔註12〕 《論》、《孟》並列的典籍，僅有二部，一部是楊泰之《論語孟子類》（參考註3，卷二一八，頁6。），另一部是孫繪《拙齋論孟說》（參考註3，卷二一九，頁2。）。竹垞皆將其列入「論語類」。

則。例如：《經義考》卷十七，陳襄《易講義》二卷﹝註13﹞，乃是轉錄《古靈先生集》的部份內容，此屬於裁篇而出的例證。竹垞相當推崇別裁之法的運用，《經義考》二九四引竹垞案語一則云：

> 涿州高氏《百川書志》、連江陳氏《一齋書目》、山陰祁氏《澹生堂藏書（目）》、周藩西亭宗正《聚樂堂藝文目錄》皆詳列篇卷、姓名，而祁氏於「類書」「說部」「文集」中，遇有經解，悉行列出，差足法也﹝註14﹞。

竹垞雖未形成完整的理論，但其效法前賢別裁之法的運用，能擴大收錄的內容，且提供讀者更多的參考文獻，便於讀者的使用。

綜合上述所論，竹垞在類目的安排上，不因襲舊法，能以學術體系為考量的重點，使得類目的安排上，能較從前更加彈性。後世專科書目的分類方式，多能受其啟發，使得分類類目的安排，能依據實際需要區分類目，進一步達到「辨章學術」的要求，則其分類的概念，確有值得借鏡之處。

第二節　類目的闡釋

《經義考》著錄八四四三部，合計五一二九五卷的經籍，如要依據典籍的內涵，來調整類目的安排，則絕非綜合書目的分類方式，所能涵攝得盡，故在類目的安排上，勢將面臨新的變革。竹垞的分類方式，除了承繼前代書目之外，還能自創類目，是以能奠定完整的經學體系，其中頗有值得借鏡之處，惜其屬稿未成，隨即身亡，加以並無類目小序，藉以說明其分類的旨趣，也未能提出卷數、專著的總計，使讀者無從瞭解其分類的觀念，及其收錄的數量，殊為可惜。

當我們想透過分類的變化，來明瞭學術的變遷時，勢先瞭解其類目的內涵。周彥文在《中國目錄學理論》指出：

> 當我們在藉分類以明學術時，若不先釐清其間的不同，則必會使學術系統產生誤差﹝註15﹞。

除此之外，透過類目的變化，可以看出目錄學者的觀念轉換。周彥文《中國目錄學理論》中指出：

﹝註13﹞參考註3，卷十七，頁9。
﹝註14﹞參考註3，卷二九四，頁7。
﹝註15﹞參考註2，頁162。

　　所謂部類的質變，意指同一名稱的部或類，因時代的演變或編目者
的認定差異，以致使該部或類的內在意義有所轉變的現象〔註16〕。
類目的轉變，往往會隨時代的演變而改變。編目者的分類概念，更決定其書目是
否能反映學術的變遷，進而達到「辨章學術」的作用，是以考察目錄類目的差異，
往往成為目錄學研究的要項。中國古代的目錄學家，往往能透過分類的概念，來
傳達各項的學術訊息，是以富有研究的價值。

　　《經義考》的類目安排，已與竹垞當日所述的內容、次第，有所差異。由於
其身前僅「自刊五經，有單行本」〔註17〕，未能刊及其他諸經，其後由馬曰琯等
人補刻全帙，但是否在刊印之時，曾經調整類目次第，今已不得確知。由於竹垞
未錄有類序，藉以說明其各類目的安排，今重新蠡測各類目的內容如下，藉以補
錄其未能言明的缺憾：

一、御注、敕撰　一卷

　　《經義考》共著錄五部御注、敕撰之書，合計一五八卷。全部的御注、敕撰
之書，均係清朝帝王的作品，在存佚的考察上，列入「存」籍的判定。毛奇齡《經
義考・序》云：「敕撰一卷，尊王也。」〔註18〕，可見「御注」、「敕撰」之書，獨
立成目，並置於通篇之首，乃是因為「尊王」的緣故。此種分類的方式，首見於
《國史經籍志》，傅榮賢在《中國古代圖書分類學》中指出：

　　　　焦竑《國史經籍志》於經史子集四部之前首設「制書」大類，專收
　　帝王之作。其序云：「今之所錄，亦準勘例，以當代見存之書，統於四部，
　　而御制諸書則冠其首焉。」《文淵閣書目》首列「國朝」類，收錄明代御
　　制、敕撰、政書、實錄等書。《江東藏書目》也以制書獨立一類。作者陸
　　深在《序》言中說：「聖作物睹，一代彰矣，宜聖從周，遵一統故也。特
　　為一錄，以次宸章令甲，示不敢瀆云，目為制書」。《玩易樓藏書目》：「首
　　重王言，故一曰制」。《菉竹堂書目》：「先之以制，尊朝廷也。章學誠《論
　　修史籍考要略》也提出「制書宜尊」、「禁例宜明」的主張。《四庫總目》
　　凡例說御制書「各從門目，弁於國朝著述之前」……制書類的設置及其
　　在分類目錄中的一貫前置的排序，其人倫隱含，是不彰自顯的〔註19〕。

〔註16〕參考註2，頁69。
〔註17〕邵懿辰等撰：《增訂四庫簡明目錄標注》（台北：世界書局民國66年8月），頁357。
〔註18〕參考註3，〈毛奇齡序〉，頁1。
〔註19〕傅榮賢：《中國古代圖書分類學研究》，（台北：臺灣學生書局，民國88年8月），
　　　　頁130。

傅氏對於「制書」類目的相關考訂，可謂詳盡矣。《經義考》將「御注」、「敕撰」
之書，置於通篇之首，以繫清帝經籍之作。惟此目所加，或非竹垞本意，我們從
王重民《中國善本書提要補編》中的相關說明，即可窺知竹垞稿本的原貌：

> 《經義考》　　殘　存十冊（北圖）　　鈔本
> 清朱彝尊撰。按此爲最初稿本，較刻本羨數倍。卷一始《連山》，與刻本
> 始「御撰」者絕異〔註20〕。

據此，可知其在纂輯之初，並未設有「御注」「敕撰」之目。在《曝書亭集》卷三十
三〈寄禮部韓尚書書〉一文中，亦僅論及十四經之目，並論及其餘諸目，卻未論及
「御注」、「敕撰」之目，是以二目所加，恐非竹垞本意，然何以會出現二目，則實
難確知其詳情。若據稿本的內容，並參以《曝書亭集》的資料，則竹垞未曾言明撰
有二目，且稿本亦起自「易類」，未聞有「御注」、「敕撰」二目，是否確爲竹垞晚年
改作，猶未可知，且二目爲通篇之首，亦與古目不合。此一作法，乃承自楊士奇《文
淵閣書目》的「國朝」類；其後張萱等人撰《內閣藏書目錄》，則錄有「聖制」、「典
制」，列於經部之前；焦竑《國史經籍志》有「制書」類目、葉盛《菉竹堂書目》有
「聖制（官書）」類、梅鷟《明南雍經籍考》則有「官書」、「制書」之目，均列在經
部之前，此種分類的方式，雖流通於明末清初之際，但終非善法。

　　清高宗乾隆皇帝在編纂《四庫全書》之時，即有館臣議論以御注之書，貫於
通篇之首，藉以尊崇皇室。乾隆於《四庫全書總目·卷首》批語即言及此點：

> 欽定諸書列於各代之前，雖爲纂修諸臣尊崇本朝起見，而於編排體
> 例，究屬未協，況經、史、子、集各部內尚有前代帝王論著，以本朝欽
> 定各書冠之，亦未有合。在編輯諸臣，自不敢輕議及此。朕則筆削權衡，
> 務求精當，使綱舉目張，體裁醇備，足爲萬世法制，即後之好爲論辨者，
> 亦無從置議，方爲盡善。所有《四庫全書》經、史、子、集各部，俱照
> 各按撰述人代先後，依次編纂，至我朝欽定各書，仍各按門目分冠本朝
> 著錄諸家之上，則體例精嚴，而名義亦秩然不紊，稱朕折衷詳慎之至意，
> 將此諭令館臣遵照辦理〔註21〕。

乾隆皇帝此則詔諭，正說明當時纂輯諸臣，欲將欽定之書置於通篇之首的作法。
乾隆皇帝裁定，不予施行，乃遵行古法，將其列於該朝之首，故此法後不爲簿錄
學家取法，顯見乾隆皇帝對於目錄學的觀念，實有正確的認識。

〔註20〕王重民：《中國善本書提要補編》，（北京：書目文獻出版社，1991 年 12 月），頁 155。
〔註21〕（清）永瑢等撰：《四庫全書總目》，〈卷首〉，（北京：中華書局，1992 年 10 月），
　　　　頁 6。

二、易　七十卷

　　《經義考》共著錄二○六四部、一○一三二卷的易學典籍，不論在部數、卷數的數量，均位居各目之首，顯見竹垞對於此類典籍的用心考訂。在類目次第上，「易類」典籍向居經部之首，除《遂初堂書目》置於「經總類」之下，居於第二；《文淵閣書目》置於「國朝」之下；《國史經籍志》置於「制書」之下，其餘諸目，大都將其置於經部之首。

　　在《易》籍的收錄上，竹垞主張「不當專主爲卜筮之書」〔註22〕，在這種觀念之下，使其「易類」的歸屬，將打破重視「卜筮」之書的迷思，故其著錄的內容，僅收錄少數的「著書」，卻略去全部的「龜書」，同時爲求擴大著錄內容，將傳統置入「占筮」、「五行」、「神仙」、「儒家」諸類的易學典籍，也收入「易類」的範疇，究其作法，已與傳統書目有所不同。竹垞在易類典籍的收錄上，顯然有擴大收錄的現象，其將原先散置在子部的「占筮」、「五行」、「神仙」等類的典籍，提昇至經部，此舉引起全祖望《讀易別錄》的糾正，其補入二十七種「著書」；另加入四十七種「龜書」，且將較爲含混的易學典籍，加以整理分類，雖有過於瑣碎的弊病，但也能看出竹垞在易類典籍方面，有收錄過於複雜的情況。

三、書　二十六卷

　　《經義考》著錄七九○部書經類典籍，合計三五三六卷。

　　在存佚的考察上，竹垞所錄「書類」的著錄中，在七九○部典籍中，共佚失三百一十八部典籍；判爲存籍者，僅佔二百一十一部，可知「尚書類」典籍佚失情況，十分嚴重。又其中判爲未見者，亦多達二百五十六部，則其數量稍嫌偏多，有值得重新審議之處。若以卷數而計，則未見之籍，雖多達二百餘部，但其數量卻僅爲六百二十五卷，較之佚籍一千七百二十一卷，以及存籍一千一百七十五卷而言，則其平均卷帙有偏少的情事。

　　在「書類」典籍的著錄上，有擴大收錄內容的現象。竹垞在「書類」典籍方面，收錄《通考》置入「雜史」、「章奏」的二部撰著，其中《汲冢周書》一書，或以爲孔子刪《書》所餘者，故將其繫於「書類」，惟據陳振孫之言，則其書文體與古文不類，或係戰國後人倣效爲之，是以若據竹垞分類的慣例，此書不當列於「書類」，反應置入「擬經類」，是則可以觀察到竹垞的分類成果，或有所失，故有待重新釐正者也。又倪思《昆命元龜說》一書，竹垞列入「書類」，此乃依其本

質而分；然而，《直齋》、《通考》皆將此書置入「集部・章奏類」〔註23〕，是據其體裁而分，二者判別的差異，乃在「崇質」、「依體」的差別所致。據竹垞《經義考》卷九十三，倪思《昆命元龜說》下錄及「葉紹翁」、「周密」之語，可以得之「昆命元龜」之語，乃是出自《尚書・大禹謨篇》，是以竹垞乃將其列入「書類」，然其表現的方式，乃是屬於倪思上奏之疏，是以《直齋》、《通考》將其列入章奏類者，乃從其體裁所致，二者各有立場，故雖有異同，但卻未能說明何者為誤。

就分類的觀念而論，大凡有「尚書」之名者，審其內容，若與傳統《尚書》有關者，則列入「書類」，但另有一些石經類的典籍，則列入「刊石類」，如《經義考》卷二八七有蔡邕《漢一字石經尚書》〔註24〕，故列入「刊石」類中，合於分類的通則。又凡有續偽之籍者，則列入「擬經」類，以其書非原《書經》之故，為後世模擬之作，故宜列入「擬經」一類，以示區別，如孔衍《後漢尚書》、《後魏尚書》者，均列入「擬經」類〔註25〕。至於有關尚書的緯書，則列入「讖緯」，以示區別，如《尚書緯》者屬之〔註26〕。整體而言，竹垞在「書類」典籍的著錄中，由於所涉主題相當明確，除去少數有關尚書緯列入「讖緯」；「石經」列入「刊石」；續、偽之籍列入「擬經類」之外，其餘諸項，皆符合其分類的通則，且縱使列入「讖緯」、「石經」、「刊石」三類的典籍，亦符合各類的分類法則，是以竹垞較能掌握「書類」的分類特點。

四、詩　二十二卷

《經義考》著錄六一七部詩經類典籍，合計四四三九卷。《詩經》的相關作品中，亦已佚籍為多，佔三百一十三部，總計二千二百三十九卷，其佚失數量頗為驚人，故存籍僅佔一百六十九部，但卷數合計一千四百六十五卷，可見存籍之中，平均卷帙較多，至於篇卷較少的著作，則易於流失。

在類目的沿革上，「詩經」類並無太大的改變。在分類觀點上，僅有《經義考》卷一百，錄有端木賜《詩傳偽本》〔註27〕、申培《詩說偽本》〔註28〕二書，其中

〔註23〕陳振孫：《直齋書錄解題》，（京都：中文出版社影武英殿聚珍版原本，1984 年 5 月再版），卷二二，頁 755。又馬端臨：《文獻通考・經籍考》，（上海：華東師範大學出版社，1985 年 6 月一版一刷），卷七四，頁 1754 著錄。

〔註24〕參考註3，卷二八七，頁 1。

〔註25〕《後漢尚書》、《後魏尚書》俱出自朱彝尊：《經義考》卷二七三，頁 2，置入「擬經類」。

〔註26〕參考註3，卷二六五，頁 1。

〔註27〕參考註3，卷一百，頁 1。

雖是「僞本」，但非模擬正經，故不將其置入「擬經」類，其論點頗有參考之處。

五、周禮　十卷

　　《經義考》著錄二三二部周禮類典籍，合計一三二二卷，其中有關亡佚的判定，高達九四部，合四五〇卷，其佚失的數量，亦頗爲驚人；其存籍的判定，僅佔七七部，但卷數合計則有五六〇卷，可見保留的典籍中，仍以較大卷帙的典籍爲主，惟判爲「未見」者，則多達五八部，總計卷數二八六卷，顯見竹垞在加入「未見」、「闕」二項的判定之後，其改變較大的判定，則是以「未見」爲主。同樣的情形，亦出現在其他類目上，故其在「未見」的判定上，值得我們多加注意。

　　在類目題稱上，有關經部‧禮類的典籍，前賢皆以「禮類」繫之，不另區隔成目，惟楊士奇《文淵閣書目》將其區隔爲「周禮類」、「儀禮類」、「禮書」等三目，分類較前目細緻。及至竹垞開始，更將傳統經部‧禮類的典籍，區隔爲「周禮」、「儀禮」、「禮記」、「通禮」等四類，分類雖頗細緻，但易致混淆，如：書名涉有「禮經」之名者，或置於「周禮類」，如余復《禮經類說》〔註29〕；或置於「儀禮類」，如：周昌《禮經纂要》〔註30〕；或置入「禮記類」，如：黃克《禮經博約》〔註31〕；或置入「通禮」，如湛若水《二禮經傳測》〔註32〕等等。此外，甚至有同書異類的缺失，如王方慶《禮經正義》一書，竹垞分見於「儀禮類」〔註33〕、「禮記類」〔註34〕二類，諸如此類，皆有去取難定的困擾。

　　在類目次第上，諸家書目對於禮書的排列，亦有所不同，例如：《通考》將其置於「詩類」典籍之前，顯然有意提昇禮書的地位，與傳統置於「詩類」之末的作法，稍有不同；《國史經籍志》、《萬卷堂書目》、《澹生堂書目》均將「禮類」典籍置於《春秋》之末，視其中的作法，皆與傳統類目安排不符。

　　歷來有關「周禮」的分類，往往易於和後世禮書相淆，如《通考》經部既分有「禮類」，藉以收錄傳統禮經的撰著，但另有「儀注」一目，收有後代禮儀之類的典籍，原本其分法值得取法，但卻將「儀注」類典籍置入經部，與傳統簿錄不合。歷來如《隋志》、《舊唐志》、《新唐志》等，均將「儀注」類典籍置入史部，

〔註28〕參考註3，卷一百，頁3。
〔註29〕參考註3，卷一二三，頁6。
〔註30〕參考註3，卷一三三，頁6。
〔註31〕參考註3，卷一四四，頁1。
〔註32〕參考註3，卷一六五，頁2。
〔註33〕參考註3，卷一三一，頁5。
〔註34〕參考註3，卷一四〇，頁8。

竹垞亦遵從此法，將有關儀注類的典籍，置之不論，這種作法，顯然較為合理。
有關其「周禮」的分類，又有三部典籍，名涉「周禮」之名，但卻列入其他類目
之中，如《經義考》卷二七四，皮日休《補周禮九夏歌》，列入「擬經」類〔註35〕；
又有石經二部，列入刊石，如卷二八八，唐玄度《唐國子學石經周禮》〔註36〕、
卷二八九，孟昶《後蜀石經周禮》〔註37〕二書，審度其例，皆能確合其目。

六、儀禮　八卷

《經義考》著錄二三九部儀禮類典籍，合計一三一一卷。

有關「儀禮」類典籍的判定，其中判為佚籍者，凡一四三部，合計七〇三卷，
在部、卷的統計上，均位居「儀禮」類判例的首位，顯見有關此類的典籍，其亡
佚情況嚴重。至於未見之籍，在部數方面，共有四八部，合計一五九卷，在出現
的比重上，未如其他諸類的判別，顯見其對於儀禮的判定上，較能掌握其存佚。
至於判為存籍者，則有四七部，三九三卷，判為闕錄者，僅有一部，然其卷數卻
高達五十六卷，實為奇特的現象，一般而言，凡是列入「闕」典者，往往卷帙不
高，然此處卻多達五十六卷，卻仍有闕典，實為奇特的現象。

在類目的安排上，除了張一棟《居家儀禮》〔註38〕列入「擬經」外，其餘則
有三部石經，列入「刊石」類，分別係《漢一字石經儀禮》、《唐國子學石經儀禮》、
《後蜀石經儀禮》三種〔註39〕，至於張一棟《居家儀禮》，是否該列入「擬經」類，
則限於文獻之故，未能確實考出，僅羅列如上，以俟後考。若持竹垞所錄禮書與
《通考》所錄「儀注類」相較，則僅有《五服志》、《喪服加減》二書，置入「儀
禮類」。然而，《喪服加減》一書，《通考》重出，一置於「儀注類」，一置於「禮
類」，故其分類已有差異，顯見此書的性質，具有傳統經部禮書特質，竹垞根據「禮
類」的著錄情形，將此書置入「儀禮類」，是以從此則分類的差異，可以得見《通
考》分類錯置的現象。其次，有關《五服志》一書的性質，尚有探討的空間，其
書業經《通考》卷十四著錄，其下收錄《崇文總目》敘錄如下：

> 不著撰人名氏。據《江都》、《開元》二禮，參引先儒所論輕重之制，

〔註35〕參考註3，卷二七四，頁5。
〔註36〕參考註3，卷二八八，頁3。
〔註37〕參考註3，卷二八九，頁1。
〔註38〕參考註3，卷二七四，頁6。
〔註39〕分別見於朱彝尊：《經義考》卷二八七，頁1、卷二八八，頁3、卷二八九，頁1
等三處。

蓋唐人所編次云〔註40〕。

據此，《通考》置入「儀注類」，似乎並無不當，然竹垞卻據《宋志》所錄，將其
置入「儀禮」類，則有失當之虞。綜合上述所論，竹垞在「儀禮類」典籍上，雖
較傳統分類細緻，但對於部份典籍的歸併，仍有待重新釐正。

七、禮記　二十五卷

　　《經義考》著錄八六〇部禮記類典籍，合計三八九七卷。

　　竹垞對於「禮記」類的典籍，主張大、小戴記並治，不偏廢於大戴《禮記》，
其於《曝書亭集》卷七八，〈儒學訓導倪君墓誌銘〉指出：

　　　　大、小戴同授《禮》，不當偏廢大戴氏，宜去〈月令〉，存〈夏小
　　　正〉，去〈明堂位〉，存〈明堂〉，〈投壺〉則參用之。……其持論頗與
　　　予合〔註41〕。

此處竹垞明言其治禮學的主張，乃是不偏廢《大戴禮記》，在《經義考》「禮記」
一目中，大抵能兼顧大、小戴《禮記》的資料，這種觀念十分正確。但其所謂去
〈月令〉、〈明堂位〉，以存〈夏小正〉、〈明堂〉等說法，則在《經義考》中，卻非
如此安排。考《經義考》卷一四九，全卷皆錄〈月令〉相關之書；又卷一五〇中，
則錄有方回《明堂位辨》一書〔註42〕，顯然其雖有廢止〈月令〉、〈月堂位〉的看
法，但仍需牽就歷史的潮流，兩存之。但其從傳授的體系，來觀看大、小戴《禮
記》的歷史地位，應具有同等的價值，這種看法，實有參考之處。

　　《經義考》將大戴《禮記》的相關典籍，含入「禮記」一目的作法，實有其
擴大收錄的作用。竹垞尚能兼收《通考》「經部‧經解類」、「經部‧小學類」、「史
部‧時令類」、「子部‧雜藝術類」四目之書，雖則例證不多，但仍有值得說明之
處。首先，竹垞《經義考》卷一四二，收錄游桂《禮記經學》〔註43〕，然《通考》
僅作《經學》，並置入經部‧經解類〔註44〕，考其內容，係論及《禮記》之書，故
應從竹垞之分類也。

　　又呂祖謙《少儀外傳》一書，該書《通考》將其置入「小學類」，乃是依其作
用而論，《通考》卷十七引「陳振孫」之言，謂其書「雜取經傳嘉言善行，切於立

〔註40〕參考註23，卷十四，頁356。
〔註41〕參考註9，卷七八，〈儒學訓導倪君墓誌銘〉，頁884。
〔註42〕參考註3，卷一五〇，頁1。
〔註43〕參考註3，卷一四二，頁1。
〔註44〕參考註23，卷十二，頁317。

身應世者，皆小學切問之事也」〔註45〕，惟審《直齋》所錄，則將其置入子部‧儒家類中，但《通考》所引題作「小學切問之事也」一句，《直齋》卻題作「博學切問之事也」〔註46〕，故《通考》恐有誤判之失。竹垞則取其「雜取經傳嘉言善行」之意，並以「少儀」之名，將其置入「禮記」一類，是以在分類的安排上，要較《通考》妥當。

又《通考》「史部‧時令類」中，收錄戴德《夏小正傳》一書，竹垞將其置入「禮記」類，明顯有所不同。如據陳振孫《直齋書錄解題》卷三云：

> 漢戴德傳，給事中山陰傅崧卿注。此書本在《大戴禮》。鄭康成注《禮運》「夏時」曰：「四時之書也，其存者有《小正》。」後人以《大戴禮》鈔出別行，崧卿以正文與傳相雜，倣《左氏》經傳，列正文其前，而附以傳，且爲之注〔註47〕。

考上述所論，則知《夏小正傳》，乃是從《大戴禮》中，裁篇而出，並依據其內容記載有關四時之書，並將其置入「時令類」，至於《直齋》、《通考》則皆置入「時令類」，乃是依據其內容的性質而論，然竹垞既未有「史部‧時令類」的類目，且《隋書‧經籍志》亦將戴德《夏小正》置入「經部‧禮類四」〔註48〕中，是以竹垞依據《隋志》的分類，將其置入「禮記類」中，此點合於竹垞分類的原則，但其與《通考》之間的分類差異，則在於認知不同所致。

又竹垞《經義考》卷一四七，收錄上官儀《投壺經》一書，將其置入「禮記」類，至於《通考》則將其置入「子部‧雜藝術類」中，考《隋志》將此類典籍，置入「子部‧兵書類」，而《舊唐志》、《新唐志》、《郡齋》、《通考》諸書，均置入子部‧雜藝術類。竹垞則以「投壺」命名之書，係出自《禮記》鄭注之文，故列入「禮記」類，其說頗與前目不同，但仍合於竹垞分類的原則。

竹垞「禮記」一目的內容，明顯有擴大收錄的現象。尤其將《大戴禮記》及其單篇之作，收錄進入「禮記」類，使其範圍擴大，有別於以往的收錄內容。此外，其未將《大學》、《中庸》獨立成目，仍將其歸入「禮記」一類，如穆孔暉《大學千慮》〔註49〕、應廷育《中庸本義》〔註50〕等，均列入「禮記類」，這種保留舊

〔註45〕參考註23，卷十七，頁435。
〔註46〕參考註23，卷九，頁581。
〔註47〕參考註23，卷三，頁532。
〔註48〕魏徵等撰：《隋書‧經籍志》，（台北：洪氏出版社，民國66年6月初版），卷三二，頁922。
〔註49〕參考註3，卷一五九，頁5。
〔註50〕參考註3，卷一五五，頁1。

法，又間以創新的作法，使其分類的概念，與舊有的觀念，有明顯的差異。如再考察其存佚的判定，則在八六○部的「禮記」典籍中，共有三二九部典籍，判爲「未見」，由於其判爲「未見」之認定標準，在於藏書書目曾著錄其書，但未曾親自目睹者，是以有如此多的「未見」之籍，顯見其在此類典籍的著錄上，多參據前人的書目轉錄，未能逐一覆案原目，致使此類的判例較多，實有必要進行確認。

八、通禮　四卷

　　《經義考》共著錄一一九部通禮類典籍，合計二一四七卷。

　　所謂「通禮」者，係指「通論三禮之籍」〔註 51〕，竹垞在周禮、儀禮、禮記三者之外，別立「通禮」一目，藉以含括「通論三禮之籍」。劉簡在《中文古籍整理分類研究》中指出：

　　　通禮——以周禮、儀禮、禮記三書爲主體，再引申其理論；至於記述歷代通行典禮之書，由國家纂輯頒行者，亦多稱爲「通禮」，但多入「史」而不入經〔註52〕。

所謂「通禮」之目，可以含括不同的意義，即「廣記周禮、儀禮、禮記三書爲其主體，再引申其理論」者，以及「記述歷代通行典禮之書，由國家纂輯頒行者」二種，至於竹垞所論「通禮」之目，乃是指通論三禮之籍，並非指「記述歷代通行典禮之書」，則其異同，亦不可不辨。

　　就典籍存佚而論，有多達九一部，一五七○卷；判爲未見者，則僅有十七部，一一九卷；至於存籍者，亦僅十一部，四五八卷，從比例而論，則有關「通禮」一類的典籍，其亡佚的現象，十分嚴重，值得加以重視。

　　在典籍性質的分類上，《經義考》卷二八九，錄有蘇望《重刻魏三禮石經遺字》〔註 53〕，審其內容，應係有關「三禮」之籍，然竹垞卻將其置入「刊石」類，主要在於其「石經」的名稱，是以此部典籍雖非列入「通禮」類，但其分類的原則，仍符合竹垞分類的準繩。其次，其將禮、樂並舉的典籍，列入「通禮類」，不列入「樂」類，如《經義考》卷一六六，鄭鼎新《禮樂舉要》〔註 54〕、亡名氏《禮樂議》〔註 55〕等屬之。

〔註51〕田鳳台：〈朱彝尊與經義考〉，（台北：黎明文化事業股份有限公司，《古籍重要目錄書析論》第五章，民國 79 年 10 月 1 日），頁 142。

〔註52〕劉簡：《中文古籍整理分類研究》，（台北：文史哲出版社，民國 70 年 2 月），頁 83。

〔註53〕參考註 3，卷二八九，頁 7。

〔註54〕參考註 3，卷一六六，頁 8。

〔註55〕參考註 3，卷一六六，頁 11。

九、樂　一卷

《經義考》著錄十四部樂經類典籍，合計四四卷。未見者六部，存者五部，佚籍者二部，闕者一部，由於部數不多，未能顯現任何特殊的現象。

竹垞別立「樂」目，但樂經早佚，竹垞根據經籍的性質歸類，前代既有「樂」目，在考量經學體系之時，即將其獨立成目，藉以補全經書體系。《樂經》久佚，自漢代以迄南宋之初，皆列有類目，且置於六經中的重要位置。然而，自陳振孫之後，乃基於學術的演變，將其刪略不論，至於《通考》、《百川書志》則結合後世琴、樂之書，將次第移後，分置於經書之末，不失爲一種解決的方式，只是有違原來《樂經》的本質，如此的安排方式，是否仍應列於經部，恐仍待研議。因此，如就反映學術脈動而言，則經部不當列入「樂（書）類」，故應將此類的典籍，置入史部‧儀注類，或係子部‧雜藝術類，或係集部‧總集類等類，方能符合實情。竹垞在編目上，仍標舉「樂」類，乃是就整體學術的發展，來加以歸類，有其特殊的學術考量所致。

有關分類觀念上，樂經既已早佚，歷來有不少諸家續補之作，惟竹垞皆列入「擬經」一類，如湛若水《補樂經》〔註56〕、陽成修《樂經》〔註57〕等等，在分類上，並無不當之處。此外，由於此類書籍早佚，但由於成書較早，歷來易爲「讖緯」之書所附會，如宋均《樂緯》〔註58〕、宋衷《樂動聲儀》〔註59〕等書，竹垞皆列入「讖緯」類，若就分類的概念上，亦無不當。其次，《禮》、《樂》合論者，竹垞列入「通禮」，並不列入「樂」類，蓋由於此類典籍不多，僅有鄭鼎新《禮樂舉要》、《禮樂從宜集》〔註60〕、亡名氏《禮樂議》〔註61〕等三書，故列入相關類目以繫之，此乃源於此類典籍不多，且性質多重複，故不採互見之例，且不另立類目以繫之，僅列入相關類目。竹垞對於「樂」類的安排，除收錄《樂經》古經之外，也將後世輯自《周禮‧大司樂》、《禮記‧樂記》之文，別立《樂經》之名的撰著，收入其中，如張鳳翔《樂經集注》〔註62〕，但此類的安排，恐非適宜，畢竟此類的典籍，已非原有《樂經》之屬，或應移入「擬經」類，較爲妥切。

〔註56〕參考註3，卷二七四，頁9。
〔註57〕參考註3，卷二七四，頁8。
〔註58〕參考註3，卷二六五，頁9。
〔註59〕參考註3，卷二六五，頁9。
〔註60〕參考註3，卷一六六，頁8。
〔註61〕參考註3，卷一六六，頁11。
〔註62〕參考註3，卷一六七，頁6。

十、春秋　四十三卷

　　《經義考》著錄共一二三八部春秋類典籍，合計卷數達九八四四卷，在所有類目中，僅次於易學類，均位居第二。如就經籍存佚的觀點而論，則有七四九部，五七○五卷典籍，被列入「佚」籍，可見其經籍亡佚的情況，的確是十分嚴重的事。又被判爲存籍者，共有二九○部，二六二一卷，比例亦多，值得我們加以探索其原因。未見之籍，共計一九七部，一四七七卷，列入第三，這些典籍的釐定，均有待於我們重新加以考察，以明其確實情況。

　　竹垞對於《春秋》的研習，歷時甚早，崇禎十五年（1642 年）開始，其叔朱茂皖即以《周官禮》、《春秋左氏傳》、《楚辭》、《文選》、《丹元子》、《步天歌》授讀〔註 63〕，經年累月的研習，使其對於《春秋》的研究，較有心得，其後更能以《春秋》授徒，其在《曝書亭集》卷四十二，〈呂氏春秋集解跋〉云：「同里徐亭，從予學《春秋》，書以示之。」〔註 64〕，故竹垞對於《春秋》一類的蒐求，沈浸頗深，在收錄的數量上，也頗有可觀性。

　　《春秋》是古史之名，及至孔子始，乃以《春秋》爲專名。在竹垞分類方式上，亦有「春秋」之名，卻不列入「春秋」一類者，其中石經的部份，列入「刊石」類，於理未有不合，如蔡邕《漢一字石經春秋》〔註 65〕等等，由於石經刊印不易，多具朝廷公信能力，頗有校勘價值，是以有關「春秋」類典籍，既屢經鏤刻爲石經，則其重要性，亦不言可諭。又另有三十部典籍，書名有「春秋」之名，卻被列入「讖緯類」，要其實情，分隸並無不當，但此類緯書多附益的情形，仍需多加注意；另有爲數六十六部的典籍，則緣於「春秋」之名，被列入「擬經類」，此類典籍多有附會之處，宜刪去，說法詳見下文「擬經」一目。

　　竹垞「春秋類」的收錄，亦有擴大收錄的現象，若持與《文獻通考・經籍考》相較，則其中隸屬的方式，頗有差異。由於《通考》兼及四部類目，故在分類類目上，有較多的選擇，如《魯史分門屬類賦》、《左氏摘奇》〔註 66〕，乃是依其摘編的體裁，置入「類書類」，竹垞則依其所錄的內容，將其置入「春秋類」；又《春

〔註 63〕錢儀吉纂錄：《碑傳集》四五，錄陳廷敬所作〈墓誌銘〉之語，（台北：明文書局，民國 74 年），頁 568。

〔註 64〕參考註 9，卷四二，〈呂氏春秋集解跋〉，頁 517。

〔註 65〕參考註 3，卷二八七，頁 1。

〔註 66〕《魯史分門屬類賦》一書，參考註 23，卷五五，頁 1270。又參考註 3，卷一七九，頁 1 著錄之。至於《左氏摘奇》一書，參考註 23，卷五五，頁 1272。又參考註 3，卷一八八，頁 2。

秋地譜》〔註67〕，則《通考》取其涉及地名的考訂，將其置入「地理類」，竹垞將其判入「春秋類」；又出入較大者，係《左氏蒙求》一書〔註68〕，此書《通考》置入「小學類」，乃是緣於「蒙求」之名，蓋此類的典籍，乃爲小學發蒙之書，然其所錄材料，則是根據《左氏春秋》的內容，摘編而成。竹垞據其「左氏」之名，將其置入「春秋類」，致使分類歸併，有明顯的差異。整體而論，竹垞在「春秋」類的典籍中，有擴大收錄的現象，如就分類的概念來看，宜效法「三禮」分別隸屬不同類目之例，將其分別爲《左傳》、《公羊傳》、《穀梁傳》三目，將更符合其分類的準則。

十一、論語　十一卷

《經義考》著錄三七三部論語類典籍，合計一七八一卷。在「論語」類的經籍中，其中二八三部典籍判爲「佚」籍，另有五十五部典籍判爲「未見」者，二者佔有相當多的比例，但被判判爲存籍者，卻僅佔有三十五部，若再進一步分析其中的內容，則可發現在判爲「佚」籍中，又以宋代最多，共有一六四部，晉代居次，共有三一部，其他依序爲漢、梁、元、唐，然部數皆在十部上下，考「論語」類佚籍頗多，其中的原因，當與「四書」的編纂有關，自「四書」纂成之後，後人對於《四書》的崇敬有加，是以有關《論語》的相關內容，往往編入《四書》之中，至於原有《論語》的相關撰述，則相繼亡佚，此不僅《論語》獨然，其他如《孟子》、《大學》、《中庸》類的典籍，亦有同樣情況，大抵皆列入「佚」、「未見」的判例之中，可見《四書》的纂輯，雖有助於四書的流傳，但對於單行的《論語》、《孟子》、《大學》、《中庸》等書，卻因《四書》取得容易，流行較易，是以漸漸淪爲佚籍，不存於世間。

有關《論語》的類目的沿革，在《漢志》開始，即有「論語」一目，《隋志》從之，此時的「論語」一目，收錄有關「群經」、「小學」之籍，如《爾雅》、《五經大義》等書，皆列入「論語類」，究其分類的概念，似乎尚未將《論語》之類的典籍，單獨成目。及至《舊唐志》開始，其「論語」類的類目，始專收《論語類》的典籍，《新唐志》從之。至尤袤《遂初堂書目》，由於「論語類」典籍偏少，乃附「孝經」、「孟子」二類的內容，致使內容稍有差異。《直齋書錄解題》開始，將「孟子」併入「論語類」，合稱「語孟類」，其後「論語類」典籍專收《論語》一書的態勢，已成固定的分類方式。竹垞除「論語類」之外，也分立「孟子」、「四

〔註67〕《春秋地譜》一書，參考註23，卷三一，頁749。又參考註3，卷一八三，頁3著錄。
〔註68〕《左氏蒙求》一書，參考註23，卷十七，頁434。又參考註3，卷一八○，頁8著錄。

書」二目，究其作法，則受到黃虞稷《千頃堂書目》的影響，《四庫提要》卷八五，史部目錄類一，《千頃堂書目》條下提要云：

> 經部分十一門，既以四書爲一類，又以論語、孟子各爲一類，又以說大學、中庸者入於三禮類中，蓋欲略存古例，用意頗深，然明人所說大學、中庸，皆爲四書而解，非爲禮記而解，即論語、孟子，亦因四書而說，非若古人之別爲一經，專門授受，其分合殊爲不當〔註69〕。

這種分類的安排，實未能反映出南宋以後的學術流變。自從「四書」類獨立成目後，對於《論語》、《孟子》典籍的發展，造成不利的影響，說法詳見下文「四書」一目。

在分類歸併上，有「論語」之名，卻不列入「論語類」者，除列入「擬經類」外，另有三部石經，列入「刊石」類，如蔡邕《漢一字石經論語》等等〔註70〕。其次，則有九部列入「讖緯」類，如宋均《論語讖》等〔註71〕。審度其著錄原則，皆合於類例通則。此外，有關《論語》的模擬之作頗多，竹垞皆將其列入「擬經類」，頗合於編纂的類例，如王勃《次論語》、符彥卿《兵書論語》、《女論語》等等〔註72〕。從唐代開始，有關《論語》類的仿作，即已出現，宋、元、明三朝皆有此類的著作，值得稍加留意。

十二、孝經　九卷

《經義考》著錄二八九部孝經類典籍，合計四九○卷。在著錄《孝經》類的典籍中，其佚亡達一五八部，二五一卷；然未見之籍，卻達到九○部，一三九卷，其數量均遠勝於存籍四一部，一○○卷，是以竹垞在「孝經」類的著錄上，明顯反映出《孝經》典籍的亡佚情況，的確是相當嚴重的事情。

在類目沿革方面，「孝經」類獨立成目，可上溯自《漢志》，歷來的書目，大抵都有此一類目，只是排列的順序，略有不同，《漢志》、《七錄》將其置於《論語》類之後；自《隋志》開始，大都將其置入《論語》之前，次第稍有改動。竹垞依據《漢志》排列方式，將其排在《論語》之末，稍異於《隋志》以來的安排方式。此外，亦有未能獨立成目，將其併入其他類目之下，如尤袤《遂初堂書目》將其和「孟子」一類的典籍，併入「論語類」；《文淵閣書目》亦未立有類目，作法與

〔註69〕參考註21，卷八五，〈史部・目錄類一〉，頁732上。
〔註70〕參考註3，卷二八七，頁1。
〔註71〕參考註3，卷二六七，頁1。
〔註72〕上述三項，均參考註3，卷二七八，頁1。

前目不同。

在學術的發展上，由於皇室極力獎勵孝道，致使此類的典籍，大量流通於唐宋以後，《孝經》屢雕印成石經的作品，在「刊石類」中的著錄，即多達十三部之多，甚至擁有地方性的石經作品，足證其普及化的特質。歷來的石刻作品，由於刊印不易，通常都是由政治當局倡導，故石經的撰作，大都屬於較重要的作品，否則一般的著作，很少利用石材雕印傳世，從《孝經》類典籍屢被雕印，即可窺知其受到重視的情況。此外，由於風行一時，故擬作甚多，竹垞將其歸入「擬經」類，此類的典籍，大抵係書名標榜《孝經》之名，逐步整理各類孝行的撰著，如《女孝經》、《佛孝經》、《武孝經》等作品，此類作品的大量出現，也顯露出學者重視孝道的推行，對於中國人以「孝」傳家的觀念，有著根深蒂固的影響。及至清代，帝王依舊重視孝道的傳揚，甚至帝王親撰《孝經》之類的撰著，藉以推行孝道，如清世祖撰有《御注孝經》，康熙亦有《孝經衍義》，竹垞將其置入「御注、敕撰」之類。這種由皇帝親撰經籍，以推行孝道的觀念，自然會成為民眾學習的範本，也會影響民眾經學的觀念。此外，許多孝經類的典籍，多隸屬於讖緯類，顯見此類的典籍，容易為讖緯學者所附會，故能在讖緯類發展出較有體系的典籍，竹垞將其列入「愁緯」類，乃符合竹垞立目的原則。

十三、孟子　六卷

《經義考》著錄一六四部，合計七八六卷。

在類目的沿革上，早期的書目，皆將《孟子》類的典籍，置入子部·儒家類，如《隋志》、《新唐志》、《舊唐志》、《郡齋讀書志》等屬之。遲至宋代以後，這種單純的分類方式，始逐漸改變，學者將其從傳統的子部，提昇至經部，但開始之時，尚未獨立成目，僅是附屬於「論語類」之下，如尤袤《遂初堂書目》屬之。陳振孫《直齋書錄解題》開始，率先將《論語》、《孟子》合併成「語孟類」，何廣棪在研究《直齋書錄解題》時，將陳氏的作法，視同「目錄分類學上一大發明與貢獻」〔註 73〕，其中的論點，實能點出振孫因時制宜的創見。其後，馬端臨《文獻通考·經籍考》乃將「孟子」獨立成目，故《孟子》在經學的地位，至此完全底定。竹垞承襲前目，將《論語》、《孟子》各自獨立成目，惟將《論》、《孟》同撰之書，置入「論語類」中〔註 74〕，不另繫他目。

〔註 73〕何廣棪：《陳振孫之經學及其「直齋書錄解題」經錄考證》，（台北：里仁書局，民國 86 年 3 月），頁 76。

〔註 74〕《論》、《孟》並列的典籍，僅有二部，一部是楊泰之《論語孟子類》（參考註 3，

在著錄內容方面，宋代有關「孟子類」的典籍，撰著數量最高，高達一百一十部，且已有石經的出現〔註75〕，顯示其能受到學者的重視；明代次之，有二二部；元代僅有十二部，這種流傳的數量，明顯有著極大的落差，這種現象的產生，主要是因爲四書類典籍的盛行，使得「孟子」較無單行的必要。如根據著錄的多寡顯示，「四書類」的典籍，在明代出現一九七部，達一五八〇卷，數量十分驚人，是以得知「孟子類」典籍，在元、明兩朝較少撰著，主要是因爲「四書」類典籍的大量增加，取代原書單行的必要。若進一步考察典籍的存佚，《孟子》單行之書，多被列入「佚」或「未見」，其中佚籍判定爲九六部，四七三卷；至於未見者爲三〇部，一一六卷，其數量頗多，究其原因，也是因爲《四書》的印行，逐漸取代《孟子》的發行。

十四、爾雅　二卷

《經義考》著錄四〇部爾雅類典籍，合計二六二卷。

《爾雅》一書，歷來皆置於「小學」類，竹垞以其能補經義考證，別立「爾雅」一目，藉以安置此類撰著。竹垞對此類的典籍，涉獵頗深，每引爲考證訂名的材料。如：《曝書亭集》卷六七，〈滮泉記〉云：

> 宛平劉公，巡撫山東之明年，於廳事西北，掘土深二尺，有泉涓涓
> 出自穴，從而濬之，又二尺，其廣倍焉。甃以磚，養魚百頭，清可鑒髮，
> 公顧而樂之。語其友朱彝尊曰：「是宜何名。曰：「《爾雅》，水自濟而出
> 爲滮，其滮泉乎。」〔註76〕。

此處引《爾雅》爲證，以其水自濟而出爲「滮」，故命其爲「滮泉」。在全集之中，時常可見其徵引《爾雅》以證其說的例證，茲不贅舉。竹垞對於《爾雅》的重視，尚可見其《曝書亭集》的詩歌創作，皆依循《爾雅》的紀年方式，可見其尊古之意。《四庫全書總目》卷一七三指出：

> 此集（案：指《曝書亭集》）凡賦一卷，詩二十二卷，皆編年爲次。
> 始於順治乙酉（1645年），迄於康熙己丑（1709年），凡六十五年之作，
> 其紀年皆用《爾雅》歲陽歲陰之名，從古例也〔註77〕。

卷二一八，頁6。），另一部是孫繪《拙齋論孟說》（參考註3，卷二一九，頁2。）。竹垞皆將其列入「論語類」。
〔註75〕參考註3，卷二九一，頁9著錄席益《石刻孟子》一書，是書刊於宣和年間。
〔註76〕參考註9，卷六七，〈滮泉記〉，頁785。
〔註77〕參考註21，卷一七三，〈集部・別集類〉二六，頁1523。

基於「尊古」的緣故，其對於《爾雅》有著特別的偏好，惜未見其撰有此類的專著，實爲可惜。竹垞於《經義考》中，立有「爾雅」一目，藉以收繫有關此類之書，乃爲其創例。

在類目的沿革方面，《隋志》將《爾雅》類的典籍，分別列入「論語類」、「詁訓類」以繫之，如：樊光注《爾雅》、孫炎注《爾雅》等書，入於「論語類」〔註78〕，僅沈璇注《集注爾雅》一書，置入「詁訓類」，顯示《隋志》對於此類書籍的安排，尚未有正確的認識。由於竹垞立有「論語類」，藉以收繫《論語》類的典籍，故《爾雅》之書，不符合其「論語」的類目要求，且數量較多，乃將其置入「爾雅類」。《隋志》對於《爾雅》的性質，雖未有正確的認識，但其將沈璇注《集注爾雅》一書，列入「詁訓類」，亦顯出其觀念，已經逐漸有所改變。《舊唐志》援引此例，將所有的此類的典籍，置入「詁訓類」〔註79〕，未有任何出例之處，這種分類的概念，係重視其訓詁的作用，較能符合其性質。至《新唐志》時，觀念有所改變，將此類的典籍，皆置入「小學類」，此法雖廣爲學者接受，卻忽略原書的特質。其後，如《郡齋讀書志》、《直錄書錄解題》、《文獻通考·經籍考》、《四庫全書總目》諸書，皆將此類典籍置入「小學類」，後世簿錄學家，大都依據此一準則，變化不大。及至竹垞開始，始將其獨立爲「爾雅」類，藉以收錄此類典籍，其作法雖不爲多數書目採納，但陳鱣在編輯《續唐書·經籍志》時，即立有「爾雅」類，究其概念，當是承繼《經義考》的分類觀念，故「爾雅」獨立成目的作法，對於後世書目的編輯，亦能產生影響。

有關《爾雅》類的典籍，其佚亡達二六部，合計七六卷，其數量頗多。至於存籍，則僅八部，一三七卷，顯見歷來此類典籍雖多，但學者看重的注本頗爲一致，致使其他同類的典籍，因爲不受重視的緣故，逐漸隨時間的增長，而自然淘汰。目前此類的典籍，雖存世不多，但後世仿作頗多，尚有續補之作，竹垞皆將其置入「擬經類」，究其作法，則無不當之處。仿作者，如孔鮒《小爾雅》〔註80〕、李商隱《蜀爾雅》〔註81〕等書屬之；續補的擬作，如劉伯莊《續爾雅》〔註82〕、唐達《爾雅補》〔註83〕等書屬之。由於續補仿作頗多，可以看出此書受到喜好的情況。

〔註78〕有關《隋志》對於《爾雅》的安排，大都置入卷三二，頁937。
〔註79〕《舊唐志》將全部《爾雅》類的典籍，置入卷四六之中。
〔註80〕參考註3，卷二八〇，頁1。
〔註81〕參考註3，卷二八〇，頁2。
〔註82〕參考註3，卷二八〇，頁2。
〔註83〕參考註3，卷二八〇，頁7。

有關「爾雅」獨立成目，並不及於其他小學之書，作法與其他書目不同。由於《爾雅》已收入「十三經」的範疇，故其獨立成目，與《詩》、《書》、《易》諸類典籍並列，實屬形勢所致，並無不當之處。《經義考》的分類類目，要遠較前代書目細緻，故將「爾雅」獨立一目，正是依據學術體系的需求，所衍生出來的變化，若以傳統經部較之，其於「小學類」的典籍，僅收錄《爾雅》一類的典籍，乃是以此類的典籍，具有解經的性質，至於其他的典籍，雖具有訓詁的作用，但非純然以解經爲要，故略而不論，將其排除在《經義考》的收錄範圍，此乃其特殊的安排。後世的學者，以其未收其他小學類的典籍，乃重新纂輯成新目，藉以補全其未收之籍，如謝啓昆《小學考》的編纂屬之。這種純然以傳統經部的概念，來釐測竹垞的收錄觀念，顯然並非合理。蓋竹垞《經義考》之輯，並非全部輯自傳統經部的典籍，也兼收部份史部、子部、集部之籍，然其在經部小學類的典籍，僅收錄「爾雅類」一門，亦是竹垞特意爲之，若依傳統「小學」類的範疇而論，自會有收錄不全的缺失，這是觀念的差異所致。

十五、群經　十三卷

所謂「群經」者，乃是指「通論諸經之籍」〔註84〕，《經義考》著錄四三六部的典籍，合計五一六八卷。

在類目的沿革上，「群經」一目，亦屬首創之例。《隋志》將綜論五經之籍，附屬於「論語類」之下，如許愼《五經異義》〔註85〕屬之。自從《舊唐志》立有「經雜解」一目，藉以收羅綜論群經之籍後，歷來目錄學者，大都將此類的典籍，置入群經之末，僅有《遂初堂書目》將其置於諸經之首，編輯的概念，稍有不同。「經雜解」一目，後來名稱稍有小異，如《郡齋》稱之「經解」類；《遂初堂書目》稱其「經總」類；《國史經籍志》稱其「總經解」，諸如此類的安排，類目雖異，但收錄的內容，卻無改變。至《文淵閣書目》開始，始將其分爲「諸經」、「總類」以繫之，其中「諸經」之目，也正是竹垞「群經」類目的前身。

在收錄的原則上，「群經」係收錄「通論諸經之籍」，究其收錄的概念，係同時論及三部經書，才會被列入此類之中，若僅甄錄二部經書，則依其性質，分入原屬的類目下，例如：孫緒《大學中庸放言》〔註86〕一書，竹垞依《大學》、《中

〔註84〕參考註51，頁143。
〔註85〕參考註48，卷三二，頁937。
〔註86〕參考註3，卷一六二，頁7。

庸》的分類法則，將其置入「禮記類」；又楊泰之《論語孟子類》〔註 87〕一書，竹
垞將其置入「論語類」，不另繫他目。在所有的著錄中，僅有《經義考》卷二五一，
尚存留一部王復禮《二經彙刻》〔註 88〕，竹垞仍將其列入「群經類」中，根據「毛
奇齡曰」：「草堂取《孝經》、《大學》諸家改本，會萃刊之〔註 89〕。」由於所錄雖
僅二經，但博極諸家改本，故仍將其置入「群經類」。

在收錄內容上，「群經」與「四書」類典籍，易於混淆，尤其「四書」類典籍，
兼及四部經書，若無「四書」之目，將其列入「群經」類，亦無不當之處。因此，
有原該隸屬「四書」之目者，卻誤併「群經」類，如謝升賢《四書解》一書屬之〔註
90〕，說法詳見下文。僅有錢時《融堂四書管見》〔註 91〕一書，雖有四書之名，但
其收錄《論語》《大學》《中庸》《古孝經》等書，與朱熹所定四書不同，故竹垞列
入「群經類」，則無失當之處。此外，竹垞在「群經」類典籍的收錄，除收錄「經
解」典籍之外，也兼收「類書」〔註 92〕、「小學」〔註 93〕、「儒家」〔註 94〕、「雜家」
〔註 95〕，諸如此類的安排，皆與傳統分類觀念不符，其中有擴大收錄的現象。

自漢代開始，已有總論五經大義之書，大由於西漢之時，儒者多持守一經居
多，故總論群經之書，較未能出現。隨著觀念的進步，學者綜理群經的能力大增，
是以東漢開始，始有較多的學者，擴大研究的視野，如劉輔、班固、曹褒、許慎、
張逸、鄭玄諸人，均有群經的撰著，對於綜理經書要義，能有所貢獻。魏晉六朝
之時，學者多傾向單一經注，故群經之書，較少出現。唐代開始，此類的典籍較
多，隨著《五經正義》的推動，民眾綜理群經的能力大增，並非僅限於少數的學
者，經學的研究視野更加擴展。宋、明以後，此類的典籍，發展日漸成熟，是以
就其產生的朝代而論，以明代一六五部居首，宋代一二四部居次，其產生的數量

〔註 87〕參考註 3，卷二一八，頁 6。
〔註 88〕參考註 3，卷二五一，頁 6。
〔註 89〕參考註 3，卷二五一，頁 6。
〔註 90〕參考註 3，卷二四四，頁 5。
〔註 91〕參考註 3，卷二四四，頁 4。
〔註 92〕例如：參考註 3，卷二四三，頁 2 錄有洪适《經子法語》一書，參考註 23，卷五五，
　　　　頁 1275 著錄，置入「子部・類書類」。
〔註 93〕如參考註 3，卷二四一，頁 5 錄有張參《五經文字》一書，《新唐書・藝文志》卷
　　　　五七，頁 1451 置入〈小學類〉。其他如陸德明《經典釋文》、賈昌朝《群經音辨》
　　　　歷來置入〈小學類〉，竹垞將其重新歸入〈群經類〉。
〔註 94〕如參考註 3，卷二四二，頁 6 錄有張載《經學理窟》一書，參考註 23，卷三七，頁
　　　　868 置入〈儒家類〉。其他如韋處厚、路隨《六經法言》；崔鄲《諸經纂要》等屬之。
〔註 95〕如參考註 3，卷二四一，頁 8 錄有邱光庭《兼明書》一書，《文獻通考・經籍考》
　　　　卷四一，頁 953 置入〈雜家類〉。

愈多，顯示出學者已能重視綜理群經的作用。有關「群經」類的撰著，明代達到高峰，若從其內容而論，宋、明學者所重視的議題，顯然有明顯的差異，明代以「五經」爲考察的重點，高達六十一部，至於宋代則僅有十三部，由於元代尚有二十部，是以有關五經課題的整理，至元代以後，始逐漸受到重視，及至胡廣《五經大全》出，明代學者大量考訂五經，多是受到此書的影響。至於宋代，則以六經的考訂爲主，共有二九部，明代則降至十二部；這種現象的差異，在元代即已顯現，學者對於《樂》經類目安排，即可窺知一二，如馬端臨《文獻通考·經籍考》將「樂類」結合一些琴譜、曲辭之類的典籍，故將順序移至經解之末，成爲第十個類目；至於《百川書志》置於第十五個類目，皆已置入經部之末，這種不受重視的情況，使得六經的研究，則缺乏學者探索的興趣。在存佚方面，有高達一八六部的「群經」典籍，已判爲佚籍。至於未見之籍，亦有一四九部，這種數量，皆勝於存籍的九十四部，這種佚失的速度，十分驚人。

　　竹垞所立「群經」一目，乃是收錄有關眾經集編之作，但視其收錄的經籍，應以三部以的經書爲主，至於同時收錄二部典籍者，則分入相近類目，如《論語》、《孟子》合編之作，則列入「論語類」；《大學》、《中庸》合編之書，則列入「禮記類」，這種分類的觀念，容易造成誤判的現象。基本上，竹垞在群經的收錄，並無太多出例之處，惟與四書間的分類，常有相互混淆的情況。

十六、四書　　八卷

　　「四書」之論，源自南宋朱熹所倡議。在朱熹之前，雖有「四書」之實，卻無「四書」之名。有關「四書」發展的始末，竹垞亦能言之，《經義考》卷二九七云：

> 朱子注《論語》，從《禮記》中摘出《中庸》、《大學》爲之《章句》，配以《孟子》，題曰『四書』，諄諄誨人，以讀書之法，先從四子始，由是淳熙而後，諸家解釋《四書》漸多于説經矣〔註96〕。

元、明之時，四書列入科舉應試的內容，是以諸家紛紛闡釋大義，《四書》之籍日多，若依《經義考》的著錄而論，則短短數百年間，收錄已達三四一部典籍，合計二五四七卷。這種增加的速度，縱使較之五經的撰，亦不爲遜色，也奠定其分門別類的地位。

　　有關「四書類」的類目安排，率先獨立成目者，當可遠溯《文淵閣書目》，開始獨立成目，其後黃虞稷《千頃堂書目》襲之，並將「論語」、「孟子」獨立成目，

〔註96〕參考註3，卷二九七，頁17。

觀其分類的概念，四庫館臣有如下的評論：

> 經部分十一門，既以四書爲一類，又以論語、孟子各爲一類，又以
> 說大學、中庸者入於三禮類中，蓋欲略存古例，用意頗深，然明人所說
> 大學、中庸，皆爲四書而解，非爲禮記而解，即論語、孟子，亦因四書
> 而說，非若古人之別爲一經，專門授受，其分合殊爲不當。〔註97〕

周彥文同意上述看法，並補充說明：

> 按自南宋朱熹合併《論》、《孟》、《學》、《庸》四書以來，《大學》
> 及《中庸》即可說已脫離《禮記》之範圍。故就南宋以來的學術而論，《論》、
> 《孟》、《學》、《庸》及合解四書之著作，應置同一類內，方可彰顯學術
> 之變遷，以達目錄學「辨章學術、考鏡源流」之功效。再就目錄學之體
> 制而論，以大包小，於理爲合。是以《千頃目》既已立四書類，即可將
> 《論》、《孟》、《學》、《庸》之單獨著述一併隸屬之〔註98〕。

《經義考》將《論語》、《孟子》、《四書》分爲三目，並將《大學》、《中庸》置入
禮記一目，雖合於古法，但未能廣爲學者認同，後世多將「四書」獨立成目，藉
以涵攝《論》、《孟》、《大學》、《中庸》四書，並未立有「論語」、「孟子」二類。
因此，竹垞的分類觀念，僅是流通於清初時期，未能造成迴響。究數量的變化而
言，自從「四書類」典籍開始流通以來，明代對於《論語》、《孟子》的單書，撰
著偏少，如《論語》一書，宋代有二百部之多，明代則落至三十五部；《孟子》在
宋代有一一○部，但明代卻僅有二二部，顯示「四書」類的發行，對於《論》、《孟》
單行之本的發展，有許多不利的影響。

竹垞所立「四書」之目者，乃是依循朱熹的主張，包含《論語》、《孟子》、《大
學》、《中庸》等四書，若非朱子所定的內容，則雖有「四書」之名，亦不列入此
目，且將其改隸「群經」類，例如：《經義考》卷二四四著錄錢時《融堂四書管見》，
由於該書所謂的「四書」，是指《論語》、《大學》、《中庸》、《古孝經》等四書，「與
朱子所定《四書》不同，故附以群經。」〔註99〕，至於四書的次第，則無關類目
的安排，只要是《論》、《孟》、《學》、《庸》四書合論，皆置入「四書」之目下。

在分類歸併上，凡是書名涉有「四書」之名，大都隸於「四書類」，然卻有不

〔註97〕參考註21，卷八五，〈史部·目錄類一〉，《千頃堂書目》條下，頁732上。
〔註98〕周彥文：《千頃堂書目研究》，（台北：東吳大學中國文學研究所博士論文，民國74
年4月），頁181～182。
〔註99〕參考註3，卷二四四，頁5。

列入此類者，如康熙皇帝御注的《日講四書解義》〔註100〕列入「御注類」；劉同昇《五經四書大全注疏合編》〔註101〕、謝升賢《四書解》〔註102〕、錢時《融堂四書管見》〔註103〕等書，列入「群經類」；朱升《小四書》〔註104〕、金德玹《小四書音釋》〔註105〕列入「擬經類」。案：康熙御注《日講四書解義》列入「御注類」，蓋以「尊王」之故，雖未必合於原書性質，但猶可索解。劉氏《五經四書大全注疏合編》宜列入「群經類」，亦無不當的情形。但謝氏《四書解》列入「群經類」，而非「四書類」，此係一書重出，歸併互異所致。竹垞同時錄有二部謝升賢《四書解》，一部置入「群經類」，另一部題作「恕齋四書解」〔註106〕，則隸屬「四書類」，因而產生類目歸併的錯誤。至於《小四書》、《小四書音釋》列入「擬經類」，乃有例可循，「擬經類」收錄孔鮒《小爾雅》、崔銑《小爾雅》二書，在竹垞分類方式上，並無出例的現象。

　　觀上述所論，竹垞所列「四書」類目，實是針對書名中有「四書」之名者，至於《論語》一類，則別立「論語」一目以繫之。有關《孟子》一類的典籍，列入「孟子」類。至於《論》、《孟》並舉者，由於數量不多，故列入「論語」類以繫之，不另取互著之法，以免雜亂章法。至於《大學》、《中庸》二書，原係從《禮記》中裁篇而出，故將其置入「禮記」一類。

十七、逸經　三卷

　　古籍的流傳，亡佚者夥，前人在整理文獻之時，能重視佚書的價值，是以在讎校過程中，能隨時補錄佚篇遺文，以供參考。胡楚生《中國目錄學》云：

> 古籍流傳後世，佚亡者為數甚多，故欲蒐輯佚書，必先檢閱書目，以知該書於何時亡佚，又據目錄之書，俾知該書要旨，如有篇目可見，則於蒐輯亡佚，尤多方便之處〔註107〕。

自周秦以迄清初，已歷時二千餘載，經籍的佚亡數量頗多，竹垞在編纂書目之時，能重視經文久佚的情況，故特立「逸經」一目，藉以廣搜博討，以收其相關佚篇

〔註100〕參考註3，卷一，頁2。
〔註101〕參考註3，卷二五一，頁3。
〔註102〕參考註3，卷二四四，頁5。
〔註103〕參考註3，卷二四四，頁4。
〔註104〕參考註3，卷二八○，頁8。
〔註105〕參考註3，卷二八○，頁8。
〔註106〕參考註3，卷二五二，頁4。
〔註107〕參考註8，頁13。

遺句。毛奇齡《經義考・序》云：「逸經三卷，惟恐經之稍有遺，而一字一句必收之也。」〔註108〕逸經之作，係著錄「雜見他書經之逸篇或遺句蒐集」〔註109〕，考「逸經」所錄的內容，乃著重在逸篇遺句的蒐求，與傳統著錄不同，故無篇、卷的統計。

關於「逸經」類目的安排上，則有如下幾點的考察：

（一）竹垞「逸經」之目，共三卷。馮登府曾將其裁篇別出，並偶有補正，以成《逸經補正》一書，有「適園叢書」本〔註110〕，讀者可自行參考。

（二）竹垞所收「逸經」，共有《易》、《書》、《詩》、《禮》、《樂》、《春秋左氏傳》、《論語》、《孝經》、《孟子》、《爾雅》等經，其次第與《經義考》的類目相符。

（三）竹垞體例的編排，乃是先列逸篇，再錄遺句，若無逸篇，則錄及遺句，且在遺句之下，再標明出處。各經有逸篇者，如《書》、《詩》、《禮》、《論語》、《孝經》、《孟子》等經，其餘無逸篇者，再錄及其遺句。

（四）「逸經」部份，其輯錄的來源及數量如下：

類　別	性　質	遺　句　出　處　及　逸　篇　名　稱	數　量
易　類	遺　句	1、郭京《易舉正》	2處
		2、《家語》	2處
		3、《風俗通》	1處
		4、《說苑》	1處
		5、陸賈《新語》	1處
		6、許慎《說文》	1處
		7、桓寬《鹽鐵論》	1處
		8、《九家易解》	8處
		9、王昭素《易論》	1處
		10《易舉正》（重出）	1處
書　類	逸　篇	汩作、九共、稿飫、帝告、釐沃、章施乃服明上下、湯征、汝鳩、汝方、夏社、疑至、臣扈、典寶、明居、肆命、徂后、沃丁、咸乂、伊陟、原命、仲丁、河亶甲、祖乙、高宗之訓、分器、旅巢命、歸禾、嘉禾、成王政、將蒲姑、賄肅慎之命、亳姑、伯禽之命、唐誥、揜誥、舜典之敘、月采、豐刑、總德、武觀、古□、禽艾、監年、大明、去發、湯誥、太誓等篇。	

〔註108〕參考註3，〈毛奇齡序〉，頁1。

〔註109〕參考註51，頁143。

〔註110〕本書收入台北：新文豐出版公司出版《叢書集成續編》第十二冊之中，讀者可自行參看。

書 類	遺 句	1、《論語》	1 處
		2、《左傳》	8 處
		3、《禮記》	1 處
		4、《家語》	1 處
		5、《孟子》	2 處
		6、《墨子》	113 處
		7、《荀子》	5 處
		8、《呂氏春秋》	1 處
		9、《國語》	1 處
		10 鄭康成·《書序·注》	1 處
		11《毛詩箋》	1 處
		12 范甯《穀梁傳·注》	1 處
		13《孔叢子》	1 處
		14 賈誼《新書》	2 處
		15《書大傳》	1 處
		16《史記》	3 處
		17《漢書》	2 處
		18《說苑》	3 處
		19《白虎通》	12 處
		20 許慎《說文》	3 處
		21《三統曆譜》	2 處
		22《詩疏》	1 處
		23 章懷太子《後漢書·注》「周書呂刑篇文」	1 處
		24 沈約《宋書·禮志》	1 處
		25 王柏《書疑》	2 處
		26 孫氏《洪範經傳集義》	1 處
詩 類	逸 篇	南陔、白華、華黍、由庚、崇邱、由儀、貍首、采薺、新宮、王夏、肆夏、昭夏、納夏、章夏、齊夏、族夏、祴夏、驁夏、駓、武宿夜、驪駒、明明、崇禹、生開、嶠、何自南矣、轡之柔矣、河水、茱鴟、祈招、支、鳩飛、徵招、角招、畜君何尤等篇	
詩 類	遺 句	1、《韓詩》《齊詩》	2 處
		2、《論語》	2 處
		3、《左傳》	10 處
		4、《禮記》	1 處
		5、《大戴禮》	1 處

			6、《家語》	1處
			7、《樂元語》	1處
			8、《周官・注》	1處
			9、《管子》	2處
			10《莊子》	1處
			11《晏子春秋》	1處
			12《列子》	1處
			13《墨子》	5處
			14《荀子》	2處
			15《呂氏春秋》	3處
			16《漢書》	1處
			17《鹽鐵論》	1處
			18《後漢書》	1處
			19 徐幹《中論》	1處
			20《白虎通德論》	1處
禮　　類	逸　篇	青史氏之記、世子之記……（案：篇章頗多，暫略去）等等。		
禮　　類	遺　句	1、《（逸）大戴禮》		1處
		2、《孟子》		4處
		3、《皇覽》		2處
		4、《漢書・郊祀志》		1處
		5、賈誼《新書》		1處
		6、《白虎通》		1處
		7、《太平御覽》		1處
樂　　類	遺　句	1、《白虎通》		2處
		2、《考工記疏》		1處
春秋左氏傳	遺　句	1、《通典》		1處
論　　語	逸　篇	問王、知道等篇		
論　　語	遺　句	1、《白虎通》		1處
		2、《王制正義》		1處
孝　　經	逸　篇	閨門		
孟　　子	逸　篇	性善、辨文、說孝經、爲正等篇		
孟　　子	遺　句	1、《荀子》		2處
		2、《韓詩外傳》		3處
		3、揚子《法言》		1處

	4、劉向《說苑》	1 處
	5、《周官‧大行人注》	1 處
	6、《坊記注》	1 處
	7、《史記‧注》	1 處
	8、《漢書‧伍被傳》	1 處
	9、桓寬《鹽鐵論》	1 處
	10 王充《論衡》	1 處
	11 仲長統《昌言》	1 處
	12《後漢書》	2 處
	13《風俗通》	1 處
	14 鮑昭〈河清頌〉	1 處
	15 梁‧蕭綺《拾遺錄》	1 處
	16《梁書‧處士傳》	1 處
	17《顏氏家訓》	1 處
	18《文選‧注》	1 處
	19《廣韻‧注》	1 處
	20《北堂書鈔》	1 處
	21 馬總《意林》	6 處
	22 外國本《孟子》	1 處
	23《廣弘明集》	2 處
爾雅遺句	1、沈約《宋書‧樂志》	1 處

　　從上述簡表中，我們可以得知竹垞輯錄較多的經籍，乃在於《易》、《書》、《詩》、《禮》、《孟子》等類，又可知其取材甚廣，從經注到史注；從類書到總集，甚至國外版本，皆在搜羅之列，均可見其盡心於經籍的輯佚工作。整體而言，逸經的收集，起源甚早，在明代即有優異的表現。林慶彰《清初的群經辨偽學》指出：

　　　　楊慎作《風雅逸篇》，蒐集三百篇以外的逸詩、逸句；焦竑《筆乘》
　　　　有〈古逸經〉條，從各書輯出〈逸詩〉、〈逸易〉、〈逸書〉、〈逸禮〉、〈逸論
　　　　語〉、〈逸孟子〉等；《筆乘續集》也有〈逸詩〉條，輯先秦、兩漢典籍中
　　　　的逸句數十條。姚士粦、胡震亨、樊維城等人輯《周易》的古注；陳士元
　　　　的《孟子雜記》有〈孟子逸文〉。周應賓有《九經逸語》，輯〈逸論語〉七
　　　　條、〈逸孟子〉二十一條、〈逸書〉九十條、〈逸詩〉四十六條，合計一九
　　　　○條。明末孫瑴更輯有《古微書》，輯錄各種緯書六十九種〔註111〕。

是則可知竹垞立「逸經」一目，實乃承繼前代輯佚之風，並觀察學術演變所致。

────────

〔註111〕林慶彰：《清初的群經辨偽學》，（台北：文津出版社，民國 79 年 3 月），頁 44。

然而，考竹垞所輯成果，較之上述諸家之作，或有不如，如《經義考》卷二四九錄有周應賓《九經逸語》一書，竹垞判爲存籍，顯見竹垞亦知其書，然竹垞卻未能盡收其輯錄的成果，與周氏相較，則優劣互見，顯見竹垞亦未能確實運用其書，故其輯佚的成果，亦頗受限制。翁方綱《經義考補正》卷第十引「王聘珍」的考證云：「《經義考》「逸經」一類最爲疏漏，而《禮經》尤甚焉。」〔註112〕，即說明其輯錄的缺失。

（五）竹垞設有「逸經」之目，藉以收集古逸經文。此外，尚於案語之中，亦偶能標舉佚文，以供參考之用，尤其對於漢學古經的輯錄，更是頗費心力，此舉對於後世經籍的輯佚，有著相當的啓發作用，說法詳見第十章第一節「《經義考》對經學的影響」一文，該文有較爲詳盡的說明。

（六）竹垞「逸經」之目，對於後世書目的編纂，亦能有所影響。《清史稿‧藝文志》在纂輯之時，即將輯佚之書，置於每類之末，《清史稿藝文志及補編》〈出版說明〉指出：

> 《藝文志》經部初稿分爲十一類，最後一類是輯佚之書。朱師徹刪去了這一類，把輯佚書附在有關類目之後〔註113〕。

據此，吳士鑑、章鈺在編纂《清史稿藝文志》之時，曾將「輯佚」獨立成目，此舉相當特別，後雖被刪去類目，將其附入各相關書目之下，但此舉與「逸經」獨立成目，有著異曲同工之妙。竹垞於佚經的蒐求方面，雖非創舉，但對於後世的影響，卻遠超過逸文的搜集成果，這種深遠的影響，恐非竹垞生前所能預料之事。

綜合上述所論，「逸經」之目，雖非大量收錄所有的佚經遺文，但其收錄的觀念，卻能帶動後世輯錄佚經的風潮，則其貢獻，亦不容抹煞，值得我們的重視。

十八、毖緯　五卷

《經義考》著錄一八八部毖緯類典籍，合計二八四卷。「毖緯」類典籍，係「著錄說經之緯書」〔註114〕，有關其獨立成目，翁方綱持反對的立場，其云：「張衡謂劉向校《七略》，尚無讖緯，據此則《經義攷》「毖緯」一門，略存其概可矣，似毋庸備載其書也。」〔註115〕，這種論點，似乎稍嫌牽強，學術不斷的演變，讖緯之書，

〔註112〕翁方綱：《經義考補正》，（台北：新文豐出版有限股份公司，民國73年6月初版），卷第十，頁155。
〔註113〕章鈺等編《清史稿藝文志及補編》，〈出版說明〉（北京：中華書局，1982年一版一刷），頁1～2。
〔註114〕參考註51，頁143。
〔註115〕參考註112，卷第十，頁157。

已逐漸形成經學的分支，竹垞編纂經學書目，對於緯書的價值，有其獨到的見解。在《曝書亭集》卷六十，〈鄭康成不當罷從祀議〉中指出：

> 經自爲經，緯自爲緯，初不相雜，第如七曜四游之暑度，八能九錫之彌文，三雍九室之遺制，經師所未詳者，則取諸緯候以明之。蓋緯候亦有醇駁之不同，康成所取，特其醇者耳。災祥神異之說，未嘗濫及也〔註116〕。

竹垞重視「讖緯」的解經功效，此類的典籍，有其醇駁之異，端視解經者的學養不同，故取材的作用，也有所差異，由於其書有助於治經，可謂經學的分支，爲使讀者能重視其價值，故將其獨立成目。考讖緯之書，盛行於東漢，《隋志》始立「緯書」一類，然立於群經之末，以爲經學附庸，喬衍琯在〈論經部的分類〉一文指出：

> 《七錄》以「讖緯」入「術技錄」，當因其與經原不能比附，且雜以術數之言，而《隋志》改入「經部」，當因經師也用以注群經，且爲之作注。不過置於群經之末，有如《四庫總目》以「易緯」爲「易類」的附錄〔註117〕。

「讖緯」所以入於經部，主要是因爲賈逵、馬融等一般經師，皆曾以緯注經，至於其獨立成目，乃是因爲文獻種類的增加所致。

有關緯書的分類，乃是從《隋書·經籍志》開始，方始增立「緯書類」，其小序說明立目的源由：

> 《易》曰：「河出圖，洛出書。」然則聖人之受命也，必因積德累業，豐功厚利，誠著天地，澤被生人，萬物之所歸往，神明之所福饗，則有天命之應。蓋龜龍銜負，出於河、洛，以紀易代之徵，其理幽昧，究極神道。先王恐其惑人，祕而不傳。說者又云，孔子既敘六經，以明天人之道，知世不能稽同其意，故別立緯及讖，以遺來世〔註118〕。

在中國目錄學史上，《隋志》的四部分類及其類目，是奠立後世編目的法式。姚振宗在《隋書經籍志考證》中指出：「(《隋志》)雖爲前代志經籍，亦即爲當代立法程」〔註119〕。其說的爲確論。《隋志》立「緯書類」之後，歷來的簿錄學家，大都將其隸屬經部，《經義考》採之，惟類名改作「毖緯類」，名雖兩異，其實相同。

〔註116〕參考註9，卷六十，〈鄭康成不當罷從祀議〉，頁699。
〔註117〕參考註5，頁65。
〔註118〕參考註48，卷三二，〈經籍一〉，頁940～941。
〔註119〕姚振宗：《隋書經籍志考證》，(台北：開明書店，不著年代)。

《隋志》雖立有「緯書類」，但其對於毖緯之籍，有所批評：

> 文辭淺俗，顛倒舛謬，不類聖人之旨。相傳疑世人造為（僞）之後，
> 或者又加點竄，非其實錄〔註120〕。

相較正統經學而論，有關讖緯之書，無論是風格或內容，皆有偏離經文大義的現象，然其書既經執政者的推倡，曾經大行其道，致使能獨立成目。例如：在王莽時代，即因王莽的喜好，使得符命之學大熾；東漢光武帝時，更以圖讖興邦，於是益顯於世，在「上有所好，下必重之」的風潮下，儒者紛為作注，更有以符讖解經，使得宋均、鄭玄之儒，皆曾為讖緯之籍作注；劉蒼正五經章句時，更以符讖之籍，校證經文，俗儒則趨時附會，增益其學，導致讖緯之說盛行，是以《隋志》得以獨立門類，以附六經之末，可見圖讖之學，亦曾顯赫於一時，其後歷經各朝禁制，使得圖讖之學，面臨散亡的厄運。《隋志》云：

> 至宋大明中，始禁圖讖，梁天監已後，又重其制。及高祖受禪，禁
> 之踰切。煬帝即位，乃發使四出，搜天下書籍與讖緯相涉者，皆焚之，
> 為吏所糾者至死。自是無復其學，祕府之內，亦多散亡〔註121〕。

在歷經多朝禁制之後，讖緯之書蕩盡，宮中特藏，亦罕見存籍，民間研治經學者，更難以熟習讖緯之書，遂染上神秘色彩。《隋志》雖僅錄存書十三部，合計九十二卷，然通計亡書，合為三十二部，共二百三十二卷，適符《隋志》所云「祕府之內，亦多散亡。」的論點，可見讖緯類的圖書，確實散佚嚴重，使得讖緯之學的傳習，遂成秘學。

竹垞詳於緯書始末，其撰有〈說緯〉一文，可視同《經義考》「毖緯」一類的小序，其文在說明緯書的特點，其中涉及緯書的傳承，原文頗長，僅摘錄其中部份要點如下：

> 自晉以降，其學寖微，然釋慧皎作《高僧傳》，稱法護博覽六經，
> 游心七籍，沈約作《宋書》，于天文、五行、符瑞，亦備引緯候之說。蕭
> 子顯《南齊書·志》亦然。而周續之兼通五經五緯，號為十經。直至隋
> 焚禁之後，流傳漸罕，乃孔氏穎達、賈氏公彥、徐氏彥猶援以釋經，杜
> 氏公瞻、歐陽氏詢、虞氏世南、徐氏堅編輯類書，間亦引證。今則樊英
> 傳注所載，《隋》《唐》〈經籍志〉所錄，《太平御覽》所采，學士大夫能
> 舉其名者寡矣〔註122〕。

〔註120〕參考註48，卷三二，〈經籍一〉，頁941。
〔註121〕參考註48，卷三二，〈經籍一〉，頁941。
〔註122〕參考註9，卷六十，〈說緯〉，頁705。

據此，緯書傳承的始末，可得而知矣！緯書屢遭禁廢，存籍甚少，明代以後的公私藏書目，已無「讖緯」之目，以其書既罕流通，不便另立一目，以收繫此類的典籍〔註123〕，但竹垞編輯的目的，既通考古今，不以存書多寡爲判斷的準繩，讖緯之書雖極其罕見，但其援陰陽術數以解經說，仍不失爲經學的旁支。竹垞在分類之時，係依經學體系爲考察重點，故不因典籍的廢存，乃刪去其目，是以「樂」、「戠緯」等類目，於焉猶存。因此，其別立「戠緯」一類，以記讖緯之籍，並考各書存佚狀況，使此類典籍，得以置入經籍之列，與《隋志》置於六經之末的用意相同，藉以保留經籍的完整體系，其作法頗有可取之處。

十九、擬經　十三卷

　　《經義考》著錄三五四部擬經類典籍，合計二六六三卷。毛奇齡《經義考·序》云：「擬經十三卷，此則不惟自爲義，并自爲經者，然而見似可瞿也，其與經合邪，則象人而用之也，否則罔也。」〔註124〕。所謂的「擬經」類，乃是「著錄後世擬經之作，如：揚雄太玄擬易經」〔註125〕。然而，亦有不盡擬經，僅託其名，卻仍有著錄者，如《經義考》卷二七七，晏嬰《晏子春秋》下案語云：

　　　　諸家《春秋》不盡擬經，然既託其名，不容不錄，若萬立方之《韻
　　語陽秋》、崔銑之《文苑春秋》，緣附不倫，斯去之〔註126〕。

此一類目設置的目的，在於收繫後世仿經之作。自六經定名之後，後世模擬經書之作，所在多有，竹垞增立「擬經」之類，乃爲其創制，欲藉以收錄各朝仿經之作，有擴大收錄範圍的用意。

　　「擬經」類典籍的收錄標準，是將有關經書仿作的典籍，或是書名涉及十三經經名的典籍，悉數收入此目。一般而言，刻意僞作的作品，若作品保有原有書名，卻無正經經名者，則置入原經；若書名涉有正經之名者，則改隸「擬經」類，如《經義考》卷二七三，張霸《僞尚書》一項〔註127〕，即置入「擬經」類，此緣於書名涉有《尚書》之名，故隸入本目。若持《經義考》「擬經」之目的著錄內容，與傳統書目相較，其分類的概念，或有不同，尤其在「擬經」一項，更是差距頗大。此目所收的內容，易與傳統收錄不符，例如：傳統的史部編年類、雜史類的

〔註123〕參考註8，頁117。
〔註124〕參考註3，〈毛奇齡序〉，頁1。
〔註125〕參考註51，頁143。
〔註126〕參考註3，卷二七七，頁1。
〔註127〕參考註3，卷二七三，頁2。

典籍，易於涉及《春秋》之名，故將其置入「擬經類」，此類的判例，多有誤入之失，學者主張刪去浮濫訛增之例，如翁方綱《經義考補正》卷第十一，杜崧《杜子春秋》條下指出：

> 竹垞所載李氏《戰國春秋》以下，至亡名氏《歷代善惡春秋》凡四十六種，皆不得入擬經，當刪〔註128〕。

其餘此例甚多，總計有六六部的典籍，列入「擬經」類，凡此均應刪去。這種情況的產生，主要是因為《春秋》舊為古史通名，及至孔子開始，始成為專名，後世學者或以為古史通名，故撰有史書之時，援用舊名，而有「春秋」之名，諸如此類的情形，皆應該刪略，以免混淆其例。其他如小學類的典籍，涉於《爾雅》之故；史部地理類的典籍，涉於《尚書》〈禹貢〉之故；子部儒家類的典籍，涉於《易經》、《論語》、《孟子》之故；子部五行類，涉及《易經》之故；集部總集類典籍，涉於《詩經》之故，均易於改隸「擬經」類，是以章法顯得混亂，有過於浮濫之嫌。若能瞭解其分類的概念，係擴大收錄經學的內容，且收錄的準則，係依典籍的本質為據，則對其「擬經」類的收錄及編排，將有清楚的認識。

「擬經」類的典籍，佚失情況嚴重，被竹垞判為佚籍者，即多達一八五部，一七九六卷，存在的典籍，僅有一〇八部，五六二卷，此類的典籍，由於質量不佳，雖緣附經學之名，得以行世，但終因成就不高，降低流傳的機會，乃漸隨著時代的演進，逐不存於世。

二十、承師　五卷

毛奇齡《經義考·序》云：「承師五卷，則錄其經義之各有自者，而廣譽附焉。」〔註129〕所謂「承師」者，係「著錄群經傳授之師承」〔註130〕，竹垞歸田之後，始進行孔、孟弟子的釐訂工作〔註131〕，至於考訂的成果，有助於瞭解經學傳授的過程。

竹垞考訂師承傳授體系，其中整理的觀念，頗有可采之處。首先，歷來論及經學傳授者，大多起自於漢代。竹垞「承師」之目，卻稍異於前賢的論點，以經學的傳授，起自孔子傳經開始，其論及師承先後，乃自孔子弟子開始。《經義考》

〔註128〕參考註112，卷第十一，頁167。

〔註129〕參考註3，〈毛奇齡序〉，頁1。

〔註130〕參考註51，頁143。

〔註131〕參考註9，卷五六，〈孔子弟子考〉指出：「歸田之暇，爰作〈孔子弟子考〉，下及門人，暨孟子弟子。」頁651。此外，《曝書亭集》所錄的內容，較之《經義考》的資料稍詳，可見竹垞於成書之後，亦能不斷的增補考訂，是以《曝書亭集》編輯較晚，所收也較為齊全，其故在此。

卷二八一,「承師」類目之下,有如下說明:

> 先民有言,言六藝者折中於夫子,受業身通者七十有七人,皆傳經
> 之選矣。故曰:「七十子喪而大義乖。」後之譜九經師授者,率始於漢,
> 挹其流而未探夫源者也。茲述承師,自仲尼之徒始〔註132〕。

竹垞在「承師」五卷之中,上起自孔子弟子、門人,下迄宋代諸儒的傳授體系,
能有詳細的考訂,有擴大收錄內容的作用,且有助於瞭解歷來傳經的體系。

又考訂之時,不限於七十子之數,完全依憑文獻的內容,來取擇考訂的數量。
竹垞於《曝書亭集》中,曾指出歷來考訂師承的錯誤觀點:

> 議祀之典,先橫七十子之目于心胸,慮溢七十二人之外,于是論者
> 紛綸,以臆斷為進退〔註133〕。

竹垞考訂師承傳授體系,能衡量實際的文獻,不先預定立場,是以考訂的內容,
能併合諸家之說,對於瞭解各說的差異,也能有所助益。

又古代的人名,其中名、字相同者甚多,前人屢有併合之舉,竹垞主張不可
因為名字相類,而疑其必為一人。《經義考》二八一,「鄭子國」下錄有司馬貞的
論點:

> 《家語》:薛邦字從,《史記》作國,而《家語》稱邦者,蓋避漢祖
> 諱而改,鄭與薛字譌也〔註134〕。

司馬貞僅據「邦」、「國」二字,常因避漢高祖名諱,改「邦」為「國」,因而懷疑
「薛邦」、「鄭國」為同人,這種懷疑的態度,由於過於牽強,竹垞加以反對:

> 薛邦、鄭國,子徒、子從,安得以名字相類而并疑其姓氏之誤邪?
> 乃議祀典者封鄭而罷薛,安見其必為一人?揆之於禮,終有未安也〔註
> 135〕。

竹垞反對司馬貞的觀點,其持論的觀點,乃在於古人名字多有相同,不得因其中
一字相同,致使任意併合。

上述三種的整理概念,使得竹垞在「承師」一目的整理,能突破前人的限制,
形成完善的體系。但全目最大的創發,是針對任意併合,導致祀典之缺,提出其
個人的批評。如《經義考》卷二八一,「魯孺子悲」條下案語云:

> 傳〈士喪禮〉者,實孺悲之功也。惟因《論語》紀悲欲見,而孔子

〔註132〕參考註3,卷二八一,頁1。
〔註133〕參考註9,卷五六,〈孔子弟子考〉,頁651。
〔註134〕參考註3,卷二八一,頁5引錄其文。
〔註135〕參考註3,卷二八一,頁6。

以疾辭，疑孔子拒之門牆之外，不屑教誨。當知始雖辭疾，終授以禮，

以親受禮于孔子之儒，反不得與配食之例，斯則祀典之闕矣〔註136〕。

竹垞根據文獻的記載，確知孔子曾親傳孺悲〈士喪禮〉，以其人理應入祀孔廟，然卻因爲後人妄議，剔除其入祀的資格，實屬不當。

又《經義考》卷二八一，「魯顏子何」條下案語云：

秦冉、顏何二子，于弘治元年少詹事程敏政請正祀典，疑爲字畫相近之誤而罷其配食，自詡不舛于禮，一洗前代相習之陋，永爲百世可遵之典。然生數千載之後，安見二子必無其人。釋（曇積）上言于周太祖曰：「孔子領徒三千，達者七十有二，升堂入室者莫過數人，自餘已外，豈容斥逐？」彼釋氏之言尚然，乃以臆見斥先賢之祀，天資刻薄之言，吾未信爲百世可遵也〔註137〕。

「秦冉」、「顏何」理應分爲二人，不該妄改祀典，任意牽合，而誤併爲一人。竹垞對於程敏政、張孚敬等人的諸多作法，每提出抨擊，以其忘爲廢斥，實未能爲百世所遵行之道。觀其所考的師承關係，較之前人所論事項，較爲合理，也能贏得後人的稱許，如查愼行在《曝書亭集》〈查序〉中指出：

先生（案：指竹垞）嘗謂孔門弟子，申黨、薛邦，後人不當以疑似妄爲廢斥；謂曲阜縣令，宜用周公後東野氏爲之；謂鄭康成功存箋疏，不當因程敏政一言，遽罷從祀；謂王陽明事功人品，炳烈千古，不得指爲異學，輒肆詆諆，凡此皆有關名教之大者〔註138〕。

張維屏錄《兩浙輶軒錄》亦有是論，可見竹垞對於「承師」一項的考訂，實能得到學者的肯定。從竹垞反對的意見來看，主要是其考訂的結果，和前人的論點不合所致。由於竹垞審訂的內容，較不輕言併合，是以其說較爲嚴謹，也較爲可信。

「承師」一門所考的事項，多述及各經說的傳授體系，對於我們瞭解學說的發展，實有莫大的貢獻。竹垞編纂《經義考》的目的，在於承繼漢儒古經的傳授體系，是以重視師承的傳授，於是將各經學名家的背景，依序整理，使得我們可以輕易掌握其流傳的始末。竹垞獨立出「承師」之門，並檢附「廣譽」的相關敘錄，可供我們從事相關問題的探討。至於所謂的「廣譽」，乃是收集有關各經學名家的相關評價，當然僅侷限於好的評價，由於收錄的斷限，僅及於隋代，未能單獨成目，僅附於「承師」之後，但其內容與「承師」隔開，如就分類的概念來看，

〔註136〕參考註3，卷二八一，頁8。
〔註137〕參考註3，卷二八一，頁8。
〔註138〕參考註9，卷首，查愼行〈查序〉，（台北：世界書局，民國78年4月），頁2。

亦接近單獨成目，只是收錄不全，僅能成爲附錄。

二一、宣講、立學　合一卷（闕）

宣講、立學之目，僅存其目，未錄經籍、解題，顯係本書的纂輯，乃是未成之作。所謂「宣講」者，乃是記載「公眾前講演」之事，講演的內容，自是以經學爲主。古代講經之事頗多，造就各期經學講演的盛況，甚至在清代初期，經師學者，常在公眾前講演群經，或是討論五經的經義，詳情請參閱第四章的說明。竹垞有感於講經活動的盛行，有助於經學的開展，故擬「宣講」一目，藉以蒐求關於講經的記載，惜屬稿未成，空留其目。至於「立學」者，意欲蒐集「有志學習經學」的案例，藉以鼓勵經學的研習。綜而言之，「宣講」乃收錄經師講經的事蹟，至於「立學」者，應是收錄有關學者勤於五經的記載，惜二者均未能完稿，使得後人無從得知其內容，實爲可惜。

二二、刊石　五卷

《經義考》總計收錄七九部刊石類典籍，合計四八四卷。毛奇齡《經義考·序》云：「刊石五卷、書壁、鏤板、著錄各一卷、通說四卷，此皆與經學有繫者，然而非博極群籍，不能有此。」〔註139〕，章學誠在《永清文徵金石敘錄》中指出：「若三字石經一字石經之屬，經學之準繩也。」，可見石經之屬，係經學的支系，要研究中國經學的發展，或係研究文字演變的脈胳，可以藉助石經的比勘，得到研究的題材。童鷹九在〈石經書目〉中指出石經的功效：「欲明吾國文字遞嬗之跡，同音互借之理，使經義然大備，垂教萬世，其功不可沒也。」〔註140〕，可見其有助於考察文字演變之理，對於瞭解經義的內涵，也有所助益。《經義考》雖非專收石經的書目，但竹垞設有「刊石」一目，藉以收繫歷朝石經之屬，對於瞭解經學的流傳過程，或是經義的探討，皆能提供助益。

歷來目錄學家對於石經的安排，大抵有二種方式，其中一種是依循《隋志》、《舊唐志》、《新唐志》之例，將石經之類的典籍，置入「小學類」，完全沒有出例的情況。另一種則是依其典籍的內容，分別置入各經之下，如有關「詩經」類的石經，則置於「詩經類」之下；「尚書類」的石經，則置於「尚書類」，不再置於「小學類」，此類的書目，有《郡齋讀書志》、《直齋書錄解題》、《文獻通考·經籍考》等，諸如此類的安排，石經的資料，隨著內容的差異，分別隸屬各經類目之

〔註139〕參考註3，〈毛奇齡序〉，頁2。
〔註140〕童鷹九：〈石經書目〉，（《嘉義師專學報》第四期，民國62年5月），頁33。

下，無法歸併在同一類目之下，自然也難以考察其學術發展的過程。南宋以後，大抵沿續此一風格，未見將石經獨立成專目者，及至竹垞，始獨立成目，究其作法，亦如同《爾雅》類自傳統「小學類」裁出，另立新目，頗有「尊古」的意味，且可以觀覽各種石經的發跡、演變等過程，使類目的安排，能達到「辨章學術，考鏡源流」的作用。

清代學者常能重視石刻的價值，如顧炎武、錢大昕之流，率皆引石刻以證經、史，竹垞亦深明其理，遂將石經獨立成「刊石」類，藉以「著錄歷代經之刻石」〔註141〕，顯見其對石經的重視。竹垞早年常在四方遊歷，每遇刻石碑碣，則持與經史相互參校，頗能補證史料的訛謬。石經在歷經千百年的風雨侵蝕，乃至於洪水、地層的變動下，經文面臨毀損、剝蝕的危機，竹垞能洞察其文獻的價值，乃收集相關的文獻，獨立「刊石」一類，藉以含攝所有的石經文獻，以利經籍的考察，其敏銳的洞察力，實值得後人的重視。

刊石與書壁的價值相近，只是收錄的內容或有差異。翁方綱《經義考補正》卷十二，《唐太學壁經》條下指出二者的差異：「書壁者，乃諸經本文，刊石者，則諸經音義，所云五經文字者也」〔註142〕。「書壁」所收的內容，僅及於各經的本文，未能計及音義。至於「刊石」的內容，則旁及文字音義，是以內容有極大的差異，竹垞分立二目以繫之，能有參考價值，但其對於石經的殘字的刪略，亦使其整理的內容，缺乏更好的價值。翁方綱《經義考補正》卷第十二指出：

> 案竹垞于《隸釋》、《隸續》所載石經，刪去其殘字，而引其跋尾，但殘字既不載，則跋尾亦無從考證矣〔註143〕。

石經佚亡的情形，十分嚴重。竹垞判爲佚籍的石經，有四八部，三二一卷，顯見石經文獻的佚亡，值得我們多加重視，若能將現存的石經，逐一拓成拓本傳世，則其提供的校勘價值，將不遜於古代刻本，故此類的典籍，值得我們多投注心力，加以整理其文獻。竹垞重視石經的價值，故將其獨立成目，惜其刪去殘經經文的舉動，卻失去更好的參考價值，實爲可惜，翁方綱既摘其失，復又補訂殘經經文，其作法值得效法。

二三、書壁　一卷

翁方綱《經義考補正》卷第十二，《唐太學壁經》條下的說明，能解讀「書壁」

〔註141〕參考註51，頁143。
〔註142〕參考註112，卷第十二，頁188。
〔註143〕參考註112，卷第十二，頁178。

的性質：

> 聘珍按：唐太學壁經亦張參所定，然非五經文字也，壁經是五經本
> 文，並無音注〔註144〕。

又《經義考補正》卷第十二，《唐太學壁經》條下云：「書壁者，乃諸經本文，刊
石者，則諸經音義，所云五經文字者也」〔註145〕。是以所謂「書壁」者，乃是記
錄五經的正文，其中並不夾錄其餘諸經音義，這正是「書壁」和「刊石」的最大
差異，這種差異之說，亦可見於「顧炎武」的論點，翁書徵引顧氏之論云：

> 五經文字，自土塗而木板，自木板而石壁，不知土塗木板乃所云太
> 學壁經，皆是經本，而非五經文字，蓋五經文字未嘗書壁也〔註146〕。

由於「書壁」乃係土塗木板所製，置於太學，以供學者參校之用，其效用亦等同
於石經，只是在材質表現方面，略異於刊石之屬，且內容僅錄五經正文，並不及
於諸經音義，自然也就不甚流通，兼以土塗木板易於損壞，是以不復存於世間，
故竹垞僅錄一部，且經判別爲佚籍，其故源出於此。

二四、鏤板　一卷

所謂「鏤板」者，係「著錄歷代經書版刻記載」〔註147〕，其間所論的要點，
舉凡經籍刊印時間、書體、地點、流程、版本異同、優劣、功過等等，若能配合
其他關於版刻記載的敘錄，則足以瞭解經籍刊印的種種過程。然而，竹垞雖獨立
「鏤板」一項，藉以記錄刊本的原委，然對於各著錄典籍的刊本異同，卻未能明
辨，殊爲可惜。章學誠於《論修史籍考要略》第十二條「板刻宜詳」項云：

> 朱氏《經義考》後有刊板一條，不過記載刊本原委；而惜其未盡善
> 者，未載刊本之異同也〔註148〕。

是以竹垞於《經義考》中，未能明白整理各經籍的版刻異同。章氏有「如有餘力
所及，則當補朱氏《經考》之遺〔註149〕」的想法，但卻力有未殆，無法確實補錄
版刻的資料，是以此爲浩大工程，若非集眾人之力，群策群力，則未足以輕議也。

傳統的綜合書目，係以圖書爲其著錄的主要內容，竹垞特別標示「鏤板」一

〔註144〕參考註112，卷第十二，頁187。
〔註145〕參考註112，卷第十二，頁188。
〔註146〕參考註112，卷第十二，頁188。
〔註147〕參考註51，頁144。
〔註148〕章學誠：〈論修史籍考要略〉，見載於《校讎通義》附錄。（台北：文史哲出版社，
　　　　轉引昌彼得編輯：《中國目錄學資料選集》，民國73年1月），頁653。
〔註149〕同前註。

類，所載的內容，是關於各經籍鏤板的過程，非專以經籍傳本爲著錄的對象。此目所載的資料，並非以經籍爲著錄的對象，故其收錄的觀念，已突破傳統書目的收錄概念，也兼及相關學理的探討，對於瞭解經學的相關議題，能提供更多的參考價值，絕非單純簿帳式書目，所可比擬的。此一編纂的概念，對於後世專科書目的分類概念，產生重大的影響，使得後世書目在編纂過程中，不會侷限於傳統的類目，而能依據實際的需要，來編排類目。

二五、著錄　一卷

所謂「著錄」，是「著錄歷代經籍篇卷數目」〔註150〕，竹垞在各經之末，未能通記卷帙、部數，卻將卷帙的統計，輯爲一編，使讀者能得知採錄的來源，並彰顯各期經籍的數量變化，是以「著錄」一項，雖僅一卷，但有利於查考各期經籍著錄的情況。

二六、通說　四卷

所謂的「通說」，乃是「著錄歷代說經、說緯之嘉言」〔註151〕。此目所記的內容，多爲泛論有關《經》、《緯》的嘉言名句，使讀者得知各經的價值，以爲研治經學的參考。竹垞在〈寄禮部韓尙書文〉中，以「通說」終焉，則以「通說」位於類目之末，然今存「通說」之目下，尙有「家學」、「自敘」二項，顯然在類目的次第上，曾經加以調整過。

二七、家學　一卷（闕）

竹垞立有「家學」一目，惜有目無書，內容從缺。考察竹垞立目的原因，應係整理經學傳承中，有親屬關係的傳授體系，如祖孫、父子、叔姪、兄弟之間的傳經情況。例如：王雱的經學，是繼承其父王安石的學說，故其經說的主張，理應近同，竹垞特立「家學」一目，以期收錄有關親屬相承的傳經體系，這種收錄的概念，將有別於一般的師承關係，惜屬稿未成，即已身故，故有目無辭，殊爲遺憾。竹垞在「家學」一目的次第，也曾加以調整過，其在〈寄禮部韓尙書文〉中，置「家學」於「擬經」、「承師」之間，若以次第而論，當以〈寄禮部韓尙書文〉較佳，且較能符合竹垞本意，顯示此書在編纂初期，雖有依循的準繩，但其後有所改正，是以產生不同的編排方式。

〔註150〕參考註51，頁144。
〔註151〕參考註51，頁144。

二八、自敘 一卷（闕）

　　竹垞設有「自敘」一目，惜內容付之闕如，使我們無法瞭解其編目的觀念，且對全書的編纂、動機、參考文獻等等，均未能清楚明白，僅能依據常理推求之。因此，竹垞未能撰有「自敘」一目，使我們無從瞭解整個編纂的過程，其中的缺失，更甚於「宣講」、「立學」、「家學」等目的缺漏。

　　綜合上述所論，竹垞亦能清楚的認識各類目間的特性，是以其在類目安排方面，能依照各目所涵攝的內容，來加以分類歸併，使得全書類目的安排，能承繼前目的優點，有所創新，故此點對於後世專科書目的編纂者，有著極其深遠的啟示作用。由於專科書目收錄的內容，與傳統簿錄不同，如果能突破傳統綜合書目的分類方式，純粹就典籍的體系來加以歸併分類，則書目的分類體系，將更能達到「辨章學術，考鏡源流」的功用，如此一來，則書目的編纂，將有其完善的編目法則。

第三節　《經義考》的分類特色

　　中國古代目錄的編纂，向來重視分類的變化，學者在編纂的過程之中，往往會隨著文獻主體的變化，逐步調整其類目的安排，是以從文獻分類的方式，可以察知各種的學術變化，所謂的「辨章學術，考鏡源流」的功效，即針對類目的安排，以及典籍數量的增減，來詮釋學風的改變，是以類目的安排，和著錄內容的多寡，往往有著密切的關聯。王余光在《中國文獻史》第一卷云：

　　　　中國文獻內容的變化與文獻類別的演變是密切相關的，文獻類別的
　　　演變正是文獻內容變化的一個具體表現〔註152〕。
文獻類別的演變，往往是文獻內容產生質變所致。《經義考》著錄博富，舊有的分類方式，業已無法收納各項內容，故在類目分化上，勢將面臨新的變革。隨著學術的日益進步，專業化的書目編纂，將成為目錄學者努力的新目標。因此，該書正是專科目錄的權威之作，故能重新考量分類類目的安排，且能衡諸學術的體系，重新予以分類，這種創新的分類體制，業已成為其後專科目錄編纂者的參考，使專科書目的分類方式，能勇於突破舊有的成功，依學術整體的考量，來加以分類，使得後世在分類觀念上，興起相當重大的變化。下文即針對其分類的特色，提出一些說明：

〔註152〕王余光：《中國文獻史》，第一卷，（武漢大學出版社，1993年3月），頁94。

一、嚴密的分類體系

　　《經義考》收錄周、秦以下，迄於清初的經學典籍，著錄的數量，達到八千四百餘部，在這些龐大的著錄資料中，有助於形成嚴密的分類體系。由於竹垞採取輯錄體的編纂方式，能綜整眾多的書目資料，故其分類的方式，也勢必會針對前代書目的分類方式，提出一番變革，其中最大的特點，即是形成完善的分類體系，下文即針對其類目的安排，取與前代書目相較，藉以明白其分類的嚴密與完善，實有值得紹述之處。茲說明如下：

項目	漢志	七錄	隋志	舊唐志	新唐志	崇文總目	郡齋	遂初堂書目	直齋	通考	宋志	文淵閣書目	國史經籍志	百川書志	萬卷堂書目	千頃堂書目	澹生堂書目	經義考
御注敕撰												1國朝	1制書					1
易	1	1	1	1	1	1	1	2	1	1	1	2	2	1	1	1	1	2
書	2	2	2	2	2	2	2	3	2	2	2	3	3	2	2	2	2	3
詩	3	3	3	3	3	3	3	4	3	4	3	4	4	3	3	3	3	4
周禮	4禮	4禮	4禮	4禮	4禮	4禮	4禮	5禮	4禮	4禮	4禮	6		6禮	4禮	5禮	4禮	5
儀禮												7						6
禮記												8禮書						7
通禮																		8
樂	5	5	5	5	5	5	5	6		10	5	9	7	15				9
春秋	6	6	6	6	6	6	6	7	5	5	6	5	5	5	4	5	4	10

論語	7	7	8	8	8	8	8	8	7語子類	6	8		9	8	7	7	7	11
孝經	8	8	7	7	7	7	7	6	8	7			8	10	6	6	6	12
孟子									7	7			10	9	8	8	8	13
爾雅		10小學	10小學	12小學	11小學	10小學	10小學	9小學	10小學	14小學	10小學		12小學	13小學	10小學	10小學	11小學	14
群經				10經雜解	10經雜解		9經解	1經總	8經解	9經解	9經解	10諸經 11總類	11總經解	11總經	9經解		9經總解	15
四書												12				9		16
逸經																		17
毖緯			9緯書	9讖緯	9讖緯				9讖緯	13讖緯								18
擬經																		19
承師																		20
宣講																		21
立學																		
刊石																		22
書壁																		23

鏤板								24
著錄								25
通說								26
家學								27
自敘								28
		11 詁訓		11 儀注 12 諡法	13 性理	6 大學 7 中庸 12 儀注 14 道學	10 理學	

　　竹垞在分類類目方面，呈現出多樣化的特點，由於其中收錄多達八千四百餘部典籍，四千三百餘位經學家的撰著，雖然偶有遺漏之處，但這些為數眾多的經籍，正是形成中國經學體系的主軸，且足以形成嚴密的經學架構。從上述的類目安排中，我們可以明瞭的看出其類目的安排，已不純然是以經籍著錄為主，也能兼及經義考證的相關解題，例如：「易類」到「四書」等目，係以經籍為著錄的要項；至於「逸經」、「擬經」以下，迄於「家學」等目，多是經籍的相關問題，觀其所涵攝的內容，已明顯突破舊有的書目類目，擁有嚴密的經學體系。從上述的簡表之中，我們可以得知如下幾點看法：

　　（一）有關經部‧禮類的典籍，前賢率皆以「禮類」繫之，不另區隔成目，惟楊士奇《文淵閣書目》乃將其區隔為「周禮類」、「儀禮類」、「禮書」等三目，然竹垞襲其觀點，另又細分其目，將傳統經部‧禮類之籍，區隔為「周禮」、「儀禮」、「禮記」、「通禮」等四類，分類更為細緻，對於瞭解「禮經」的性質，明顯較前目更為細緻，使讀者能一覽其目，可以得知其確切的性質。

　　（二）《樂經》久佚，自漢代以迄南宋之初，皆列有類目，且置於六經中的重要位置。然而，自陳振孫之後，乃基於學術的演變，乃將其刪略不論，至於《通考》、《百川書志》則結合後世琴、樂之書，將其次第移後，分置於經書之末，雖不失爲一種解決的方式，只是有違原來《樂經》的本質，如此的安排方式，是否仍應列於經部，恐仍待研議。因此，如就反映學術的脈動而言，則經部不當列入「樂（書）類」，理應將此類的典籍，置入史部·儀注類，或係子部·雜藝術類，或係集部·總集類等類，方能符合其實情。然而，竹垞在編目上，仍標舉「樂」類，乃是就整體學術的發展，來加以歸類其目，使其書目得以反映整體的經學體系，對於瞭解二千年來的經學變化，也有著清楚的認識。

　　（三）《孟子》一書，乃是遲至宋代之後，始漸日受重視，故從傳統子部·儒家類典籍，提昇至經部的範疇。然而，在演進之初，尚未能獨立成目，僅是列入「論語」類之下，如尤袤《遂初堂書目》，將《孟子》、《孝經》附列於經部·論語類之下；及至陳振孫《直齋書錄解題》，率先將《論語》、《孟子》合併成「語孟類」，何廣棪先生在研究《直齋書錄解題》時，將陳氏此舉，視同「目錄分類學上一大發明與貢獻」〔註153〕，其中的論點，實能點出振孫因時制宜的創見。其後，馬端臨《文獻通考·經籍考》乃將「孟子」獨立成目，是以《孟子》在於經學的地位，始至此完全底定。竹垞承襲前目，將《論語》、《孟子》各自獨立成目，惟將《論》、《孟》同撰之書，置入「論語類」中，不另繫他目，此乃由於部數較少，且性質重複所致。有關《孟子》一類的典籍，得以獨立成目，可以形成嚴密的經學體系，如此的安排，也深爲後世簿錄學者的肯定，遂成爲後世經部分類的定法。

　　（四）有關於「小學類」典籍的收繫，竹垞單收《爾雅》一類的圖書，並不及其他小學之書，作法明顯與前目不同。竹垞有鑒於小學之類的典籍，所涉的內容極廣，其中字書、韻書的部份，僅爲工具之書，與經學的概念不符。因此，竹垞不以傳統的「經部」爲其收錄的範圍，而以「經學」、「經義」的概念出發，是以對於「小學類」的典籍，僅收錄「爾雅類」的圖書，顯然是以此類的典籍爲解經的要籍，且此類的圖書，已列入「十三經」之林，遂將其獨立成目，如此的安排，顯然更符合經學的性質，至於其他「小學類」的典籍，則並非純然以解經爲要，是以略而不論，乃將其餘字書、韻書之類的典籍，排除在《經義考》的收錄範圍，此是觀念不同所致。由於《經義考》在「小學類」典籍中，僅收錄「爾雅類」的典籍，並不兼及其他小學類的典籍，是以成爲後人詬病的對象。其後，謝

〔註153〕參考註73，頁76。

啓昆有《小學考》的纂輯，乃是補錄竹垞「小學」類典籍收書未盡的缺失，此點後有助於後人參考之資，但係完全以傳統的經部概念，來釐測竹垞《經義考》的收錄觀念，顯然並非完全的合理。蓋竹垞《經義考》之輯，並全全部輯自傳統經部典籍，也兼收部份史部、子部、集部之籍，然其在經部小學類的典籍，則僅收錄「爾雅類」一門，亦是竹垞特意為之，若以傳統經部小學類的範疇而論，自會有收錄不全的缺失，這是理解上的差異所致。

（五）關於「四書類」的分類安排，率先獨立成目者，當可遠溯《文淵閣書目》，然該目僅立「四書類」，卻未見「論語」「孟子」二類，與竹垞安排的方式，稍有不符。眞正與竹垞安排近同者，首推《千頃堂書目》一書，該書將「論語」「孟子」「四書」獨立成目的分類法則，則明顯影響其編纂的方式。周彥文《千頃堂書目研究》中指出：

> 自《隋志》以來，在經部中將《論語》、《孟子》、及《四書》各立為一類者，實以《千頃目》為首創〔註154〕。

有關此種安排的方式，四庫館臣於《四庫提要》卷八五，史部目錄類一，《千頃堂書目》條下提要云：

> 經部分十一門，既以四書為一類，又以論語、孟子各為一類，又以說大學、中庸者入於三禮類中，蓋欲略存古例，用意頗深，然明人所說大學、中庸，皆為四書而解，非為禮記而解，即論語、孟子，亦因四書而說，非若古人之別為一經，專門授受，其分合殊為不當。〔註155〕

周彥文先生亦同意此種見解，茲錄之於下：

> 按自南宋朱熹合併《論》、《孟》、《學》、《庸》四書以來，《大學》及《中庸》即可說已脫離《禮記》之範圍。故就南宋以來的學術而論，《論》、《孟》、《學》、《庸》及合解四書之著作，應置同一類內，方可彰顯學術之變遷，以達目錄學「辨章學術、考鏡源流」之功效。再就目錄學之體制而論，以大包小，於理為合。是以《千頃目》既已立四書類，即可將《論》、《孟》、《學》、《庸》之單獨著述一併隸屬之〔註156〕。

是以有關《經義考》將《論語》、《孟子》、《四書》分為三目，並將《大學》、《中庸》置入禮記一目，雖合於古法，但仍未為後來學界所認可，僅能視為當時學界的一種認知罷了。此外，《百川書志》亦有將「大學」、「中庸」獨立成目者，但竹

〔註154〕參考註98，頁148。
〔註155〕參考註21，卷八五，〈史部・目錄類一〉，頁732上。
〔註156〕參考註98，頁181～182。

垞未能採納此法，僅依據古法，將其置入「禮記類」，故在類目的安排上，亦顯出其編目的原則，並非完全根據一種書目所致，故在類目的分排上，與前代書目稍有異同，我們可以從其差異之處，看出竹垞編纂的特點，實有其個人的見解。

（六）有關讖緯之書的收錄，《隋志》獨立出「緯書」一目，《經義考》則改爲「毖緯」一項，另有「通說」四卷，其中第四卷輯「說緯」之嘉言論證，竹垞附有案語一則，其中有云：

> 直至隋焚禁之後，流傳漸罕，乃孔氏、賈氏、徐氏猶援以釋經；杜氏、歐陽氏、虞氏、徐氏編輯類，間亦引證，今則樊英傳注所載，隋唐〈經籍志〉所錄，《太平御覽》所採，學士大夫能舉其名者寡矣〔註157〕。

是以清初雖已不重讖緯之書，但竹垞仍根據所輯錄之內容，立爲「毖緯」一類，此是依據學術的整體考量所致，觀其分類的依據，並非根據現存典籍的情況，爲其分類的標準。有關讖緯之籍，乃是盛行於東漢之時，《隋志》始立「緯書」一類，然立於群經之末，以爲經學附庸，喬衍琯先生在〈論經部的分類〉一文指出：

> 《七錄》以「讖緯」入「術技錄」，當因其與經原不能比附，且雜以術數之言，而《隋志》改入「經部」，當因經師也用以注群經，且爲之作注。不過置於群經之末，有如《四庫總目》以「易緯」爲「易類」的附錄〔註158〕。

「讖緯」之所以入經部，其主要係因賈逵、馬融等一般經師，皆曾以緯注經，至於其中的作用，則一如「小學」類之入於經部。至於其獨立成目成類，乃是因爲文獻種類的增加所致。

關於「緯書」之類的沿革，胡楚生《中國目錄學》有一段完整的說明，茲引錄如下：

> 讖緯之書，盛於東漢，故班固《漢志》，尚不著錄，及至《隋志》，始立「緯書」一類，降至陳氏《直齋書錄解題》及馬氏《經籍考》，猶有「讖緯」之類，隋《隋志》小序，即已有言，謂宋代（案：係指劉宋）大明中，已禁圖讖，隋代煬帝即位，盡焚讖緯之書，故焦竑《國史經籍志》以下，並無讖緯之類，亦以其書，焚毀殆盡之故也〔註159〕。

是自《國史經籍志》以下，「讖緯」之類的類目，已難見於諸家書目著錄，蓋諸家書目分類的依據，多據現存典籍爲登錄的標準，歷代緯書既遭禁毀，所存數量不

〔註157〕參考註3，卷二九八，頁11。
〔註158〕參考註5，頁65。
〔註159〕參考註8，頁117。

豐，其分類的類目，亦能有所調整，是以「緯書」之目，往往已被刪卻無存。《經義考》的撰著目的，係博採諸家書目，兼採前人敘錄，故而在編纂的目的上，並不以現存經籍爲其考察的要項，而以考察歷代經籍存亡的變化，建構出完整的經學體系，爲其分類的準繩。前代既多「讖緯」之書，致使竹垞爲求反映其確實體系，是以有「毖緯」之目，以利安插歷朝「讖緯」典籍。這就是爲何「緯書」之目，業已消失於明後各家著錄之中，卻仍能見於《經義考》的主要因素。從竹垞對於「毖緯」一類的安排得知，其並非專主於明末以來的分類型態，乃逕以文獻的架構，爲其分類的依歸，這種編纂的作法，則深刻影響到稍後專科目錄的編纂，使後世專科目錄編纂者，並不會侷限於現有的類目，而能依據編排的要點，來調整類目的名稱，以求確實反映學術系統，這對於目錄學類目的發展，無形中能開啓出一條康莊的道路。

（七）有關「擬經」類的安排，乃是竹垞的創見之一，觀其收錄的對象，乃是有關經書的仿作，或係書名涉有十三經經名者，故許多子部‧儒家類的典籍，則悉入「擬經」類以繫之，又其他涉及「易」、「尚書」、「詩經」、「春秋」、「爾雅」諸名之書者，率皆收入本目之中，此目的建立，也有助於完善分類的體系，使經學相關的典籍，得以歸入經學的範圍，其作法頗有參考之處，惜有過於浮濫之嫌，說法詳見第九章「《經義考》的缺失研究」一文。

（八）《經義考》所錄的類目，明顯要較前代書目的經部類目爲多，如「逸經」、「承師」、「宣講」、「立學」諸目，俱是前代書目未錄的類目，此乃緣於編纂概念的差異所致，蓋竹垞所錄，並非專主經籍的著錄，而是搜集所有關於經學的敘錄，故有此差異。

根據上述所論的內容，可以得知竹垞分類的類目，實有其嚴密的體系，且其中的類目安排，亦不乏創見之目，這種依據學理的系統，不純然以現存典籍爲主的分類觀念，使其在類目的取擇上，能夠擁有創新的空間，這種創發的觀念，使其能架構完善的經學體系，對於後世目錄學的發展，實有其啓示的作用。

二、創新的分類觀點

竹垞在分類觀點上，能有創新之處，影響所及，對於後世專科書目的分類概念，也有啓示的作用。總其創新之處如下：

（一）分類的類目，不純然專主一種書目的分類方式，而是依據學術的體系，來加以歸併其類目，是以其類目的安排，頗有創新之舉，例如：「逸經」、「擬經」、

「承師」、「宣講」、「立學」、「刊石」、「書壁」、「鏤板」、「著錄」、「通說」、「家學」、「自敘」諸目，均屬於竹垞的創獲，說法已見上文的分析，茲不贅述。竹垞對於分類觀點的突破，雖承繼明代目錄學家的勇於突破舊目所致〔註160〕，但顯然更有體系，能形成完善的體系，說法詳見上文。分類類目能突破舊目的限制，純然依據學術的體系，來加以歸併，使得類目更能反映其著錄的內容，對於「辨章學術、考鏡源流」的考察，顯然有較大的助益。此外，竹垞在分類的觀念上，不純然以經籍為著錄的主體，其中也包含各種的經學課題，對於我們瞭解各種經學的發展，也能有所幫助。由於竹垞分類的觀點，不純然依據舊有的經部類目，使得後世專科書目的編纂者，能夠在這種觀點的啓發下，突破舊有的類目限制，使得分科日益細密，說法詳見第十章第二節「《義考》對目錄學的影響」一節。

（二）竹垞調和「崇質」、「依體」之間的分類衝突，完全依據書籍的「本質」，為其分類的依據，使得歷來在書籍類目的歸併上，往往會產生「崇質」、「依體」的分類歧見，得以消失於無形，則其作法頗有可取之處。所謂的「崇質」，乃是以書籍的「本質」為分類的依據，例如：「易經」、「書經」等類目屬之；至於「依體」，乃是依據書籍的「體裁」為分類的準繩，例如：「類書類」、「編年類」等屬之。這種分類標準的不一，往往會造成分類的差異，究竟應該歸屬於何目？往往使人費盡思量，卻難以標準的法則，可以徹底的解決此類的歧異，例如：胡元質撰有《左氏摘奇》一書〔註161〕，可以依據其內容的資料，將其歸類於「春秋類」；也可以依據其體裁，歸併於「類書類」，究竟該併屬於何目，則難以取得有效的共識。因此，目錄學者為求解決此類的歧異，乃發展出「互著」、「別裁」的著錄方式，以期能使此類的差異，達到圓滿的解決。所謂的「互著」，乃是將同一部典籍，同時著錄於不同的類目之中，使讀者可以依據不同的認知概念，均能檢索到相關的條目；至於「別裁」之法，則是將一書之中的部份內容，裁篇而出，將其併入相關的類目，如此一來，可以檢索到相關的主題，不致於錯失研究的材料。有關「互著」、「別裁」的處理方式，的確可以解決「崇質」、「依體」的差異問題。然而，竹垞對於「崇質」、「依體」的歧異，則有另外的解決方式，即完全依據圖書的本質，為其分類的標準，例如：《通考》將楊均《魯史分門屬類賦》、胡元質《左氏摘奇》、洪适《經子法語》三書，均置入子部·類書類〔註162〕。然而，竹垞審定

〔註160〕說法詳見本文第四章第一節「目錄發展的演變」一文，該文有較清楚的說明，茲不重述。

〔註161〕參考註23，卷五五，頁1272。

〔註162〕楊均、胡元質、洪适之書，分見於《文獻通考·經籍考》（參考註23）卷五五，頁

其本質，則將楊均、胡元質之書，歸入「春秋類」〔註163〕，至於洪适《經子法語》，則置入「群經類」〔註164〕，如此一來，則避免楊均、胡元質、洪适等三人之書，列入其他諸目，因而喪失參考的價值。

又倪思《昆命元龜說》一書，竹垞列入「書類」，此乃依其本質而分；然而，《直齋》、《通考》皆將此書置入「集部・章奏類」〔註165〕，是據其體裁而分，二者判別的差異，乃在「崇質」、「依體」的差別所致。案：據竹垞《經義考》卷九十三，倪思《昆命元龜說》下錄及「葉紹翁」、「周密」之語，可以得之「昆命元龜」之語，乃是出自《尙書・大禹謨篇》，是以竹垞乃將其列入「書類」，然其表現的方式，乃是屬於倪思上奏之疏，是以《直齋》、《通考》將其列入章奏類者，乃從其體裁所致，二者各有立場，故雖有異同，但僅是分類觀點的差異，其中並未有正誤之別。

有關「崇質」、「依體」之間的觀點差異，往往會困擾著初學者的取捨標準，尤其古代書目的編纂，並無現代索引的概念，是以檢索典籍的著錄之時，僅能依據分類的類目，來從事相關的檢索工作，若書目編輯者的分類方式，與讀者的認知不同，則將難以檢閱正確的資料。竹垞爲求避免使用者的困擾，乃將分類的觀念，依據本質加以歸併，如此一來，將增加檢索成功的機率，有助於讀者的使用。這種觀念的轉變，不僅調和「崇質」、「依體」的分類歧見，也能擴大收錄的範圍，使得相關的經籍資料，得以涵攝於一目之中，更便於讀者的使用。

（三）擴大收錄的內容，藉以拓展研究視野，相關的說明，可以參見本文第五章第一節「編纂的動機」一節。下文將《經義考》、《文獻通考・經籍考》二書加以比勘，即可看出竹垞擴大收錄範圍的用心。

書　　名	作　者	通　考	經義考	通　　考	經義考
元　　包	衛元嵩	經部・易	擬　經	02：53	270：2
喪服加減	亡名氏	經部・禮	儀　禮	08：216	137：3
孔子家語		經部・論語孟子	擬　經	11：289	278：2
續孟子	林愼思	經部・論語孟子	擬　經	11：297	279：8
六　　說	劉　迅	經部・經解	擬　經	12：311	280：7

1270；卷五五，頁 1272；卷五五，頁 1275。

〔註163〕楊均之書，參考註3，卷一七九，頁1；胡元質之書，參考註3，卷一八八，頁2。

〔註164〕洪适之書，參考註3，卷二四三，頁2。

〔註165〕參考註23，卷二二，頁755。又參考註23，卷七四，頁1754著錄。

禮記經學	游　桂	經部・經解	禮　記	12：317	142：1
補亡樂書	房　庶	經部・樂	擬　經	13：338	274：9
續曲臺禮	王彥威	經部・儀注	擬　經	14：354	274：5
五 服 志	亡名氏	經部・儀注	儀　禮	14：356	137：3
喪服加減	亡名氏	經部・儀注	儀　禮	14：356	137：3
小 爾 雅	孔　鮒	經部・小學	擬　經	16：391	280：1
博　雅	曹　憲	經部・小學	擬　經	16：393	280：2
蜀 爾 雅	李商隱	經部・小學	擬　經	16：393	280：2
埤　雅	陸　佃	經部・小學	擬　經	16：393	280：3
經典釋文	陸德明	經部・小學	群　經	17：422	241：1
群經音辨	賈昌朝	經部・小學	群　經	17：422	242：2
左氏蒙求	楊彥齡	經部・小學	春　秋	17：434	180：8
左氏綱領	文濟道	經部・小學	春　秋	17：434	180：8
少儀外傳	呂祖謙	經部・小學	禮　記	17：435	150：1
晉春秋略	杜延業	史部・編年	擬　經	20：479	276：3
元經薛氏傳	王　通	史部・編年	擬　經	20：479	277：8
經世紀年	張　栻	史部・編年	擬　經	20：495	271：5
周書（汲冢周書）		史部・雜史	書	22：540	075：1
越 絕 書	袁康、吳平	史部・雜史	擬　經	22：544	275：2
吳越春秋	趙　曄	史部・雜史	擬　經	22：544	275：3
吳越春秋傳	皇甫遵	史部・雜史	擬　經	22：544	275：4
河洛春秋	包　諝	史部・雜史	擬　經	22：554	276：6
九州春秋	司馬彪	史部・偽史霸史	擬　經	27：641	275：7
蕃 爾 雅	亡名氏	史部・偽史霸史	擬　經	27：654	280：2
春秋地譜	楊　湜	史部・地理	春　秋	31：749	183：3
夏小正傳	戴　德	史部・時令	禮　記	33：797	147：1
千金月令	孫思邈	史部・時令	擬　經	33：800	274：7
太 玄 經	揚　雄	子部・儒家	擬　經	35：830	268：1
說　玄	王　涯	子部・儒家	擬　經	35：833	269：2
太 玄 解	宋惟幹	子部・儒家	擬　經	35：834	269：3
太玄經解	徐　庸	子部・儒家	擬　經	35：834	269：4

太玄經註	章 詧	子部・儒家	擬 經	35：834	269：3
太玄經解	范 望	子部・儒家	擬 經	35：833	269：2
太玄發隱	章 詧	子部・儒家	擬 經	35：836	269：3
演 玄	陳 漸	子部・儒家	擬 經	35：835	269：5
太玄經疏	郭元亨	子部・儒家	擬 經	35：836	269：5
玄 解	許 翰	子部・儒家	擬 經	35：838	269：11
太玄釋文	亡名氏	子部・儒家	擬 經	35：838	269：15
玄 曆	許 翰	子部・儒家	擬 經	35：838	269：11
易玄星紀圖（譜）	晁說之	子部・儒家	擬 經	35：838	269：11
太玄經集注	司馬光	子部・儒家	擬 經	35：835	269：8
潛 虛	司馬光	子部・儒家	擬 經	36：858	270：5
潛虛發微論	張敦實	子部・儒家	擬 經	36：858	270：9
信 書	文 軫	子部・儒家	擬 經	36：859	272：1
太極圖說	周敦頤	子部・儒家	易	37：861	071：1
皇極經世書	邵 雍	子部・儒家	擬 經	37：865	271：1
經學理窟	張 載	子部・儒家	群 經	37：868	242：6
法 言	揚 雄	子部・儒家	擬 經	35：829	278：7
周子通書	周敦頤	子部・儒家	易	37：861	19：1
集注揚子（法言）	司馬光	子部・儒家	擬 經	35：830	278：10
太玄淵旨（太玄經集解）	張 揆	子部・儒家	擬 經	35：835	269：6
己 易	楊 簡	子部・儒家	易	37：877	027：1
先聖大訓	楊 簡	子部・儒家	擬 經	37：877	278：7
晏子春秋	晏 嬰	子部・墨家	擬 經	39：927	277：1
兼明書	邱光庭	子部・雜家	群 經	41：953	241：8
周易十二論		子部・五行	易	47：1074	041：2
易傳積算法雜占條例	京 房	子部・占筮	易	47：1084	007：2
周易版詞	亡名氏	子部・占筮	易	47：1084	009：8
揲蓍古法	鄭 克	子部・占筮	易	47：1085	024：5
京氏易式	晁說之	子部・占筮	易	47：1088	020：7
闔外春秋	李 筌	子部・兵書	擬 經	48：1115	277：4

周易參同契	魏伯陽	子部・神僊	易	51：1170	009：5
魯史分門屬類賦	楊 均	子部・類書	春 秋	55：1270	179：1
左氏摘奇	胡元質	子部・類書	春 秋	55：1272	188：2
經子法語	洪 适	子部・類書	群 經	55：1275	243：2
投 壺 經	上官儀	子部・雜藝術	禮 記	56：1284	147：9
昆命元龜說	倪 思	集部・章奏	書	74：1754	093：3

　　根據上述的簡表，我們可以明顯發現竹垞在分類的觀點上，有擴大收錄的現象。例如：在「易類」的典籍中，收錄大量有關「占筮」、「五行」、「神僊」等類的典籍。此外，亦將部份子部・儒家類的典籍，也提昇至經部的範疇，顯然有較為複雜的情況。全祖望在《讀易別錄》中，即將一些內容較為含混的易學典籍，加以整理分類，雖有過於瑣碎的弊病，但也能看出竹垞在易類典籍方面，有收錄過於龐雜的問題。

　　由於《通考》兼及四部的分類，是以有關《春秋》類的典籍，可以有較多的選擇，如《魯史分門屬類賦》、《左氏摘奇》，乃是依據摘編的體裁，將其置入「類書類」，而竹垞則將其移入「春秋類」，至於《春秋地譜》，則《通考》因為其書涉及地名的考訂，乃將其隸屬「地理類」；竹垞仍將其判入「春秋類」，二者取擇標準或異，但並無正誤之別，其中出入較大的分類差異，則在於《左氏蒙求》一書，《通考》將其置入「小學類」，乃是緣自「蒙求」之名，蓋此類的典籍，是為小學發蒙之書，然其所錄的材料內容，則是根據《左氏春秋》改編所致。竹垞根據「左氏」之名，將其置入「春秋類」，是以分類觀點有所不同，其餘類此之例甚多，不一一贅舉。整體而論，從上述的簡表之中，我們可以觀察到竹垞將原先隸屬於史部、子部、集籍之籍，紛紛就其典籍所涉的內容性質，重新收入經學範疇之中，這種擴大收錄範圍的觀念，可以提供我們更多的參考價值。

　　綜合上述所論，經部類目的變化，在歷經二千年的重整之後，會隨著文獻的數量、內容的差異等等，逐步調整其類目的安排。如此一來，勢必會產生新的類目，是以其變化的步調，雖遠不如其他諸部複雜，但其中的變化性，亦十分的多變，在承繼與創新的協調之下，必將重新做出考察，並針對類目的內容，做出重新的整理，使其分類的型態，能反映學術的變革。誠然如周彥文在《中國目錄學理論》中指出：

　　　　中國歷來「因書以設類」的方式，使我們明顯的看出了各代學術消
　　長的情形，我們由每一「部」中類目的增刪分併，也可清晰的比較出圖

　　書文獻的大致走向〔註166〕。

我們可以從部類的刪併之中，看出其中的特色。《經義考》的分類觀點，不侷限於前代的分類類目，而能依據學術的特性，來安排其相關的類目，觀其所立的類目，足以形成嚴密的分類系統，影響所及，其後專科書目的編纂，也多能效法其例，重新考量新的類目，促成分類類目的變革。此外，竹垞能清楚的認識各類目間的特性，是以其在類目安排方面，能依照各目所涵攝的內容，來加以分類歸併，使得全書類目的安排，能承繼前目的優點，且間有創新，對於後世專科書目的編纂，實有深遠的啟示作用。由於專科書目的收錄內容，與傳統簿錄不同，如能突破傳統綜合書目的分類方式，純粹就典籍的體系來加以歸併分類，則書目的分類體系，將更能達到「辨章學術，考鏡源流」的功用。根據上述所論，竹垞在《經義考》的分類方式，實有其特殊的系統，且其中的類目安排，亦不乏創見之目，這種依據學理的系統，不純然以現存典籍為主的分類觀念，使其類目的取擇，能夠擁有較大的創新空間，這種創發的觀念，使得其後專科書目在類目的安排上，能具有更為彈性的作法。

〔註166〕參考註2，頁28。

第九章 《經義考》的缺失研究

　　自從《經義考》成書之後，受到學者的重視，且引爲治經的工具，是以深具研究價值。惟其書徵引浩繁，不無舛錯，前賢在運用之際，亦嘗思補正，且能收致成果。吳政上於《經義考索引・自序》指出：

　　　　經義考者有沈廷芳先生《續經義考》四十卷（未刊）、胡爾滎先生
　　　　《經義考校記》二卷（未刊）、陸茂增先生《續經義考補遺》（未刊）、翁
　　　　方綱《經義考補正》十二卷、謝啓昆先生《小學考》五十卷、黎經誥《許
　　　　學考》二十六卷、王朝榘先生《十三經拾遺》十六卷、錢東垣先生《補
　　　　經義考》四十卷（未刊）、《續經義考》二十卷（未刊）、羅振玉先生《經
　　　　義考目錄》八卷又《校記》一卷等書〔註1〕。

前人對於此書的補訂，大致分爲補遺、校勘等二種方式，惟沈廷芳《續經義考》等作品，皆屬未刊之作，是否仍有手稿存於世間，猶有疑義，今已不得其見。至於謝啓昆《小學考》、黎經誥《許學考》等書，雖存於世間，僅屬補遺之作，且未涉及糾繆事宜，由於其書卷帙浩繁，宜另行撰文評述。本文旨在分析《經義考》的錯誤，故擬以《四庫全書總目》經部提要、翁方綱《經義考補正》〔註2〕、羅振玉《經義考目錄・校記》〔註3〕、吳政上《經義考索引》附錄二〈經義考版本異文校記〉〔註4〕等書，以爲分析的題材，並參酌其他的典籍，另加上筆者的考訂結果，系統的呈現其書的錯誤，可供學界參考之用。

〔註1〕吳政上：《經義考索引・自序》，（台北：漢學研究中心編印，民國81年3月），頁6。
〔註2〕翁方綱：《經義考補正》，（台北：新文豐出版有限股份公司・民國73年6月）。
〔註3〕羅振玉：《經義考目錄》，〈校記〉一卷，（台北：廣文書局《書目續編》影印石印本，
　　　民國56年12月15日）。
〔註4〕參考註1，附錄二〈經義考版本異文校記〉，頁6～25。

第一節 《經義考》謬誤成因析論

竹垞以一己之力，獨自纂輯《經義考》，由於收錄逾八千四百餘部經籍，作者更達四千三百餘人，引證資料達一萬七千餘次，成為中國古代卷帙最多的書目。面對眾多的資料，若要求其完全無誤，恐有苛責之失，是以謬誤複重，自所難免，若能探討其致謬的原因，將有助於整理該書的錯誤，也能提供讀者參考之用。綜合其謬誤的原因，約有下列幾項要點：

一、援據廣博，不無舛錯

「廣徵博引」正是《經義考》的最大特色之一，但徵引博富，難免會產生謬誤，所謂「援據博則舛誤良多」〔註5〕，實屬此類崇尚博雅之作的最佳寫照。本書考訂精核，其中所涉的內容，係以經史為本，旁及諸子百家、歷朝序跋、墓志、方志、小說等諸多文獻，造就出豐富的內涵。竹垞承繼方以智的考證特質，能以「博證」著稱於世，《四庫全書總目提要》在方以智《通雅》條下云：

> 惟（方）以智崛起崇禎中，考據精核，迥出其上，風氣既開；國初顧炎武、閻若璩、朱彝尊等沿波而起〔註6〕。

《潛采堂竹垞行笈書目》「青字號」下，錄有「《通雅》六本」〔註7〕，顯見其書的編纂，可能受到《通雅》的啟發。竹垞雖以考據精核著稱於世，然衡諸其書的編纂，雖然成果可觀，但難免會有錯誤。綜而言之，援據廣博，雖能奠定其參考的價值，但徵引數量龐大，加以無法確實掌握複重，致使出現許多誤引、漏引、重複等現象。例如：翁方綱《經義考補正》卷第九，趙岐《孟子註》下指出：

> 此條下所引晁公武說韓愈以此書云云，已見前卷弟（第）三頁，似一說兩見，而前作晁說之語，此作晁公武語，檢《通考》但稱晁氏，未知孰是〔註8〕。

《經義考》卷二三一，孟軻《孟子》條下引「晁說之」語，的確與卷二三二，趙岐《孟子註》的「晁公武」之說近同，是則有一說兩見，然卻題稱互異，其中必

〔註5〕該文出自《列朝詩集小傳·丙集》評楊慎詩文之誤，文出劉大杰《中國文學發展史》，（台北：華正書局，民國73年），頁943。

〔註6〕永瑢等撰：《四庫全書總目提要》，（北京：中華書局，1992年10月1版5刷），卷一一九，子部雜家類三，頁11。

〔註7〕朱彝尊：《潛采堂竹垞行笈書目》（台北：成文出版有限公司，民國67年《書目類編》本冊三十），頁13095。

〔註8〕參考註2，卷第九，頁141。

有一誤，若檢閱《郡齋讀書志》卷十，即可發現此一解題，應屬於晁公武之說，諸如此類的錯誤，皆因竹垞採錄甚廣，加以各書目之間，著錄或有差異，難於一一還檢原書，導致出現此類的錯誤。

　　竹垞援據廣博，頗能收致成效，但「卷帙既富，疏失自不能免。」〔註9〕，是以難免會有疏漏之處。若是缺錄的原因，係出於竹垞未曾寓目，尚且情有可原，畢竟歷來經籍眾多，實難以求其全備，但若是已知的典籍，卻未能著錄，則亟待補正者也。例如：在著錄方面，有別裁之法的運用，通常以「分見各經」來標示此類方法的運用，但仔細檢覈其書，猶有缺錄的情形。例如：《經義考》卷二四二，頁五著錄「劉彝」《七經中義》一書若據其下引「王應麟」之說：「有《易》，無《儀禮》。」〔註10〕，則知五經之外，應再加上《周禮》、《禮記》二書，總共合計七經，但竹垞全書之中，僅錄有《周禮中義》〔註11〕、《禮記中義》〔註12〕二書，卻失載《易中義》等五書，使其書喪失更多的著錄內容，實為可惜。此外，竹垞曾輯錄有關《禹貢》之書，將其置入「書類」之下，見於《經義考》卷九十三至九十四中，但竹垞嗣父朱茂暉曾撰有《禹貢補注》，卻未見收錄，是以有誤失的情況；又持《曝書亭集》、《經義考》相較，亦有某些已見經籍，卻未見著錄者也，例如：徐敬可《春秋地名考》〔註13〕、嚴啟隆《春秋傳注》〔註14〕屬之。因此，全書雖援據精博，著錄甚富，仍不免有所錯誤，有待重新釐正者也。

二、經籍藏地，未能遍知

　　竹垞家藏甚富，加以親友多藏書之家，且曾入仕翰林，能接觸宮中藏書，是以有關經籍存佚的判定，頗具參考的價值。陳廷敬推崇其存佚的考訂，曾謂「經先生之考訂，存者固森然畢具，而佚者亦絕其穿鑿附會之端，則《經義考》之存，又莫有盛於此時者矣。」〔註15〕，當時見重若此，頗能贏得時賢的讚譽。然而，欲詳考經籍的存佚，則有其實際的困難。周中孚在《鄭堂讀書記》卷三十二「《小

〔註 9〕參考註3，〈序〉，頁1。
〔註10〕朱彝尊：《經義考》，（台北：臺灣中華書局據揚州馬氏刻本影印，民國68年2月台三版），卷二四二，頁5。
〔註11〕參考註10，卷一二二，頁2。
〔註12〕參考註10，卷一四一，頁2。
〔註13〕朱彝尊：《曝書亭集》，（台北：世界書局，民國78年年4月再版），卷三三，頁410。
〔註14〕同前註，卷四二，頁517。
〔註15〕參考註10，〈陳序〉，頁1。

學考》」項的考訂，即云：「蓋竹垞當日異書尤多，伏而未出」〔註 16〕，正說明當日判別存佚的難處。茲說明如下：

（一）竹垞僅能根據明清藏書書目，或係私家藏書的情況，來考訂經籍的存佚，故其判定的成果，或有誤失之處。

（二）竹垞雖曾入值翰林，能詳於內府藏書，且據竹垞所記，則當日宮中見聞，亦能助其典籍存佚的考察。但竹垞仕宦未久，是否能盡覽宮中藏書，猶未可知，且宮中藏書多處，加以皇室尚未擴大徵書的活動，所見難免有失。

（三）經籍的流通，或散見於海外，自難一一目見。如：皇侃《論語義疏》一書，中國即無其本，卻流通於日本，《四庫全書總目》卷三五指出：

> 惟唐時舊本流傳，存於海外，康熙九年，日本國山井鼎等，作《七經孟子考文》，自稱其國有是書，然中國無得其本者，故朱彝尊《經義考》，註曰「未見」〔註17〕。

竹垞以一己之力，意欲盡睹經籍特藏，將勢有未殆，尤其是流通海外的資料，更是無法目見，難免造成錯判。

竹垞在經籍存佚考訂方面，雖有其參考的功效，但礙於經籍藏地，難於遍知，此乃受於環境所限，雖有瑕疵，卻無損該書的價值，若能重新整理，將能提供更確切的結果，可供讀者參證之用。例如：李一遂〈《左氏春秋》著錄書目研究〉中指出：

> 在著錄過程中感到一種喜悅，發現朱彝尊《經義考》所錄《左氏春秋》書目中附注佚未見的書，有三十三種，目前完全可以找到，這應該感謝從事輯佚工作的清代學者〔註18〕。

時至今日，有關其存佚的判定，已有重考的必要，亟待學者的整理、研究，但衡諸其當日的學術環境，則原有的考訂結果，已有參考的價值，是以四庫館臣雖曾批評其失，但已為之諒矣。

三、體例多方，難於劃一

《經義考》輯自各種文獻，雖經過整合的程序，但體例仍有錯雜的情況。諸如：在引文的方式上，或據書直錄，或注文闌入，或錯簡，或誤刪，或任意定取，

〔註16〕周中孚：《鄭堂讀書記》卷三二，（台北：世界書局，民國 54 年 4 月再版），頁 25。

〔註17〕參考註6，卷三五，頁 290。

〔註18〕李一遂：〈《左氏春秋》著錄書目研究〉，（台北：《書目季刊》，民國 80 年 12 月 16 日，第二十五卷三期），頁 94。

致使體例多方，降低纂輯的成效。其次，在題稱的標示上，或引書名，或引篇名，或渾稱「某人曰」等等，皆會造成體例的多歧，成爲後世學者詬病的事項，殊不知這些混淆的現象，皆是輯錄體書目的共通特色，蓋其來源既多，又未能確實目見原書，致使著錄錯誤，屢見不鮮，亟待學者加以校理統合，以求其全。

又在存佚的考察上，竹垞雖明白標示「存」、「佚」、「闕」、「未見」四項判例，但並非每項判例，皆能依據四法判之，其中仍有出例的情況，顯示其體例受到環境所限，無法確實依據判例執行，故有待重加釐正，使其合於法則。

綜合上述所論，竹垞在體例的劃定上，仍有紛雜錯亂的現象，顯示其編纂之時，曾不斷改動著錄的體例，致使體例無法劃一，實爲可惜。由於竹垞在纂輯未完之際，即已身故而亡，是以全書未經最後定稿，致使出例頻仍，出現不少的錯誤，有待釐正者也。

四、輯錄勘校，難求全備

《經義考》在輯錄、校勘的過程，亦未能完善，致使產生不少的錯誤。茲說明如下：

在輯錄內容方面，竹垞多所刪併，導致資料有訛增、闕漏的情況。例如：在《經義考》中，有訛增註文的情況，茲錄其訛增文句如下：「註云：『聖人用之，上以亨上帝，而下以養聖賢』」〔註19〕。又云：「注曰：『賢德以止異，則居風俗以上異，乃善。』」〔註20〕。此類的差異，皆是注文訛增所致，至於增加的內容，恰以註文爲其段落，說法詳見第五章第四節「內容的引用」一節。

其次，在刪錄的部份，竹垞刪除許多文句，致使產生內容不符的情況，因而錯失許多重要內容，例如：《經義考》卷二十三朱震《周易叢說》條下引「朱子」之說如下。

> 王弼破互體，朱子發用互體。互體自左氏已言，亦有道理，只是今
> 推不合理處多〔註21〕。

然而，《通考》卷三所引的資料，倍增於上述之文，其餘類此之例甚多，不一一贅舉，讀者可自行參看第五章第四節「內容的引用」一節。

在校勘方面，由於竹垞屬稿未成，未能完成全書，即已謝世，是書的校勘工

〔註19〕參考註10，卷十四，頁9～10郭京《易舉正》引洪邁之語。
〔註20〕參考註10，卷十四，頁9～10郭京《易舉正》引洪邁之語。
〔註21〕參考註10，卷二三，頁8。

作，則由其子孫及門生代勞，其中雖有學者參預其事，但校讎全書，實難求其全備，且校書如掃落葉，要求完全無誤，實屬苛求，是以闕錄、訛增的現象，至為顯明，甚至錯失許多的參考內容，說法詳見下文的分析。若要重新發掘其學術價值，當需校理此書，使其符合現代學術引用的通則，將能增添其書的價值。

五、目錄工具，未能週全

竹垞在目錄編纂上，雖能盡心蒐求各種書目，但限於當時目錄、索引的編纂，未及週全，致使無法全面檢閱各項經籍，產生不少的缺失。例如：在著錄之時，偶或根據昔日見聞甄錄，但記憶或有誤失，卻缺乏適當的檢索工具，使其無法提供更完善的資料，例如：《經義考》卷二百七十六，苟廷詔《蜀國春秋》下有竹垞案語云：

> 苟氏《蜀國春秋》，予幼時見川中刻本，經亂，先人遺書盡失，不能記其卷目、體例矣〔註22〕。

竹垞知道《蜀國春秋》有四川的刻本，卻不知其相關卷目、體例，若有良好的目錄工具，將可查知此書為「十八卷」，且知其為「崇禎」時的刊本，諸如此類的內容，皆因未有完善的檢索工具，導致查檢困難，失去一些參考的價值。此外，當我們檢索《經義考》之時，常會發現其中有重複的現象，此乃囿於當時索引的觀念，未甄於完善所致，諸如此類的缺失，皆因時代侷限所致，不應過度苛責其失。

六、文獻徵引，未據善本

竹垞徵引的文獻資料，或有未能採錄善本，致使內容有誤。翁方綱指出其未據善本的錯誤，茲舉一例以示見，例如：《經義考補正》卷第一，段嘉《易傳》下云：

> 《漢書·儒林傳》作「殷嘉」，蓋漢隸書「殷」字有類於「段」字，形近而訛耳。宋胡一桂《周易啟蒙傳》中篇云：「京房授東郡殷嘉，〈藝文志〉：「京氏殷嘉十二篇」，是知古本《漢書藝文志》作「殷」也〔註23〕。

此處翁氏根據古本所錄的文句，藉以考其未據善本之誤，其說可供參考。竹垞此

〔註22〕參考註10，卷二七六，頁8。該書沈初等《浙江採集遺書總錄》丁集、王遠孫《振綺堂書錄》史部·地志均曾著錄，惟作刊本或明崇禎刊本，而不提何地刊本，朱氏此段案語，或可看出——少四川有刊刻之本，而朱氏在本書的著錄上，失記卷目，而從沈、王二書目的著錄之中，可以得知本書為十八卷，適可補朱氏失記之處。

〔註23〕參考註2，卷第一，頁3。

類的誤失，乃是採錄通行之本，並未考較其他的善本資料，因而產生錯誤，諸如此類的誤例頗多，說法可詳見翁氏之書。

七、輾轉傳聞，相沿而誤

　　竹垞輾轉依據傳聞，未能親自目見，致使相沿成誤。例如：《四庫全書總目》卷八，吳鍾巒《十願齋易說》一卷、《霞舟易箋》一卷下指出：

> 朱彝尊《經義考》惟載鍾巒《周易卦說》，不著卷數，注曰：「未見」，而無此書名。《江南通志・儒林傳》所載亦同，殆輾轉傳聞，相沿而誤歟〔註24〕！

《經義考》在著錄之時，往往根據前目甄錄，由於所載既博，實難以一一還原其書，是以相沿成誤的情況，亦屢見不鮮，四庫館臣根據存書著錄，僅見有《十願齋易說》、《霞舟易箋》二書，卻未見其撰有《周易卦說》一書，這種根據存書書名，以考訂竹垞之誤者也，實能訂正其誤，可以收致良好的成效。又《四庫全書總目》卷十六，李先芳《讀詩私記》下云：

> 朱彝尊《經義考》載先芳有《毛詩考正》，不列卷數，注曰：「未見」，而不載此書。其為一書兩見，蓋不可考。然此書亦多辨定毛傳，或彝尊傳聞未審，誤記其名歟〔註25〕。

李先芳《讀詩私記》一書，《續經籍考》、《四庫全書總目》皆有著錄，獨未見其錄有《毛詩考正》一書，是以四庫館臣根據存書所記，其結果較為正確，諸如此類的著錄內容，與存籍題稱未合，蓋竹垞與四庫館臣的著錄方式不同所致，若能一一校以現存之籍的題稱，將能發現其書名的著錄，往往與存籍有所出入，此乃緣於未能目見原書，輾轉依據前目著錄，致使相沿成誤，有待重新釐正者也。

　　《經義考》雖受到學界的重視，但緣於各項因素的限制，致使在內容著錄上，隱含不少的錯誤。歷來雖有學者補正其誤，但在現代學者之中，尚未有學者從事專文的介紹，實為可惜。筆者在整理前賢說法之時，也嘗試從事糾繆的工作，其間或有創發之處，於是結合前賢的論點，並參以己說，提出系統的歸納整理，期使讀者能得知其錯誤的情況。

〔註24〕參考註6，卷八，頁66。
〔註25〕參考註6，卷十六，頁129。

第二節 《經義考》謬誤例證舉隅

《經義考》收錄甚廣，內容豐富，歷來研究經學撰述者，莫不取法此書的內容，以爲治經入門的憑據，則其書的價值，亦已顯明矣。大凡蒐求廣博之書，難免會有誤失，林葉連在《中國歷代詩經學》中，將「遠紹楊慎、焦竑、方以智之尚博雅」一項，列入清代考據興盛的原因。茲列其說如下：

> 明代擬古主義風靡之時，楊慎卓然自立、反對摹擬，並以尚博雅著稱，然好僞說，列朝詩集小傳兩集評其詩文，亦曰：「援據博則舛誤良多」。焦竑爲文，以反擬古著稱，論學宗羅汝芳，亦尚博雅；然喜以佛語解經，欲調和儒釋思想，治學失之蕪雜。故楊、焦二氏之學駁雜而不精、不純，離清朝考據學實事求是之精神尚遠。至於方以智，撰通雅五十二卷，仿爾雅體例，辨證詞語訓詁，以經史爲本，旁及諸子百家、方志、小說；體例嚴謹，考據精核。四庫全書總目曰：「惟以智崛起崇禎中，考據精核，迥出其上；風氣既開，國初顧炎武、閻若璩、朱彝尊等沿波而起。」〔註26〕

竹垞雖爲清初的考證學者，其文獻整理的成果，早已深受肯定。但此書收錄既廣，難免會有誤，諸如：書名的差異；或作者的誤題；或分類的失當；或卷帙的舛錯，甚至編纂的問題等等，皆有待我們重加整理，使其中的錯誤，得以顯明於世。

一、書名的謬誤

古書往往書無定稱，會隨時代的移轉，或著錄的差異，而有所不同。胡楚生〈漢書藝文志與隋書經籍志比勘舉例〉一文指出：

> 書名有所改易，常隨時代而轉移，此姑舉其例，以見其餘，至於書名改易之原因，每一書籍，或不盡同，唯有每書各爲細察，始能得其眞相，於此文中，則不能詳也〔註27〕。

古書多無定稱，同書異名的現象，屢見不鮮，若未能細察各書著錄的差異，將無法釐清異同，指明眞假。當我們檢視竹垞的著錄時，亦發現有書名著錄失當的現象，下文即撰文分析，以見其失。

〔註26〕林葉連：《中國歷代詩經學》，（台北：臺灣學生書局，民國82年3月），頁334～335。

〔註27〕胡楚生：〈漢書藝文志與隋書經籍志比勘舉例〉，（《國立中央圖書館館刊》，民國76年12月，新二十卷第二期），頁42。

（一）同書互見例

竹垞在著錄資料之時，由於取材較廣，出處不同，加以折衷不易，難免會產生複重的情況。例如：《經義考》卷二一六，畢良史《論語探古》一書，引自《通志》作二十卷〔註28〕；而卷二一八，章良史《論語探古》引《宋志》，亦同作二十卷〔註29〕，雖「章」、「畢」或有不同，但審其著錄，當係同爲一書，諸如此類的情況，乃是導源於出處的差異所致。

其次，乃是竹垞誤判典籍所致。例如：《經義考》卷一三七同時著錄葉起《喪禮會經》、《喪禮會記》二書，竹垞分爲二書，但據錢大昕《十駕齋養新錄》卷十四，〈元藝文志〉所論，則原應爲同書，卻被竹垞誤析爲二書，且書名互異，是爲一書重出之例。茲引錢氏之說如下：

> 朱氏《經義考》禮類有葉起《喪禮會記》，又有《喪禮會經》，蓋一書而重也。據虞伯生〈序〉當作「記」，今刪一〔註30〕。

二書原同爲一書，然竹垞誤爲二書，導致書籍重出，而互見二處。

竹垞在書名的著錄上，由於所涉廣博，是以產生不少的重複，茲將其重出之例，整理如下，以供讀者參考之用：

書　　　名	作　　　者	出　處　一	出　處　二
易通統圖		13：8	263：6
易索隱	鄭廷芬	22：4	37：8
易象寶鑑	王　鎡	37：5	56：9
易經講義	張文選	49：9	56：9
易說舉要	朱　質	32：8	56：9
洪範福極奧旨	鄒元佐	96：4	97：6
春秋孔義	李攀龍 高攀龍〔註31〕	202：5	205：6
詩經直指	易　貴	112：6	114：1
禮經正義	王方慶	131：5	140：8

〔註28〕參考註10，卷二一六，頁4。
〔註29〕參考註10，卷二一八，頁7。
〔註30〕錢大昕：《十駕齋養新錄》卷十四，〈元藝文志〉（台北：世界書局，民國66年12月），頁349。
〔註31〕參考註6，卷二八，頁233。

喪禮會經	葉　起〔註32〕	137：4	
喪禮會記			137：6
漢石渠議奏		166：1	211：5
春秋集解	呂祖謙	184：5	187：4
春秋左翼	王　氏	208：13	
左傳參同	王　震〔註33〕		205：9
論語探古	畢良史	216：4	
	章良史		218：7
孝經皇義	宋　均	222：8	267：6
六經圖	趙元輔	245：5	250：4
四書辨疑	楊　琦	256：5	259：3
毛詩音訓	李　恕	111：3	
毛詩詁訓〔註34〕			111：3
四書解	謝升賢	244：5	
恕齋四書解			252：4

上述簡表之中，羅列各種重出的例證，考其產生的原因，大抵有如下幾點原因：

1、書名接近，容易導致誤判而重出，如上表所舉《毛詩音訓》、《毛詩詁訓》二書，由於書名接近，易導致誤判，因而重出者也。

2、作者姓氏接近，易有誤判的情況，如《論語探古》一書，一作「畢良史」，一作「章良史」，而「章」、「畢」形近而異，是以產生複重的現象。

3、卷帙判定不同，容易有重出的現象。如《漢石渠議奏》一書，一題作「三十八篇」、一題作「十八篇」，二者卷帙誤混，因而產生錯誤的判斷。

4、性質難定，難於考索排比，容易有重出的情況，如王方慶《禮經正義》一書，一見於「儀禮類」，一見於「禮記類」，二者相距較遠，難於察覺其重複，因而產生重出。

5、書名繁簡不同，判定不同，也會誤認為二書，造成重出的情況，如謝升賢《四書解》、《恕齋四書解》屬之。

《經義考》收錄廣博，前人在資料的纂輯時，未能有完善的檢索概念，雖然竹垞

〔註32〕參考註30，卷十四，〈元藝文志〉，頁349。

〔註33〕參考註2，卷第八，頁127的考證。

〔註34〕參考註30，頁216引黃丕烈的考證，惟黃氏僅疑其重出，然審之李恕的其他著作，則黃氏之疑，實有頗高的參考價值。

在編纂之時，已能具備現代卡片的整理觀念，但仍難免產生重複的現象，這種錯誤的情況，多係偶失所致。

（二）妄改書名例

　　竹垞《經義考》著錄既夥，且其來源複雜，加以輯抄失校，致有書名改字之例。例如：字形相近，易於誤入，是以在書名題稱上，往往有形近而改者，《經義考》一一七著錄顧炎武《詩本旨》一書〔註35〕，實則「當作《詩本音》」〔註36〕，蓋「旨」、「音」字形相近而誤。在改字之例中，亦有字音相近之故，導致書名有誤題的情形，如《經義考》卷四七錄有陳應潤《周易爻變易蘊》條，羅振玉〈校記〉指出：「四庫本作「義蘊」，《帶經堂善本書室》目同此誤「義」作「易」。」〔註37〕，此則改「義」爲「易」，蓋爲音近而致誤。古書在著錄之時，往往會有通假合用的現象，誠如鄭玄所論：「倉卒無其字，或以音類比方爲之。」〔註38〕，《中國古典文獻學》指出：

　　　　古書中音同或音近的字，常常可以假借通用的。這是古人利用語音的相同、相近來通假文字、使用文字的辦法，但爲後人閱讀古籍增添許多困難〔註39〕。

字音相近，易於假借通用，羅振玉能審查文字通假之法，從字音相近加以考察，因而糾正不少的錯誤。

　　除字形、字音相近，易於改字之外，字義相近，也會造成改字的現象。如卷一〇六錄有程大昌《詩議》條，羅振玉云：「四庫本作《詩論》」〔註40〕，《說文解字》云：「論，議也。」，蓋「議」、「論」意義相同，導致有相互改換的現象。

　　書名會有改動的情況，則多因同書異名；或憑作者臆改所致，因而產生謬誤的情況。由於古書多無定名，是以其後刊刻過程中，或省或改，形式不一而足。若改換的時間並非很久，當可藉由校勘的方式，得其原貌。若改換的時日過久，則隨古籍的淪喪，可能積非成是，導致難於校正，是以古書在抄錄、翻刻之時，均需確實的校對，方能避免後世不必要的錯誤。因此，目錄學者在著錄之時，應據書直錄，不該任意更改書名，使書名陷於舛錯難明，因而增添讀者使用的困擾。

〔註35〕參考註10，卷一一七，頁7。
〔註36〕參考註3，頁807。
〔註37〕參考註3，頁764。
〔註38〕吳楓：《中國古典文獻學》，（台北：木鐸出版社，民國72年9月），頁243。
〔註39〕同前註。
〔註40〕參考註3，頁800。

（三）缺字漏題例

竹垞在書名的著錄上，亦常有缺字的情況，或略去書名朝代，或省去其性質，使書名稍顯缺失，如《經義考》卷一二九錄有王廷相《周禮九》一書，蓋其書名於「九」字之下，明顯有一缺字，據吳政上〈經義考版本異文校記〉一文得知，薈要本作《周禮九闕》，是以其書原缺一字，而羅振玉《經義考目錄‧校記》題作《周禮九□》，並指出：「九下殆奪一字」〔註41〕，竹垞將此書判為「存」籍，顯係當時尚存世間，然印本卻於書名缺漏一字，使讀者失去參考價值，惟究竟缺漏何字，則猶待日後加以考訂，始能確知其實情。

（四）書名併合例

在書名的著錄上，如《通考》卷三晁以道《太極傳、外傳、因說》共八卷〔註42〕，原書應分為三書，而竹垞則併成《周易太極傳外傳因說》一書，導致《周易太極傳外傳因說》成為一書書名，此乃誤併書籍之例。

又《經義考補正》卷第八，馮時可《左氏討論》下案語云：

> 《明史藝文志》時可所著《左氏討》二卷；《左氏論》二卷，《左氏釋》二卷。此「討論」二字連書，誤以兩書為一書也〔註43〕。

可知竹垞在書名的著錄上，亦有誤併書名的現象。如此一來，不僅會造成書名的歧異，也會使卷數的標示，產生錯誤的情況，相對也使其卷數的標示，同時產生錯誤的著錄。

（五）書名誤倒例

書名在著錄的過程中，也會產生誤倒的現象，如《經義考》卷一一九，呂柟《毛詩序說》一書，羅氏《經義考目錄‧校記》指出：「四庫本作《毛詩說序》」〔註44〕，又如卷二〇四，《春秋左傳注評測義》，四庫存目「注評」作「評注」等，均為書名倒字之例。書名的誤倒，會造成書名認知的差異，如若因為不同的書目來源，而導致題稱的差異，理應附加註文說明，以收參閱之效，惜竹垞未能全面進行參校，致使書名與存本之間，會有誤倒的現象，間接造成讀者判定的困擾。

〔註41〕參考註3，頁814。

〔註42〕馬端臨：《文獻通考‧經籍考》，（上海：華東師範大學出版社，1985年6月一版一刷），卷三，頁78。

〔註43〕參考註2，卷第八，頁124。

〔註44〕參考註3，頁808。

（六）誤判典籍例

　　竹垞考訂之書，其中亦有原非經籍之名，卻誤作書名之例。翁方綱《經義考補正》卷第一，崔憬《周易探元》下引「惠棟」之說，以證其誤題書名的現象，茲引其說如下：

　　　　惠棟曰：「李資州所謂崔氏探元者，謂崔憬探索元理，而爲此言，非書名也。崔氏所著書乃《周易新義》耳。」，嘗以語竹垞之孫，勸其改正，未之從也〔註45〕。

崔憬撰有《周易新義》，《經義考》未曾著錄，反題作《周易探元》一書，此一錯誤的發生，乃是竹垞錯讀李鼎祚敘錄中「崔氏探玄」〔註46〕的文意，而將書名題作《周易探元》，因而致誤之例。考竹垞在《經義考》卷十四，崔憬《周易探玄（元）》下錄有案語一則：

　　　　崔憬，時代莫考。李鼎祚《集解》引用最多，稱爲《新義》，中援引孔疏，其爲唐人無疑矣〔註47〕。

據此，竹垞亦知李鼎祚《周易集解》將其題作《新義》，然何以在著錄之時，不題作《周易新義》，反而題爲《周易探玄》者，則其中殊不可解。

　　又《四庫全書總目》卷三，魏了翁《周易要義》下云：

　　　　朱彝尊《經義考》群經類中，載《九經要義》二百六十三卷。註曰：「分見各經」，然各經皆載《要義》，而易類但據《宋志》載了翁《周易集義》六十四卷，不載此書。似乎即以《集義》爲《要義》，考方回《周易集義·跋》曰：「鶴山先生謫靖州，取諸經註疏，摘爲《要義》，又取濂、洛以來諸大儒易說，爲《周易集義》，則爲二書審矣〔註48〕。

四庫館臣根據方回《周易集義·跋》的內容，則魏了翁撰有《周易要義》、《周易集義》二書，然竹垞僅著錄《周易集義》，卻未見其錄有《周易要義》一書，是以四庫館臣所考的內容，乃確有其證。由於竹垞錯判《周易中義》即爲《周易要義》，致使原爲二書，卻僅見載其中一書，是以產生書名缺錄的情況。

（七）書名訛增例

〔註45〕參考註2，卷第一，頁7。
〔註46〕參考註10，卷十四，頁5。
〔註47〕參考註10，卷十四，頁5。「玄」、「元」的差異，乃是避清聖祖康熙「玄曄」之名，故二者常有相混的現象。
〔註48〕參考註6，卷三，頁17～18。

書名在著錄的過程中，也可能產生訛增的現象。竹垞在著錄之時，也有書名訛增的情況，前賢在糾繆之時，常能指明其誤，並說明其致誤的緣由。例如：翁方綱《經義考補正》卷第七，劉熙《古春秋極論》下案語指出：

古字應旁□（案：原字漫漶不清），劉熙古，即劉蒙古之父。《宋史》有傳，此誤將古字大書連下《春秋極論》爲書名，今據《宋史》及《玉海》改正。檢《曝書亭集・涪陵崔氏春秋本例序》中引劉熙《演例》，亦刪古字，與此處誤同〔註49〕。

此處書名的著錄，訛增一「古」字，其實乃是作者之名誤入所致，經由翁氏的校勘，始能得其本眞。

又《經義考》卷二十，晁說之《錄古周易》一項〔註50〕，《通考》卷三著錄作《古易》〔註51〕，故應題作《古易》，或《古周易》均可，但若題作《錄古周易》，則其中「錄」字，乃係訛增之字。此一「錄」字，原應表明作者「錄」某某書，而竹垞卻將其大字置中，造成淆入書名之中，易於產生書名誤判的情況，如吳政上在編纂《經義考索引》時，即在頁一八九著錄《錄古周易》一書，顯見其將《錄古周易》當成書名看待，諸如此類的安排方式，容易造成讀者判讀的困擾。

又《經義考》卷七九，顧臨《等尚書集解》〔註52〕，其中「等」字大字置中，易使讀者誤認爲書名。實則該書乃爲顧臨、蔣之奇、姚闢、孔武仲、劉敞、王會之、周範、蘇子才、朱正夫、吳孜「等」作者共同撰集而成，而竹垞以一「等」字，標明其書爲諸人合撰之作，僅舉「顧臨」爲其代表，然此處將「等」字置中，亦產生書名判讀的錯誤。其他如卷七九，曾旼《等尚書講義》，亦將「等」字大寫置中，與書名大小一致，易於讓人誤解其書名。上述這些例證，皆是書名訛增之例，至於訛增的原因，乃係與作者的著錄方式有關，說法詳見上文。

二、作者的謬誤

《經義考》著錄四千三百餘位經學作家，在這些龐大數量之中，蘊含不少錯誤的著錄，值得細說分明，下文即指出其例，並說明其致誤的情況。

（一）誤題姓氏例

〔註49〕參考註2，卷第七，頁105。
〔註50〕參考註10，卷二十，頁6。
〔註51〕參考註42，卷三，頁77。
〔註52〕參考註10，卷七九，頁2。

　　竹垞在作者著錄中，有誤題作者姓氏者，如《經義考》卷五十六有明‧黃懋策《大易床頭私錄》一書〔註53〕，如據《國立中央圖書善本書錄（經部）》〔註54〕著錄此書，作者當爲「董懋策」，而非「黃懋策」，此係「董」、「黃」字形相近而致誤，是則有誤認作者姓氏的情況。

　　又《經義考》卷二一六、卷一八均有《論語探古》一書，而卷二一六題作「畢良史」所撰；至於卷二一八則題作「章良史」，然考諸《通考》卷十一著錄，則當作「畢良史」，而非「章良史」，蓋「畢」、「章」形近而致訛，若讀者不加細察，將會誤認爲二書，致使有誤判的情況。

　　上述的例證，係作者字形相近產生的錯誤，考其原因，是因爲出處不同所致。但另有一類的錯誤，乃是出自版刻傳錄的差異，使得作者的著錄上，亦有誤題姓氏的現象。如翁方綱《經義考補正》卷一訂正段嘉《易傳》的錯誤云：

　　　　《漢書‧儒林傳》作「殷嘉」，蓋漢隸書「殷」字有類於「段」字，形近而訛耳。宋胡一桂《周易啓蒙傳》中篇云：「京房授東郡殷嘉，〈藝文志〉：「京氏殷嘉十二篇」，是知古本《漢書藝文志》作「殷」也〔註55〕。

「段嘉」、「殷嘉」的差異，乃是緣自字形的衍誤之外，其最重要的差異來源，乃是肇因於版刻取用的不同所致。竹垞依據顏師古《漢書》傳本著錄，然翁氏據其他古本的文句，參以隸書書法的走勢，而斷其作者姓氏誤題，其說頗具參考價值。作者的著錄，往往易因形近而誤，或因取材的不同，導致作者的著錄，會有所差異，其中作者姓氏的誤題，會造成讀者的錯判，甚至會誤認爲其他的作者，造成研究者的困擾。

（二）坐實疑說例

　　前賢對於作者的判定，或有懷疑其爲某人所作，但未能證成其說，然竹垞在轉錄之時，卻往往坐實其說，有臆測之嫌。例如：《通考》卷九錄有《春秋世譜》〔註56〕，其書原本不題作者，而《經義考》卷一七五，書名引作《大夫譜》，卻逕自題其作者爲「顧啓期」，然《通考》引《崇文總目》、晁公武之說，俱云「不著撰人名氏」，惟《崇文總目》敘錄下有云「疑此乃啓期所撰」，是則竹垞參以此句，

〔註53〕參考註10，卷五六，頁9。

〔註54〕國立中央圖書館：《國立中央圖書館善本序跋集錄》（經部），（台北：國立中央圖書館編印，民國81年6月），頁54。

〔註55〕參考註2，卷第一，頁3。

〔註56〕參考註42，卷九，頁243。

復證以「鄭樵」敘錄，乃坐實此書為「顧啟期」所撰，要其實情，應以「不著撰人」為佳，以矜其慎。

又《通考》卷九，錄有《帝王歷紀譜》三卷，不題撰人名氏，而引《崇文總目》云：「不著撰人名氏」〔註57〕，「晁氏（公武）」曰：「決非荀卿所著」〔註58〕，「巽岩李氏（李燾）」曰：「荀卿未嘗相秦，其繆妄立見，蓋田野陋儒，依託以欺末學耳。」〔註59〕，竹垞俱引上述三項論述，則知其書非荀卿所撰明矣，然竹垞卻仍在作者的題稱上，題作「荀氏況」〔註60〕，諸如此類的錯誤，皆屬坐實疑偽之例，致使作者題名有誤題的情況。

又《通考》卷二錄有王洙《周易言象外集（古易）》〔註61〕一書，而竹垞轉引之時，則同時錄有《周易言象外傳》、《古易》二書〔註62〕，惟其作者皆題作「王洙」，孰料此舉亦有坐實疑偽的情況，蓋竹垞忽略《通考》所引「古易」，乃指《周易言象外集》取用《古易》為本，而竹垞卻坐實《直齋》所論「《古易》十二卷，亦出王原叔家」語，而謂《古易》乃王洙所作，乃有臆測之嫌，無法確實服眾。何廣棪在《陳振孫之經學及其直齋書錄解題經錄考證》中指出：

> 直齋謂此書「後人依倣錄之」，蓋以《隋》、《唐志》無其目，前既
> 無所承，故難憑信也。惟此書雖出王洙家，然未必為洙所倣錄者〔註63〕。

其說為平實之論，蓋《古易》雖出自王洙之家，則根據前志未錄，而疑其或為偽籍可也，但若臆測其書為王洙倣錄者，則未有確切憑據，而有妄題作者之嫌。諸如此類，則有待進一步檢獲證據，方能證成其說，然竹垞卻未能錄有案語，指明其判別的依據，僅憑其出自王洙之家，乃斷其為王洙所倣錄者，實有妄測之嫌，此等坐實疑偽之例，仍有待重新釐清內容，方不致於使讀者有誤認的情況。

整體而言，竹垞在作者的釐測上，往往有較為大膽的臆測，此種作法，實有商議之處。正確的作法，應於案語中表明自己的看法，但在著錄方面，仍持謹慎的態度，方不致於使作者的判定，有過於浮濫的現象。如《經義考》卷六十八《易說》條下，竹垞即透過案語的說明，來表明自己的懷疑，竹垞云：

〔註57〕參考註42，卷九，頁241。
〔註58〕參考註42，卷九，頁242。
〔註59〕參考註42，卷九，頁242。
〔註60〕參考註10，卷一七○，頁6。
〔註61〕參考註42，卷二，頁61。
〔註62〕參考註10，卷十七，頁7。
〔註63〕何廣棪：《陳振孫之經學及其直齋書錄解題經錄考證》，（台北：里仁書局，民國86年3月15日），頁144。

《易說》二卷，未詳何人所撰。鄭端簡公家所藏抄本，或係端簡公

稿亦未可定〔註64〕。

竹垞於此處的處理方式，僅將作者判爲「亡名氏」，衡諸實情，則較上述處理方式爲佳，且其處理的觀念，也較符合現代學術的原則，值得引爲標準的方式，惜竹垞在作者疑僞之例的判定上，往往坐實疑說，致使結果有誤判之虞，仍有值得改進之處。

（三）錯考時代例

竹垞著錄的通則，乃是依據朝代先後排序，然其中亦有錯考朝代，致使排序失次的例證。羅振玉在《經義考目錄・校記》之中，曾指明其誤。例如卷六六，董養性《周易訂疑》一書，羅氏即云：

舊題董養性，不著時代。（四庫）館臣考元末有董養性，字邁公，樂陵人，至正中嘗官昭化令，攝劍州事。入明不仕，終於家。朱氏（彝尊）引梅文鼎說謂養性，樂陵人，寧國府通判，列明末，殆未考知爲何時人〔註65〕。

竹垞錯考作者時代，導致誤排位置，使得原本應該列爲元代的學者，卻被錯置於明末之下，若二朝皆有「董養性」，則將誤題爲不同的撰者，其舛錯如此，實有待重加考訂，以求其實情。

又《四庫全書總目》卷七，阮琳《圖書紀愚》下云：

明阮琳撰。琳字廷佩，號晶山，莆田人。嘗官教諭，其人在成化、宏（弘）治間。朱彝尊《經義考》列諸嘉靖之末，由未見其書故也〔註66〕。

阮琳原應置入成化、宏（弘）治間，但竹垞一時失察，竟錯列於嘉靖之末，諸如此類的例證，雖係偶發之失，但亦需加以釐正，以收確切參考之效。整體而論，竹垞著錄經籍之時，多能重視其時代先後，依序排列，此法有助於考訂學術發展的源流，但著錄既多，所考的作者，其時代或有錯誤，故有重新審議的必要。

（四）以字爲名例

竹垞著錄作者的通例，乃是標示作者之名，以爲著錄的通則，若是失去作者的名氏，則酌加案語說明。然而，竹垞雖以作者之名，爲其著錄的通則，但仍有作者

〔註64〕參考註10，卷六八，頁6。
〔註65〕參考註3，頁779。
〔註66〕參考註6，卷七，頁52。

的題稱，係著錄作者之字，卻未加案語說明，顯見其有出例的情況。例如：《經義考》卷五三，汪思敬《易學象數舉隅》一書，羅振玉〈校記〉即指出：「汪氏名敬，字思敬，此誤以字爲名」〔註67〕。案：竹垞既以作者之名，爲其著錄的通則，是以此處當以「汪敬」加以著錄，然卻題作「汪思敬」者，乃是誤以字爲名，因而有出例的現象。羅氏能審度其著書的體例，故此處校文所記，可供我們參考之用。

又《經義考》卷十四，陸明德《周易文句義疏》條〔註68〕，案：此處作者原當題作「陸德明」者，此處有誤倒的情況。又題作「陸德明」者，亦有誤題作者之字的情況。如據《新唐書》所記，則「德明」乃「陸元朗」之字，是以此處所題，乃有誤錄作者之字的情況，因而與慣例未合，諸如此類的例證，並非孤證，仍有待加以辨明，使讀者得以明其差異所在。

（五）同人異名例

在《經義考》的著錄中，有些作者的題名，與其他著錄或有不同，由於古籍歷經各朝刊刻，難免會產生一些異名的現象，縱使同爲一書，而刊刻版本的不同，也會導致人名題稱的差異，然有些同人異名的現象，未詳何者爲是？故宜附註校記，以供讀者參考。如《經義考補正》卷第八，袁希政《春秋要類》下指出：「《宋志》：『希政』，一作『孝政』」〔註69〕。又同卷，張幹《春秋排門顯義》下亦云：「《宋志》：『幹』一作『翰』」〔註70〕。是以雖同出《宋志》，但記載亦有不同，究竟孰是孰非，暫時難有所定論，姑且存之，以俟後考。

（六）親屬誤代例

在竹垞著錄的作者之中，亦有親屬誤代之例，或以父代子，如《經義考》卷五九著錄楊啓新《易林疑說》，又卷六一著錄楊瞿崍《易林疑說》，二者書名相同，然審其敘錄，其中必有一誤，翁方綱《經義考補正》卷第二疑其複見，卻未能判別究竟孰是孰非，茲錄其說如下：

> 丁杰曰：「此書及所引黃鳳翔語，已見前五十九卷五頁，其名字、籍貫、科第、官爵、及書之卷數，或異或同，前後當有一誤〔註71〕。

然據李清馥《閩中理學淵源考》卷七十七〈州守楊日燦先生啓新〉一文，即可清

〔註67〕參考註3，頁768。
〔註68〕參考註10，卷十四，頁3。
〔註69〕參考註2，卷第八，頁115。
〔註70〕參考註2，卷第八，頁115。
〔註71〕參考註2，卷第二，頁22。

楚的分別其異同：

> 楊啓新，字日燦，晉江人。萬曆十七年舉人，授海門令，左遷東莞
> 丞，量移武宣令，遷左州守，卒於官。啓新循循朴謹，不求人知，歷官
> 五載，存衣蔬食，沒幾無以殮，漢吏恫幅無華，庶幾近之，左人祀之名
> 宦，著有《易經講義》，子瞿崍，丁未進士，官至江西副使，著有《易經
> 疑叢》，《栖霞山人石室稿》、《黃華讀稿》、《二東稿》〔註72〕。

《四庫全書總目提要》卷八，易類存目二錄有楊瞿崍《易林疑說》一書，其下提
要云：

> 明・楊瞿崍撰。瞿崍，字稚實，晉江人。萬曆丁未進士。官至江西
> 提學副使，先是瞿崍之父著《易經蒙筌》，未就而卒。瞿崍承其家學，考
> 索諸家，有疑即為之說，故名曰《疑說》〔註73〕。

根據上述文獻，並結合相關資訊，可以得知「楊啓新」、「楊瞿崍」是父子的關係，
且作者應為「瞿崍」，而非「啓新」，是為父子相代之例。又《易經疑說》，當作《易
經疑叢》，乃是誤題書名所致，且其書既非「啓新」之作，是以《經義考》卷五九
著錄啓新之書，亦當刪去不錄，以符合其實情。

又有以祖代孫，因而誤題作者之例，如全祖望《鮚埼亭集外編》卷四十一，〈答
鄭篔谷論《經義考》帖子〉云：「曹放齋之孫泰宇著《易解》，(《經義考》) 乃混為
放齋所作」〔註74〕。竹垞誤認曹泰宇的作品，為其祖曹放齋所作，是則以祖代孫，
致使出現作者錯題的現象，此乃緣於一時失考所致。

又另有兄弟互代之例，如《經義考》卷二四三，洪适《經子法語》一書〔註75〕，
考《文獻通考・經籍考》卷五五，題作者為「洪邁」〔註76〕，蓋「洪适」、「洪邁」
為兄弟關係，而本書實為「洪邁」所撰，是則竹垞誤將弟弟所撰之書，誤繫為兄
長所撰，因而致誤。

又《經義考》卷二四四，岳珂《九經沿革》一書，乃誤後世子孫「岳浚」之
作，誤為「岳珂」者也，周少川〈論古代私家藏書的類型〉中指出：

> 元代藏書家岳浚更是運用家藏書校刻了《九經三傳》，並以《刊正

〔註72〕（清）李清馥《閩中理學淵源考》，卷七七（台北：台灣商務印書館影文淵閣「四
　　　　庫全書」本，冊四六〇。），頁 744 下。
〔註73〕參考註 6，卷八，「易類存目二」，頁 62 中。
〔註74〕全祖望：《鮚埼亭集外編》，卷四一，〈答鄭篔谷論《經義考》帖子〉，（台北：台灣
　　　　商務印書館，民國 68 年 11 月。），頁 951。
〔註75〕參考註 10，卷二四三，頁 2。
〔註76〕參考註 42，卷五五，頁 1275。

九經三傳沿革例》總結了次校勘的經驗（校刻《九經三傳》及編印《刊
正九經三傳沿革例》，歷來皆誤認爲是南宋岳珂所爲，張政烺、趙萬里先
生曾在《中國版刻圖錄・元版〈春秋經傳集解〉提要》中考證上述二事
非岳珂所做，乃岳飛九世孫、元代岳浚之作，李致忠先生在《宋版書敘
錄》第一七二至一八一頁中有更深入的考證，支持張、趙二先生的説法，
故此案可成定論）〔註77〕。

竹垞誤題作者「岳珂」所撰，實則此書並非「岳珂」之作，乃是其後世子孫「岳
浚」的作品。此處的錯誤，乃是竹垞誤沿前說，因而致誤者也。綜合上述所論，
在著錄經籍作者之際，常會混淆作者的姓名，尤其有親屬關係的人名，更容易相
互代換，是以或將兒子之作，誤爲父親的撰著；或將其弟的著作，誤繫兄長的著
作；或將前代的著作，誤認爲後世子孫的撰著，諸如此類的錯誤，皆需細細審明，
以免有遺誤後學，錯繫作者的情況。

（七）漏合撰之名

在竹垞的著錄中，亦有漏略合撰之人，而誤將合撰之書，誤繫一人之手，致
使有錯題撰者之例。如翁方綱《經義考補正》卷第四，徐邈《毛詩音》下云：

> 《隋志》云：梁有《毛詩音》十六卷，徐邈等撰，《毛詩音》二卷，
> 則所云十六卷者，非邈一人之書也〔註78〕。

是則竹垞引《七錄》之文，題作「十六卷」，然其作者僅見「徐邈」一人，而翁氏
根據《隋志》所錄，以其書非一人所作，乃以竹垞誤繫一人爲非是。又卷第八，
林希逸《春秋三傳正附錄》下案語云：「《宋志》作陳藻、林希逸《春秋三傳正附錄》
十三卷，似是二人同撰」〔註79〕。據此，原書當爲陳藻、林希逸二人同撰，然其書
未見，是以翁氏未能確實判明原委，僅以疑似之辭，表明心中的懷疑。諸如此類，
竹垞在撰書之時，或有誤將諸人合撰之書，誤繫爲一人的例證。考竹垞著錄的通
則，若遇有合撰諸人，通常會在作者之下，標注一「等」字，以爲區別，如此一
來，將提醒讀者特加注意，以免有錯失作者的情況。審其方法的運用，實是良好
的處理方式，惜仍有出例的情況，致使作者的著錄，有漏失合撰者的姓名，諸如
此類的缺失，猶有待重新整理，使其合乎體例的規範。

〔註77〕周少川：〈論古代私家藏書的類型〉，（《文獻》，1998年，1998年四期），頁153。
〔註78〕參考註2，卷第四，頁48。
〔註79〕參考註2，卷第八，頁114。

（八）名字誤倒例

在竹垞書中，亦有名字誤倒之例，如《經義考》卷十四，陸明德《周易文句義疏》條〔註80〕，原應題作「陸德明」，而四部備要本誤作「陸明德」者，誤倒名字之故。

綜合上述所論，竹垞在作者的著錄上，亦有若干的錯誤，由於作者的著錄，乃是書目整理的重要環節，若作者誤題，往往會導致研究的錯誤，而影響讀者正常的使用，是以有關作者誤題的現象，實不得不辨，而前賢在此一方面的考察上，能收致較佳的成果。

三、卷數的謬誤

在卷數的題稱上，往往會有較多的差異，或誤引出處，或失記卷數，或重出而卷數不一，或以殘本錄存等等，均會影響卷數登錄的正確與否。竹垞在《經義考》中，亦有多處卷數登載錯誤的例證，今試舉其例，以見一斑。

（一）卷數未合今本之例

卷數的多寡，可以看出書籍存在的情況。竹垞在卷數的引證上，往往能配合書目的記載，藉以表明言之有據，非憑空設想所致。然而，其在著錄內容上，多根據書目傳錄，未能審視原書，致使某些書籍的卷數，與今本不合。例如：《四庫全書總目》卷八，陸振奇《易芥》條下云：

> 是書《經義考》作十卷，與此本不符，然所引鄭之惠說稱陸庸成爲諸生時，著《易芥》八卷，與此本合，則十卷，乃字之誤也〔註81〕。

是以竹垞所記的卷數，明顯與四庫館臣所錄之本不合，原書當爲「八卷」，此處乃竹垞誤記所致。又《經義考》卷二七六錄有吳任臣《十國春秋》一書，竹垞題作「十卷」〔註82〕，然羅振玉引現存之本以證，謂其「乃一百十六卷。」〔註83〕，相較之下，二者著錄差距達一〇六卷，顯見竹垞所錄之本，或爲殘本，或係誤題所致，因爲現今所存之本，有清康熙十七年（1678）回堂彙賢齋本，另有乾隆刊本，但未見有「十卷」之本，是以竹垞所題的卷數，若驗之傳本的內容，則其卷

〔註80〕參考註10，卷十四，頁3。
〔註81〕參考註6，卷八，頁62。
〔註82〕參考註10，卷二七六，頁7。
〔註83〕參考註3，頁880。

數多有未合之處。

　　卷數與傳本不合，並非全部屬於錯誤之例，有些係異本所致，是以不能一概而論。例如：《經義考》卷一六五，劉績《三禮圖》一書，據羅振玉的〈校記〉所考，則知「四庫本四卷」〔註84〕，是以竹垞所錄「二卷」，與傳世之本未合，但若據以訂其非是，則恐非實情。案：曝書亭抄本、精抄本均題作「二卷」，與竹垞所記吻合。見《浙江採集遺書總錄》乙，頁22、《善本書室藏書志》二，頁31著錄，尤其曝書亭爲竹垞藏書之所，可見竹垞當日著錄之時，確係根據其藏書甄錄所致，至於《四庫》之本收錄的內容，與竹垞著錄不同，僅能視同異本，是以並非全屬於竹垞誤記所致。

（二）漏略卷數多寡之例

　　在竹垞的著錄中，有失記卷數之例，原書本有卷數，而竹垞失記其數，致使卷數不明，使讀者無法明其卷帙多寡，有失參考價值。如《經義考》卷二三五陳蓍卿《孟子記蒙》一書，竹垞未記其卷數，然《通考》卷十一著錄此書，則題作「十四卷」，惟竹垞未引《通考》著錄，有失校之嫌。

　　又《經義考補正》卷第二，劉瓛《周易繫辭疏》下云：「此處脫『《隋志》二卷』，四字當補」〔註85〕。《經義考》在著錄之時，往往會說明卷帙的多寡，以及其取用的來源，但此處未題卷帙，翁氏乃據《隋志》所錄，藉以補其卷數漏略之失。

　　又另有一種闕漏的情形，乃係作「□」卷，而翁方綱補其卷帙，如卷第六，馮應京《月令廣義》□卷，翁氏案語云：「馮氏之書二十四卷。」〔註86〕是則補其原書闕漏卷帙，從本書之中，可以得知翁氏當日乃係採用「馬曰琯等補刻本」，而非「閣本」或「薈要本」，蓋從吳政上先生〈經義考版本異文校記〉錄馮應京《月令廣義》下案語云：「卷數馬本、局本及羅目作『□卷』，薈要本及閣本作『二十四卷』」〔註87〕其中所謂「馬本」，乃指「馬曰琯等補刻本」，而「局本」乃指「浙江書局本」，至於「羅目」係指羅振玉《經義考目錄》，其時局本、羅目未出，而翁氏所校，亦與薈要本、閣本互異，是則乃以馬本爲底本者也。

　　書籍漏記卷數多寡的案例頗多，而其形式亦多，宜待重新補錄卷帙，使其能確實達到考察卷帙的功能，且透過卷數的增減，才能更明白流傳的過程與卷帙的

〔註84〕參考註3，頁825。
〔註85〕參考註2，卷第二，頁25。
〔註86〕參考註2，卷第六，頁80。
〔註87〕參考註1，附錄二〈經義考版本異文校記〉，頁16。

存佚情況，是以在書目的著錄中，不宜漏缺卷帙的記載，以免錯失其參考價值。

（三）卷數單位不同之例

羅振玉在《經義考目錄·自序》中指出：

> 今存之書，(《經義考》)往往但載史志及前人目錄所載卷數，而不
> 載今本卷數，又書名或與今本傳本不同，卷數與今傳本或異，或尚存
> 之書失記卷數，或不分卷之書多至數百葉而誤作一卷，或誤以篇爲
> 卷……〔註88〕。

羅氏歷舉《經義考》卷帙誤載的情形，其中所謂「誤以篇爲卷」者，如卷九十一，潘士遴《尚書葦籥》下，羅氏云：

> 四庫存目云：目錄止廿一卷，而分編則爲五十八卷，蓋以篇數爲子
> 卷也〔註89〕。

此則明白標示以「篇數」爲「子卷」之差異，上述係以一篇爲一卷者，以至於卷數參差頗巨，又同樣的情形亦出現在卷二七七，晏嬰《晏子春秋》〔註90〕、卷四六，蕭漢中《讀易考原》〔註91〕等等。

又有多篇誤爲一卷的情形，如卷一三三，吳澂《儀禮逸經八篇，儀禮傳十篇》一書〔註92〕，四庫本作「二卷」，是則合多篇爲一卷者。章學誠《文史通義·篇卷》對於篇、卷的問題言之甚詳：

> 篇之爲名，專主文義起訖，而卷則繫乎綴帛短長，此無他義，蓋取
> 篇之名書，古於卷也。故異篇可以同卷，而分卷不聞用以標起訖〔註93〕。

此則言及「篇」、「卷」的差異。章氏的論點，可以成爲羅氏校錄《經義考》篇、卷分異的學理依據。據章氏之說，則大抵一篇同於後世一卷者，亦有異篇同卷、割篇徇卷等，可見篇、卷的差異頗爲複雜。如以《經義考》所錄晏嬰《晏子春秋》一書而論，則收錄《漢志》八篇，《隋志》七卷，《中興書目》十二卷等差異，這些差異現象，乃源於篇、卷分合不同所致。

〔註88〕參考註3，〈序〉，序頁1、2。
〔註89〕參考註3，頁790。
〔註90〕參考註3，頁880。
〔註91〕參考註3，頁764。
〔註92〕參考註3，頁815。
〔註93〕章學誠著，葉瑛校注《文史通義校注》，（台北：里仁書局，民國73年9月10日），頁305。

（四）誤題出處卷數之例

竹垞有誤記出處卷數，導致所提卷數，與原出處卷帙未合，因而衍生卷數錯題之例。如：《經義考》卷八十四《梅教授書集解》下引《通考》作「三冊」〔註94〕，考《通考》卷四同引此書，卻未題卷數〔註95〕，是則竹垞誤題《通考》著錄作「三卷」，實乃誤題之故，其文非出《通考》，而係出自《直齋》之文，考《通考》轉引「陳氏」項有「其書三冊」的說明，蓋竹垞誤將陳振孫之文，誤作《通考》所記，致使卷數有誤題的現象。

又《經義考》卷一四一引呂大臨《芸閣禮記解》一書，竹垞引作「《通考》十卷」〔註96〕，然審《通考》卷八卻引作「十六卷」，是則竹垞所作「十卷」，乃爲誤題之故。

又《經義考》卷一八三錄有沈括《春秋左氏紀傳》一書，〈校注〉引《通考》作「三十卷」〔註97〕，而考《通考》卷十錄有此書〔註98〕，則題作「五十卷」，是則〈校注〉失校也。諸如此類，則竹垞所引，亦有與原出處未合之例，值得我們多加注意。

（五）書籍重出互異之例

在《經義考》中，由於所涉書籍眾多，因而複重之例難免，然竹垞在重出經籍中，有前後卷數著錄不同之例，如《經義考》卷一百六十六著錄《漢石渠議奏》一書〔註99〕，僅云「三十八篇」，而卷二一一卻引《漢志》作「十八篇」，是爲一書，但由於資料重出，故有前後卷數判斷不同的現象，其他如《經義考》卷一〇八、一一二同時著錄高頤《詩集傳解》一書，一題作「三十卷」〔註100〕，一卻題作「二十卷」〔註101〕，因而有不同的情況。

又《經義考》卷二百五十，郝敬《九部經解》一書，竹垞題作「一百六十五卷」，其下註文作「分見各經」，考竹垞另錄及九部經解的個別卷帙如下：

〔註94〕參考註10，卷八四，頁6。
〔註95〕參考註42，卷四，頁126。
〔註96〕參考註10，卷一四一，頁4。
〔註97〕參考註10，卷一八三，頁4。
〔註98〕參考註42，卷十，頁270。
〔註99〕參考註10，卷一六六，頁1。
〔註100〕參考註10，卷一〇八，頁5。
〔註101〕參考註10，卷一一二，頁3。

項次	書　名	《經義考》卷　頁	卷　數	項次	書　名	《經義考》卷　頁	卷　數
1	《周易正解》	卷 60 頁 5	20 卷	6	《禮記通解》	卷 145 頁 6	22 卷
2	《尚書辨解》	卷 91 頁 1	10 卷	7	《春秋直解》	卷 205 頁 8	13 卷
3	《毛詩原解》	卷 115 頁 3	36 卷	8	《論語詳解》	卷 221 頁 4	20 卷
4	《周禮完解》	卷 128 頁 1	12 卷	9	《孟子說解》	卷 235 頁 10	14 卷
5	《儀禮節解》	卷 134 頁 5	17 卷				

上述乃合計作一百六十四卷，然丁丙《善本書室藏書志》卷四，頁九引郝敬《九經解》卻作「一百六十六卷」〔註102〕，而《中國叢書綜錄》第一冊，頁五九七右引「郝氏九經解」鈔本，雖個別書名或有不同，但總計卻亦作「一百六十四卷」，惟竹垞引郝敬〈自序〉所云，雖不計及個別卷數，總計卻作「一百六十五卷」，則所錄與其他簿錄所記，又有所不同，甚且竹垞前後計數互異，明顯有誤題卷數的情況。

（六）書籍併析致誤之例

竹垞在卷數的著錄上，亦有因為析併書籍，致使卷數錯誤之例。如《經義考》卷二七錄有王炎《讀易筆記》一書，注文引作「《通考》九卷」〔註103〕，然考《通考》卷三引錄此書，題作「王炎《易筆記》、《總說》共九卷」，是以《通考》所錄並非指《讀易筆記》為「九卷」，而是合併《易筆記》、《總說》二書，始為「九卷」，故在註文的引錄上，宜再求審慎，以矜其慎。

又《經義考》卷三十，呂祖謙《古易》項，注云：「《通考》十二卷」〔註104〕，但《通考》卷三著錄此書，卻與《音訓》合計作十四卷〔註105〕，是以《通考》並未言明《古易》為十二卷，竹垞見到《宋志》著錄《音訓》為二卷，故以《通考》合計之數，減去《音訓》一書，乃得到《古易》一書為「十二卷」，然審之《通考》所記，卻與竹垞所稱「《通考》十二卷」者，有所牴觸矣。

〔註102〕丁丙：《善本書室藏書簡目》，（台北：廣文書局，民國 56 年），頁 28。
〔註103〕參考註 10，卷二七，頁 2。
〔註104〕參考註 10，卷三十，頁 5。
〔註105〕參考註 42，卷三，頁 90。

竹垞在卷數的安排上，產生許多的錯誤，有待重新考校各書的卷數，始能正確反映其資料。一般的情況，由於數字易於相近之故，是以在典籍的著錄上，往往會因為各種不同的情況，而產生卷數的參差，這種情況十分常見，是以在卷數的審訂上，宜參以各版刻的判定，或係各種書目的差異，來考察其錯誤的情況。

四、分類的謬誤

分類是書目著錄的重要事項，而透過分類的聯繫，可以達到「辨章學術、考鏡源流」的功效，也可以提供檢索的便利。《經義考》在分類的安排上，炯異於前代綜合書目的方式，能有創新的類目安排，其中影響後世目錄學者的編纂觀念，成果十分可觀。然而，竹垞在編纂方面，亦有些許失當之處，是以有待重新釐訂，以便能清楚瞭解其分類的錯誤。下文即依次論及竹垞分類的疏失，以便能成為日後編纂書目的參考。

（一）類目未及完備

竹垞的分類觀念，乃是依照學術體系加以歸類，其中不全出於前代書目的分類方式，也能間有創新之處，影響所及，後世專科書目的編纂，亦能針對實際的需要，提出各種類目，使其類目的安排，能形成完整的體系。然而，其類目的安排，亦有未能全備之處，其中「宣講」、「立學」、「家學」、「自敘」四目，有目無辭，內容闕漏，此點是因為本書完成之前，竹垞即已身故，致使無法完成全書，空留四目，有待學者重新補錄。

前賢對《經義考》的類目安排，亦有提出改進之道者，如翁方綱批評其小學類的典籍，僅錄及《爾雅》一目，未能收錄其他字書，乃倡議加入「訓詁」、「六書」諸目，翁氏指出：

> 《爾雅》類下宜備列訓詁、六書諸目，今以顏氏《匡謬正俗》、張
> 氏《五經文字》等入是書矣〔註106〕。

翁氏主張在《爾雅》之外，另外酌收「訓詁」、「六書」之類的典籍。其後，謝啟昆在此一觀念的啟發下，編纂完成《小學考》一書，擬藉以補足其未錄字書的缺憾。

錢東垣在《補經義考凡例》中，主張宜補入「次第」、「字數」、「宣講」、「立學」等類目〔註107〕，其中「宣講」、「立學」二目，是竹垞自定之目，但未及成書，致使

〔註106〕參考註2，〈序目〉一。
〔註107〕參考袁詠秋、曾季光主編：《中國歷代圖書著錄文選》，（北京：北京大學出版社，

有目無辭。錢氏主張重加補錄，以全其目，至於錢氏主張補入「次第」、「字數」等目，是依據經學的整體考量，其說有參考的價值，惜未見其書傳世，實屬可惜。

（二）同書異類之例

　　竹垞經籍著錄眾多，古代在缺乏理想的索引觀念，難免會有著錄重出的現象。若重出之例，係歸併於同一類目之下，則其失誤，乃起因於文獻眾多，無法確實析出所致，於其編目者的分類概念，並無牴觸之處。但若是同屬一書，卻隸屬不同的類別，則涉及編者的分類觀念，有待考察其正誤的情況。今審議《經義考》的著錄內容，則產生「同書異類」的例證如下：

王方慶《禮經正義》：

　　本書互見於「儀禮類」〔註108〕、「禮記類」〔註109〕二類，二者重出不同類別，但由於其書已佚，是以無法得知其內容，且前代於禮經方面，未能細分出「周禮」、「儀禮」、「禮記」、「通禮」等類，而竹垞細分禮書類目，難免會有歸併困難的現象。考竹垞著錄書名中有「禮經」二字者，或隸於《周禮》，或歸於「儀禮」，或分屬於「禮記」，分類既不一致，而單視其書名，的確很難界定其究竟隸屬何部，是以竹垞會有難以歸類的情況。大抵言之，竹垞對於書名有「禮經」之名者，其時代在唐代之前，則多隸屬於「周禮」一類，至於宋、明之後，則多置於「禮記」，但亦偶見於「儀禮」類，顯見竹垞對於禮經之類的典籍，雖分類較前賢細緻，但卻凸顯出其中難於歸併的問題。

《漢石渠議奏》：

　　竹垞一見於「通禮類」〔註110〕，另一則見於「論語類」〔註111〕，其書已佚，原難以斷定其究竟該隸屬於何部，但《隋志》存有《石渠禮論》一書，顯見當時石渠所論，當有「禮」類內容，而隸屬於「通禮類」的《漢石渠議奏》，或應該依據《隋志》改作《石渠禮論》為佳，至於何以「論語」類下錄有《漢石渠議奏》一書，則有待查考，若依現有的資料分析，則應入於「通禮類」為佳。

《易通統圖》：

　　　　1997　第一版），頁 616。
〔註108〕參考註 10，卷一三一，頁 5。
〔註109〕參考註 10，卷一四〇，頁 8。
〔註110〕參考註 10，卷一六六，頁 1。
〔註111〕參考註 10，卷二一一，頁 5。

　　竹垞一入於「易類」〔註112〕，另一則見於「毖緯」類〔註113〕，二者分別隸屬不同類目，而易類典籍，原本就易與「毖緯」相近，此處隸屬結果，應以「毖緯」類為佳，蓋竹垞於五經類的典籍，成書較早，其後酌增類目，始有「毖緯」類的收錄，是以此處的分類，應以「毖緯」類為佳。

宋均《孝經皇義》：

　　竹垞一入於「孝經」〔註114〕，另一則見於「毖緯」類〔註115〕，考竹垞錄有「孝經」之名者，率皆入於「孝經」、「毖緯」、「擬經」、「刊石」四類，其中「孝經」、「擬經」、「刊石」的內容較易判斷，然《孝經》之籍，既淪為讖緯學者的偽託，且由於《孝經皇義》已佚失久遠，實難確知其性質，而竹垞將其重出於「孝經」、「毖緯」二類，當有難定取捨的困惑吧！

謝升賢《四書解》：

　　竹垞一入於「群經類」，題作《四書解》〔註116〕；另一見於「四書類」，題作《恕齋四書解》〔註117〕，考竹垞共有六部題作《四書解》，其中五部列入「四書」類，而獨謝升賢之作，列入「群經類」，且「四書類」另發現有謝升賢《恕齋四書解》一書，顯係重出二處，則置入「群經」類的謝氏之書，當刪去不論，以符合其實情。

　　竹垞在分類類目上，容易產生「同書異類」的情況，尤其在「禮類」、「易類」、「毖緯」三類，更容易產生混淆的現象。在「禮類」方面，由於過去書目，僅列有「禮類」一項，但竹垞將其細分為「周禮」、「儀禮」、「禮記」、「通禮」四類，分法較為細緻。因此，有些禮類的典籍，無法單從書名判定其歸類，若該書已佚，更無從考知內容，是以究竟該置於何類，的確頗費思量。因此，有關禮類典籍的歸類，究竟應該判入何種類別，實難以確實審知，致有重出的情況，是以許多重出的典籍，皆屬於禮書，其故即緣於此種原因。此外，易類典籍，往往會和「毖緯」類的典籍，相互混淆，究其原因，係竹垞「易類」的收錄較雜，加以「毖緯」類的典籍，原本即易與正經附會，是以容易產生錯亂的情況。其次，某些典籍的歸類，起源於書名的差異，因而有錯判的情事，如謝升賢《四書解》、《恕齋四書

〔註112〕參考註10，卷十三，頁8。
〔註113〕參考註10，卷二六三，頁6。
〔註114〕參考註10，卷二二二，頁8。
〔註115〕參考註10，卷二六七，頁6。
〔註116〕參考註10，卷二四四，頁5。
〔註117〕參考註10，二五二，頁4。

解》等二書，原應屬於一書，但由於書名的差異，致使誤分爲二類，若要避免此一情況，則事前的核對，必須依據書名、作者逐一檢視，將降低錯誤的情況，不易將同書歸於不同類目，因而產生錯誤。整體而論，竹垞在分類差異上，有同書異類的現象，究其產生的原因，或係一時失察所致，但細觀其中的內涵，某些同書錯置在不同類目之間，確有難於細分的困擾，加以其判定類目之前，未能先依書名、作者排列，逐一檢視，是以產生一書二目，歸類卻不相同的情況。惜竹垞在類目的安排上，未能確實控制書籍的重出，致使在分類上，產生同書異類的情況，值得我們日後編輯書目之時，需要特加注意重出的情況，以免重蹈覆徹。

（三）質近類異之例

竹垞在分類體系上，雖力求周詳，但仍有某些性質相近的典籍，卻有分類互異的現象，顯示竹垞在分類概念上，間有謬誤之處，茲說明如下：

《四書解》：

竹垞有六部名爲《四書解》的書籍，其中張九成、諸葛泰、曾子良、史于光、徐渭之書，俱入於「四書類」〔註118〕，而謝升賢《四書解》卻置入「群經類」〔註119〕，審其性質，竹垞既有「四書」類別，而此書亦名爲《四書解》，當入於「四書類」，而非「群經」類，又竹垞在「四書類」中，尚著錄謝氏《恕齋四書解》一書，則明顯是同書異出，故宜將置入「群經類」的《四書解》刪去，以符合其編纂的法則。

《孝經衍義》：

竹垞共錄有七部《孝經衍義》，其中劉元剛、葉瓚等作品俱入「孝經類」，而清聖祖康熙所錄之書，則置入「御注」類，以示「尊王」之意，有關「御注」類典籍的歸併問題，請詳見本書第七章第二節「《經義考》的類目闡釋」一文，該文有較爲詳細的探討，茲不贅述。

《春　秋》：

竹垞錄有六部題作《春秋》之書，其中「冥都」、「陳欽」、「劉絢」三人之書置入「春秋類」，而「虞卿」、「李氏失名」、「呂不韋」三人之書則列入「擬經」，案：若依其分類的觀念，則「春秋」類當收與《春秋經》相關的典籍，至於「擬

〔註118〕張、諸葛、曾、史、徐諸人之作，分別參考註10，252：2、252：4、253：4、256：8、257：4等出處。
〔註119〕參考註10，卷二四四，頁5。

經」一類，則取其托名《易》、《禮》、《春秋》、《爾雅》諸經之作，如虞卿、李氏、呂不韋諸人之書，由於此類的典籍，雖徒俱《春秋》之名，其實與《春秋經》不盡相同，亦不盡符合「擬經」之義，然既托《春秋》之名，則不得不錄其書，是以竹垞亦深擾於此類典籍的收錄問題，其於《經義考》卷二二七錄有晏嬰《晏子春秋》下有案語一則云：

> 諸家《春秋》不盡擬經，然既託其名，不容不錄，若葛立方之《韻語陽秋》、崔銑之《文苑春秋》，緣附不倫，斯去之〔註120〕。

觀虞、李、呂三家之書，列入「擬經」，則符合其分類的原則。然而，「冥都」、「陳欽」、「劉絢」三人之書置入「春秋類」，則有待商榷。案：竹垞《經義考》卷一七一錄有冥都《春秋》一書，其下載有賈公彥敘錄一則，題作「冥氏作《春秋》，若晏子、呂氏《春秋》之類。」〔註121〕，則冥氏《春秋》，當遵從晏子、呂氏之書，置入「擬經類」。

又《經義考》卷一七一錄有陳欽《春秋》一書，其下錄有《後漢書》一則云：

> 陳元父（陳）欽習《左氏春秋》，事黎陽賈護，與劉歆同時，而別自名家。王莽從欽受左氏學，以欽爲「厭難將軍」也〔註122〕。

據此，則知陳欽所撰《春秋》，當與《左氏春秋》近同，而非徒俱其名，故置入「春秋類」下，亦爲允當。同樣的情況，又見於《經義考》卷一八四錄劉絢《春秋》一書，其下有《中興國史志》云：

> （劉）絢傳說多出於頤書，而頤以爲不盡本意，更爲之，未及意，故莊公以後，解釋多殘闕〔註123〕。

是則劉絢雖以《春秋》爲名，但其書與晏子之書不同，而與《春秋經》密合，故列入「春秋」類，亦屬恰當之舉。竹垞雖錄有六部題爲《春秋》的典籍，也分隸二類，但除了冥都《春秋》宜改入「擬經」外，其餘五書的分類，均能符合竹垞類例，是以竹垞雖有偶失，但並非毫無可取，劉絢、陳欽《春秋》歸類於「春秋」，而非「擬經」，其中亦能符合竹垞的分類原則，惜冥都《春秋》應置入「擬經」，卻未能察知，實爲可惜。

《春秋災異》：

竹垞錄有二部《春秋災異》，分別爲劉義叟、郗萌二人所撰，劉書置於「春秋」，

〔註120〕參考註10，卷二二七，頁1。
〔註121〕參考註10，卷一七一，頁6。
〔註122〕參考註10，卷一七一，頁7。
〔註123〕參考註10，卷一八四，頁1。

而郗書則置於「讖緯」，如審度其書性質，則郗書置於「讖緯」當無疑義，蓋《經義考》卷二六六錄《春秋災異》下引《隋書》云：「漢末郎中郗萌集圖緯讖雜占爲五十篇，謂之《春秋災異》」〔註124〕故其書涉及讖緯的內容，宜列入「讖緯」一類，但考竹垞在《經義考》中，大凡涉及「災異」書名者，俱入各經類目之下，如孟喜、京房《周易災異》則列入「易」類〔註125〕；又無名氏《春秋災異應錄》列入「春秋類」〔註126〕，又劉義叟《春秋災異》亦列入「春秋類」，僅郗萌《春秋災異》確知其內容爲讖緯之書，故列入「讖緯」一類，這是竹垞有意爲之所致。

《春秋後傳》：

竹垞收錄三部《春秋後傳》，陸佃、陳傅良二書列於「春秋類」〔註127〕，另樂資之書列入「擬經」類〔註128〕，考竹垞於「樂資」書下錄有劉知幾敘錄云：

> 晉著作郎樂資采二史，撰爲《春秋後傳》，其書始於周貞王，續前傳魯哀以後，至王赧入秦，又以秦文王繼周，終於二世，合作三十卷〔註129〕。

是樂氏之書，宜置入「擬經」，應無疑慮。惟陸氏之書，竹垞取自《宋志》，而云「未見」，是則其書性質無從得知。但有關陳傅良之書的性質，則竹垞錄有諸多學者的敘錄，可供判別的準據，茲引「張萱」之論如下：「止齋取《左傳》，每段以數語括其大指，閒有評駁」〔註130〕則陳氏之書，乃是根據《春秋》內容，括其指要，而間有批評，是書列入於「春秋」類，亦誠屬允當。

《洪範圖解》：

竹垞錄有二部《洪範圖解》，其一爲葉良珮所撰，列入「書」類；另一部爲韓邦奇所撰，置於「擬經類」，考其所錄的經籍，其中涉有「洪範」之名者，率皆入於「書類」，其中僅四部列入「擬經類」，即蔡沈《洪範內外篇》、俞深《洪範疇解》、韓邦奇《洪範圖解》、程宗舜《洪範內篇釋》四書，俱見於《經義考》卷二七三。俞、韓、程三家俱宗蔡沈之書，乃隨蔡書置入「擬經類」，眞德秀嘗云：「蔡氏範

〔註124〕參考註10，卷二六六，頁8。

〔註125〕參考註10，卷五，頁7。

〔註126〕參考註10，卷一九二，頁7。

〔註127〕竹垞收錄二部，一爲陸佃所撰，參考註10，卷一八三，頁4；另一見於陳傅良所撰，參考註10，卷一八七，頁2。

〔註128〕竹垞收錄一部，參考註10，卷二七五，頁4。

〔註129〕參考註10，卷二七五，頁4。

〔註130〕參考註10，卷一百八十七，頁4。

數與三聖之易同功」〔註131〕，是則蔡書雖有「洪範」之名，但其性質與傳統內涵不合，乃是混合《易》理之數，重新排比成書，由於前無所承，故列入「擬經」類，亦屬允當。至於葉良珮之書，由於竹垞未見其書，僅能依據慣例置入「書類」，但衡量其書名，或應置入「擬經」類爲佳。

《說　經》：

竹垞錄有二部《說經》之書，一部屬於楊南撰作，隸屬於「易類」〔註132〕；另一部則爲顏師古所撰，隸屬於《群經》類〔註133〕，審其書名，未能確知孰是孰非，但二書既經竹垞定爲存籍，想必當日判定，應無誤判的現象，是以類別雖異，要其實情，應符合竹垞類例。

《禮　考》：

竹垞收錄二部《禮考》，其一爲吳嶽所撰，列入「通禮」〔註134〕，一爲張睿卿撰，置入「禮記」類〔註135〕。今審吳嶽之書下，錄有洪朝選〈序〉云：「少宰望湖吳公，示余以手編吉凶禮凡五，曰：士相見禮；曰士冠昏喪祭禮，引《儀禮》《禮記》經文於前，附以己意訓釋於後，合而名之曰《禮考》。」〔註136〕，是以竹垞判入「通禮」之目，應符合其類目的原則。至於張睿卿之書，由於未錄解題，但其書業經竹垞判爲存籍，想必其相關的判定，當無疑義。

《禮　問》：

竹垞收錄二部《禮問》之書，一爲范寧所撰，置入「通禮類」〔註137〕；一爲林震所撰，列入「禮記」類〔註138〕，二書分類頗不一致，但由於均是佚籍，實難以定其是非。

《禮　略》：

竹垞錄有三部《通禮》，其中景鸞、杜肅二書，俱入「通禮」〔註139〕；而汪應蛟之書，則置入「禮記」〔註140〕，由於汪書未錄及相關序錄及出處，且其書判

〔註131〕參考註10，卷一百七十三，頁8。

〔註132〕參考註10，卷六八，頁3。

〔註133〕參考註10，卷二四一，頁2。

〔註134〕參考註10，卷一六六，頁9。

〔註135〕參考註10，卷一四六，頁4。

〔註136〕參考註10，卷一六六，頁9。

〔註137〕參考註10，卷一六六，頁3。

〔註138〕參考註10，卷一四二，頁3。

〔註139〕參考註10，卷一六六，頁3。又同卷，頁7。

〔註140〕參考註10，卷一四五，頁5。

為未見，是以竹垞未能見及其書；至於景、杜二書，皆判為佚籍，雖錄有《後漢書》、《崇文總目》，但仍缺乏詳細的記載，能證成其書收錄多種禮書，是以有關二書判入「通禮」類，實缺乏有力的證據，足以證成其說。

《禮經纂要》：

　　竹垞收錄二部《禮經纂要》，一為周昌撰，置入儀禮類，判為「佚」籍〔註141〕；另一則為侯君擢撰，置入禮記類，判為未見〔註142〕，竹垞皆未能親自目見其書，僅據「禮經」之名，實難斷知究係何屬，而其卻分隸二類，未詳所據理由為何？今暫記於此，以俟後考。

《禮　論》：

　　竹垞共錄及八部名為《禮論》之書，其中何承天、周續之、邱季彬、王通、李敬玄、李洵直等六部，置入「通禮」〔註143〕，而李清臣、章望之等二部，則置入「禮記」〔註144〕，實有分類不一的情形。但若細審上述二部份，則李清臣、章望之二書，卷帙均僅一、二篇，故其所錄內容較少，至於其餘六家，則除周續之《禮論》未錄卷帙，其餘諸書均錄有卷數，內容較多，故可能會涉及各種禮書的內容。至於李、章二人之書，由於卷帙較少，是以內容或許無法記及三禮內容，導致分隸有所不同。

《類　禮》：

　　竹垞收錄三部題作《類禮》之書，其中陸質之書，置入「通禮」〔註145〕；而魏徵、梁寅之書，則列入「禮記」，〔註146〕，二種判定是否有失，仍有待於日後的考訂，今羅列於此，以俟後考。

　　綜合上述內容，「禮記」和「通禮」間的分類內容，容易產生混淆的現象。究其產生的原因，主要是因為過去禮經的分類，未有「通禮」之目所致，是以相關的典籍，大都列入「禮」類以繫之。竹垞別設「通禮」之目，乃將通論三禮之籍，獨立成目，如若其書已佚，無法目見原書，將造成歸隸的困擾，因而產生混淆的

〔註141〕參考註10，卷一三三，頁6。
〔註142〕參考註10，卷一四六，頁3。
〔註143〕參考註10，卷一六六，頁4～8。
〔註144〕李氏之書，參考註10，卷一四一，頁1。又章氏之書，則參考註10，卷一四一，頁2。
〔註145〕參考註10，卷一六六，頁7。
〔註146〕魏徵之書，參考註10，卷一四〇，頁7。而梁寅之書，則參考註10，卷一四四，頁1。

現象。此外，「擬經」的分類，易於和正經經目產生錯置，尤其在「易」、「春秋」二類，由於所錄複雜，難於判定，是以混置的情況，十分嚴重。至於「四書」、「群經」二類，也會產生認定的疑誤，考竹垞所謂的「四書」，係取朱子所定的內容，以《論語》、《孟子》、《大學》、《中庸》四書爲主，其餘名涉「四書」之名，但非朱子議定的「四書」者，則將其列入「群經」，是以有關二目的判定，亦有待重新認定。其次，「御注」、「敕撰」之書，由於收錄清帝之作，藉以彰顯尊王之義，故其中的內容，易與其他諸籍相混，宜稍加區別。

（四）誤繫類目之例

在竹垞的分類之中，亦有不少誤繫類目之失，尤其是「擬經」、「群經」等類別，常有誤入不恰當的內容，雜入其類目之中，如《經義考補正》卷第十，《孝經援神契》條下案語云：

> 張衡謂劉向校《七略》，尚無讖緯。據此則《經義考》「毖緯」一門，
> 略存其概可矣，似毋庸備載其書也〔註147〕。

是以翁方綱對於竹垞收錄過多「毖緯」的內容，乃主張「略存其概」，並不需要備載其書，這是對整個類目的內容，提出反對的意見。

又翁方綱《經義考補正》，曾經針對個別典籍的分類情況，提出其看法。如卷第七，唐章懷太子李賢《春秋要錄》一書下錄有「丁杰」案語如下：

> 《舊唐志》作《春宮要錄》，此從《新志》，但《新舊書》俱編入丙
> 部儒家類，不入甲部春秋類，當以作《春宮》者爲正。朱撿討（朱彝尊）
> 收入春秋，蓋承《玉海》之誤也〔註148〕。

可見翁書對於《春宮要錄》收錄於「春秋類」之下，頗有反對的意見。在類目收錄內容上，翁氏對於「擬經」類的典籍，反對最力，如卷第十一，《淳化鄉飲酒詩》下云：「此特宋時借古篇名以入樂耳，何嘗以擬經自居乎，當刪去」〔註149〕是以當去《淳化鄉飲酒詩》一書，又同卷崔寔《四民月令》下云：

> 此《四民月令》以下至《水月令》，凡一十三種，皆不應入擬經，
> 當刪〔註150〕。

則刪錄的對象，更擴及《四民月令》等十三種典籍，又趙氏《吳越春秋》下云：「《越

〔註147〕參考註2，卷第十，頁157。
〔註148〕參考註2，卷第七，頁100。
〔註149〕參考註2，卷第十一，頁165。
〔註150〕參考註2，卷第十一，頁165。

絕書》以下至《吳越春秋傳》凡六種，皆非擬經，當刪」〔註151〕則刪去《越絕書》
等六種。又杜崧《杜子春秋》下云：

> 竹垞所載李氏《戰國春秋》以下，至亡名氏《歷代善惡春秋》，凡
> 四十六種，皆不得入擬經，當刪。，又所載王氏道彥《百官春秋》至亡
> 名氏《幼老春秋》凡五種，亦當刪〔註152〕。

據此，應該刪去《戰國春秋》等共五十一部典籍，其餘類此之例尚多，不一一贅
舉。由此可見，竹垞在典籍分類的安排上，常會出現誤繫類目的情況。

（五）欠缺類序之例

　　一套完善的書目分類，理應加入大序、小序的記載，藉以條別各家的淵源得
失，使其成爲分類的依據。然而，由於竹垞未能完全集結成書，即已身故，是以
不僅欠缺〈自敘〉，藉以交代其編纂動機等等，也欠缺相關的類序，使得讀者無從
得知其分類的標準，而需要重加釐測，方能探知其分類的內涵。因此，竹垞在各
類目之下，欠缺基本的說明，實屬於其分類方面的遺憾。

　　竹垞分類的疏失，大抵出現在收錄範圍的適當與否，至於在類目安排上，以「擬
經」、「群經」二目的界定較爲複雜，也容易產生錯誤的情況。整體而言，其在類目
的安排上，能適度依據實情加以歸類，從而開啓後世專科書目的分類觀念，則其功
偉矣。大抵如上述所論，若能重新調整其次第，並補足其闕失，刪去其複重之例，
將使《經義考》的類目安排，更有完整的體系，可以提供更多的參考價值。

五、解題的謬誤

　　《經義考》是輯錄體的書目，其轉錄的解題資料，佔有全書的絕大部份，其
中的參考價值，甚至要超過案語的內容。由於竹垞考訂的成果，並非每書皆附有
考察，要達到治經問學的功效，仍需借重解題的內容，才能達到導引的功效。解
題既是如此重要，但在解題之中，卻隱藏不少的錯誤，諸如書名的缺錄、內容的
更動、順序的誤換等等，使得解題的資料，已非原來的內容，其中刪改頗多，需
要重新整理，以免遺誤後世學者。下文即就其產生的錯誤，逐一提出論證，藉以
明白其錯誤之處。

〔註151〕參考註2，卷第十一，頁165。
〔註152〕參考註2，卷第十一，頁167。

（一）題稱的錯誤

解題的題稱，是考察資料來源的準據，若題稱出現錯誤，不僅無法正確來考訂其來源，也會造成題文不符的現象。竹垞在題稱的標示上，常有標示錯誤的情形，茲列舉數例，以明其責。例如：翁方綱《經義攷補正》卷第十一，「王史氏」條下云：

> 《漢志注》云：「七十子後學者」，按此是班志語，非注也。竹垞誤
> 爲顏注，故《曝書亭集》〈孔子門人考〉直引作顏師古曰，誤更甚矣。此
> 注字當刪〔註153〕。

該項解題原爲班固之文，卻訛增一「注」字，導致其內容轉變成爲「顏師古」之語，蓋一「注」字，使得解題出入事實遠矣。此類題名的錯誤，將導致解題誤繫爲他人所有，由於同類的錯誤，尚不僅見於一處，翁方綱皆一一指明之，如卷第三，《古文尚書》下引丁杰考證云：

> 丁杰曰：尚書以下十四字，係《漢書·藝文志》之正文，應將顏師
> 古曰四字移下。，方綱案：此條既是班氏正文，自應以「班固曰」領起，
> 而下云「顏師古注曰」、「孔安國」云云，既要用人名不用書名，則注字
> 亦難安頓，若徑將顏師古別爲一條，則又不可矣，此則純用某人曰之例，
> 原有時而窮耳〔註154〕。

上述例證，乃是書名訛增「注」字，遂使原來屬於「班固」的原文，卻變成「顏師古」的論點，而翁氏亦能詳加審訂，以糾其誤，顯示出竹垞在題稱的安排上，頗有失當之處。

又《經義考》卷三錄有《歸藏》一書，其中《通考》卷二「《歸藏》」一目下〔註155〕，錄有「《崇文總目》」一項，而竹垞卻轉錄題作「《中興書目》」〔註156〕，此乃誤《崇文總目》爲《中興書目》的例證。此類的案例並非個案，其他如馬融《周官傳》卻被誤爲《後漢書》註〔註157〕等等，均係誤繫書名之例。

另有一類的錯誤，乃是誤題經籍序文，致使內容有「張冠李戴」之失，如《經義考》卷四十，胡方平《易學啓蒙通釋》下錄有「方平自序《通釋》」一文〔註158〕，

〔註153〕參考註2，卷第十一，頁170。
〔註154〕參考註2，卷第三，頁30～31。
〔註155〕參考註42，卷二，頁47。
〔註156〕參考註10，卷三，頁2。
〔註157〕參考註2，卷第五，頁59。
〔註158〕參考註10，卷四十，頁1。

實乃誤朱熹《易學啓蒙》之序文以爲之〔註159〕，翁方綱《補正》卷第二引錢大昕考證云：

> 錢大昕曰：此序本朱文公《啓蒙》元（原）序，公時主管華州雲臺觀，故以雲臺眞逸自號，通志堂刻誤以爲《通釋·序》，竹垞因目爲方平〈自序〉，誤也〔註160〕。

是以此處乃誤作書序題稱而致誤，本序原爲朱熹之〈序文〉，卻被誤解爲胡方平〈自序〉，致使題稱有誤題的現象，又同樣誤題書序的現象，亦出現在梅鷟《尚書譜·序》一文，竹垞誤將該序題作《尚書考異·序》〔註161〕，林慶彰先生於《明代考據學研究》之中，指明其序並非《尚書考異》的序文，實屬於梅鷟《尚書譜·序》〔註162〕，蓋竹垞誤題書序，導致有誤繫書名的缺失。

又尚有一文二出，但題稱互異之例，如《經義考補正》卷第九，趙岐《孟子註》下案語指出：

> 此條下所引晁公武說韓愈以此書云云，已見前卷弟（第）三頁，似一說兩見，而前作晁說之語，此作晁公武語，檢《通考》但稱晁氏，未知孰是〔註163〕。

案：《經義考》卷二三一孟軻《孟子》條下引「晁說之」語，的確與卷二三二趙岐《孟子註》的「晁公武」之說近同，而有一說兩見的現象。翁氏檢閱《通考》之文，僅見其稱「晁氏」，卻不能詳其究竟是「晁說之」之說，抑或是晁公武之說，但若檢閱《郡齋讀書志》卷十，即可明白發現此爲晁公武之說，當無疑義。考《通考》所錄「晁氏」之說，大抵皆出於「晁公武」《郡齋》之文，至於《經義考》所引「晁說之」之文，卻是出自晁公武轉引之文，如《通考》卷二，子夏《易》下引「晁氏曰」，其下即錄有「晁以道《傳易堂記》」之文，而竹垞乃將其獨立成目，故《經義考》卷五，卜商《易傳僞本》下，即有「晁說之」、「晁公武」二條解題，審其來源，乃係將《通考》所錄「晁氏」之說，獨立成二項解題所致。其他如《通考》卷二，京房《易傳》下，亦徵引晁氏《讀書記》之說，而《經義考》卷七亦分立「晁說之」、「晁公武」等二項敘錄。因此，本項資料既是出自《郡齋》之文，

〔註159〕參考註10，卷三一，頁1。
〔註160〕參考註2，卷第二，頁26。
〔註161〕參考註10，卷八八，頁6。
〔註162〕林慶彰：《明代考據學研究》，（台北：臺灣學生書局，民國75年10月修訂再版），頁137，註解一。
〔註163〕參考註2，卷第九，頁141。

則其論點爲「晁公武」之說，而非「晁說之」之說可知矣。翁書於此項案語，雖指出其論點近同，但所下的結論，則未免過於謹愼，使其無法得到確切的結論，故宜另行補證其說，以擴大糾繆的成果。

（二）排列的失當

竹垞在解題的排列上，多能依據時代的先後爲序，此一方式的安排，使其編纂更合乎法則，但其解題的次序上，亦有錯繫位置的現象。《四庫全書總目》卷十九，王應電《周禮傳》十卷、《圖說》二卷、《翼傳》二卷下云：

> 朱彞尊《經義考》惟載《傳》十卷，《圖說》二卷，《學周禮法》一卷、《非周禮辨》一卷，而不載翼傳之名，頗爲疎漏。又所引黃虞稷語，乃《繫傳》之解題，而繫之《周禮傳》下，亦爲舛誤，豈偶然疎略，未及檢其全書歟〔註164〕。

據此，由於竹垞的一時失察，致使原屬於《繫傳》的解題，反將其繫於《周禮傳》之下，致使解題的次第有誤，無法正確反應其著錄的內容，諸如此類的缺失，宜調整其次第，使其確實合乎編纂的條例。

竹垞在全書的編排之中，往往能重視排列的方式，若究其整體的安排，大都能依據時代的先後排列，這種編排的方式，實屬於良好的安排方式。然而，在眾多的內容之中，難免會產生錯誤的情況，是以仍需調整其次序，使其更能整體一致，能收致參證之效。

（三）題稱的闕漏

在《經義考》的解題中，亦有漏略出處，逐題以「□□□」之例，如卷二百八十鄺露《赤雅》下，有解題引作「□□□」者〔註165〕，蓋竹垞既有摘引來源，則據書直錄題稱即可，何以會題作「□□□」，其中殊不可解。又有某些缺錄的內容，僅空以空格，而未以「□□□」以爲區隔，如卷二百十七朱熹《論語集注》於朱子〈自述〉下，摘引「　　曰」，惟其中即爲空白，而非「□□」者，蓋或係板刻之時，一時誤略所生的漏略。此類題稱的闕漏，將阻礙我們運用全書，使得引證的敘錄，究竟歸屬於誰？則有待進一步的考訂，始能確切明白。

題稱的闕誤，會造成讀者使用的困擾，由於竹垞在資料的引證時，並未確實標注出處的卷帙、頁數，是以讀者僅能依據其題稱，來追索其說究竟出自何處、

〔註164〕參考註6，卷十九，頁154。
〔註165〕參考註10，卷二八〇，頁7。

何人的主張，若失去題稱，僅以「□□□」代替其說，不僅將使讀者無法得知其出處，甚且連代表何人的主張，亦無從得知，這種標示的方式，實難以令人信服。

（四）內容的闕漏

　　竹垞收錄的解題中，亦有漏輯前賢解題者，翁方綱在補訂之時，也增補前賢解題資料，藉以補充論證，並吸取前人的考證成果，如卷第七，賈逵《春秋左氏長義》下徵引「陸德明」之說：

> 　　（賈）逵受詔列《公羊》、《穀梁》，不如《左氏》，四十事奏之，名
> 曰《春秋長義》，章帝善之〔註166〕。

由於竹垞未列有《春秋左氏長義》一書，是以自然並無相關文獻，以供參考。但翁氏根據竹垞所列「徐彥」之語，乃判竹垞誤將賈逵《春秋左氏長經》、《春秋長義》誤合爲一書，故於其下補列《春秋長義》一書，並增補陸德明之說，使讀者得以明白《春秋長義》一書，乃是比較《公羊》、《穀梁》與《左傳》之間的優劣，並專選《左傳》較優之處纂輯，合計四十事，是以雖未見其書內容，但亦可知其梗概。

　　竹垞在敘錄中，雖常徵引前賢的序跋資料，但亦有應錄而未錄，使解題缺乏更多佐證的資料，殊爲可惜。如《經義考》卷一百六十七瞿九思《樂經以俟錄》下，竹垞未錄有任何解題，然下有竹垞案語一則，茲錄之如下：「瞿氏論《樂》，史學遷序之，雖經鏤板，然卷帙未定，非完書也」〔註167〕本書業經竹垞判爲「存」籍，且指出有史學遷序其書，然卻未見竹垞摘引其文，致使應錄未錄，使讀者必須還檢原書，始能得知其內容，這種闕錄序文的方式，與竹垞處理的慣例不合，應再行補錄其文，使其完整一致，也更收參考價值。因此，翁方綱在考訂時，亦酌收原書的序跋，藉以補充竹垞失載的缺點，如卷第二，朱子《周易本義》下載吳革之〈序〉：

> 　　象占，《易》本義也。伏犧畫卦，文王繫象，周公繫爻，皆以象與
> 占，決吉凶悔吝，各指其所之。孔子〈十翼〉，專以義理發揮經言，豈有
> 異旨哉，體用一源，顯微無閒，互相發而不相悖也。程子以義理爲之傳，
> 朱子以象占本其義，（吳）革每合而讀之，心融體驗，將終身玩索，庶幾
> 寡過。昨，刊程《傳》於章貢郡齋，今敬刊《本義》于朱子故里，與同
> 志共之，抑朱子有言，順理則吉，逆理則凶，悔自凶而趨吉，吝自吉而
> 向凶，必然之應也。夫子曰：「不占而已矣。」，咸淳乙丑（1265年）立

〔註166〕參考註2，卷第七，頁93。
〔註167〕參考註10，卷一六七，頁6。

秋日，後學九江吳革謹書〔註168〕。

據此，則知吳革刊印的原委以及刊印的時間，且可藉此得知吳革喜經術，並能終身體驗其說，亦可發抒其經學的觀念，全篇頗有參考的內涵，惜未見竹垞錄及此文，錯失其參考的價值。翁氏增載不少的序跋內容，其對序跋選錄的標準，乃在於是否能成爲「考證之資」〔註169〕，甚且抄錄不易獲取的序跋，如卷第五，賈公彥《周禮疏》下引錄「賈公彥序《周禮廢興》」一文，由於該文丁杰曾據以考證王炎之誤，且有版本在刊行之際，刪去不載，〔註170〕，是以不容易取得。因此，翁氏不計篇幅長短，全篇載錄，能收致參證之效。此外，翁氏亦增載不少的序跋，藉以補其失漏的內容，說法可參考《經義考補正》一書，茲不贅述。

上述的闕漏，係整段解題的漏收，尚有部份內容的漏輯。在《經義考》的輯印過程中，其中有缺字的現象，而覃谿在《經義考補正》則逐一補入。如卷第二，傅耆《同人卦說》下錄有案語云：「度正條內改易數字，皆人意所不□□。當作『所不能到』〔註171〕」。據此，則應補入「能到」二字。又另有一些缺字之處，則是訛增的部份，宜刪去爲是。如卷第二，明僧紹《繫辭注》下案語云：

竹垞按：釋文引明氏（繫）辭注：「何以守位□」，曰：「人作仁」。

今按守位下誤多一「□」，當刪去〔註172〕。

上述的闕空，係訛增之字，宜刪去不論，翁氏對於《經義考》中缺字之處，大抵審其內容，核其名實，則多能給予論斷，其說可供參考。

上述所論，係字詞的缺空，但另有一類的內容闕略，乃是起自刪削所致，林慶彰《明代考據學研究》指出古人引書的缺失，乃在於隨意刪削，茲錄其說，以供參考：

古人引書不若今人之逐句引之，故執所引覈之原書，字句每多出入，至若將引文隨意刪削，實於明人爲烈〔註173〕。

竹垞處於明末清初之際，其部份的觀念，亦襲自明代學者的見解，是以在引文的摘錄上，隱藏不少的缺點，總結其漏失的內容，仍有許多的重要內容，頗有參考的價值，茲簡述如下：

〔註168〕參考註2，卷第二，頁14。
〔註169〕參考註2，卷第五，頁60。
〔註170〕參考註2，卷第五，頁58。
〔註171〕參考註2，卷第二，頁24。
〔註172〕參考註2，卷第二，頁25。
〔註173〕參考註162，頁123。

1、漏列評定價值

《經義考》徵引的資料，大抵係根據原文移錄，然其中亦有漏列評價，使其失去若干的參考價值，例如：《經義考》卷九，鄭康成《易註》引《崇文總目》的內容時，缺漏「指趣淵確，本去聖未遠。」〔註174〕，是則可視爲對鄭玄書的重要評價，惜竹垞闕而弗錄，喪失可供佐證的材料。《崇文總目》對於鄭玄之書的評價，顯示其有正面的評判，然竹垞或偶一失察，致使漏列此段內容，殊爲可惜。諸如此類例證頗多，尚有《漢一字石經》錄鄭樵《通志略》之文，則漏列「後儒晚學，咸所取正。」〔註175〕等評價，諸如此類評語，將有助於讀者判讀經書的價值，惜竹垞在抄錄過程中，往往有漏失之誤。此外，在竹垞漏略的評價中，亦有《通考》舉其實證，而非單純數語的批評。例如：《通考》卷六韓嬰《詩外傳》引洪邁《容齋隨筆》的內容，《經義考》雖有徵引，然缺漏如下文句：

> 其末又題云：「蒙文相公改章三千餘字」。予家有其書。百卷第二章
> 載孔子南游適楚，見處子佩瑱而浣，乃令子貢以微詞挑之，以是説《詩·
> 漢廣》游女之章。其謬戾甚矣，他亦無足言〔註176〕。

據此，除可得知《詩外傳》「謬戾甚矣，他亦無足言。」外，也能得知其書曾被改動三千餘字，已失原書的文意，這些內容的說明，均有益於經義的考證，惜其略而不錄，致使失去參考的價值。

2、漏列撰注作者

例如：陰弘道《周易新論傳疏》條舉《崇文總目》時，《通考》內容多出「唐陰洪道撰」等五字〔註177〕，而《經義考》所錄，則由於其前有《唐志》、《新唐書·志》等標明其作者年代，且作者之名，亦已著錄，是故漏列《通考》所載的朝代、撰者等資料。在註者方面，例如關朗（子明）《易傳》引陳振孫之語時，《經義考》所錄，省略「唐趙蕤註」〔註178〕等字樣，是則省去註者之名，而竹垞在徵引《中興書目》條時，即已引證「唐趙蕤注」等字樣，是以雖不影響讀者對其作者、朝代的判別，但對所徵引的原文而言，則略去許多的內容。此外，也遺漏若干撰、注者的傳記資料者，例如：《經義考》卷十四陸德明《周易釋文》引陳振孫之語，

〔註174〕參考註10，卷九，頁1。
〔註175〕參考註10，卷一八七，頁7。該文《文獻通考·經籍考》置於卷二，頁58石經《周易周易指略例》條目之下。
〔註176〕參考註42，卷六，頁152。
〔註177〕參考註42，卷二，頁55。
〔註178〕參考註42，卷二，頁56。

《經義考》為節錄之文，蓋省略「唐國子博士陸德明撰。本名元朗，以字行〔註179〕。」等字，此係省略作者的相關資料，竹垞未能直錄《通考》之文，殊為可惜。

上述的內容，僅僅是個人撰、注者的漏題，尚有一些經疏，乃是由多人合作而成，惜竹垞漏去其撰注者的資料，稍嫌可惜。如《通考》卷十六《爾雅疏》下錄有「陳氏」之言，竹垞將整段文字有關撰注者的內容，缺而弗錄，茲引其原文如下：

> 邢昺撰。其敘云，為注者：劉歆、樊光、李巡、孫炎。雖各名家，
> 猶未詳備，惟郭景純最為稱首。其為義疏者，惟俗間有孫炎、高璉，皆
> 淺近，今奉　校定，以景純為主，共其事者，杜鎬而下八人〔註180〕。

觀此文的記載，則不僅得知《爾雅疏》所採取前賢注者，有劉歆、樊光、李巡、孫炎諸人，且其撰者雖題作「邢昺」所撰，實則能得到「杜鎬」等八人的協助，是以此段文字，實有助於瞭解該書的撰作者，若將所有的功績歸於「邢昺」，將使前賢的心血，付諸東流，衡諸實情，不應該略而不錄，以免錯失參考價值。

3、漏列序跋資料

在竹垞徵引的文獻之中，亦有略去序跋的資料，例如：宋咸《易訓》條引晁公武之語時，即漏去晁氏所論宋咸〈自序〉的一段話：

> 咸〈自序〉云：「予既以補註奏御，而男億請餘義凡百餘篇，端因
> 以《易訓》名之〔註181〕。」

審竹垞所錄的內容，並無宋咸《易訓·序》之文，使其失去參考稽核之便。反之，竹垞亦有將旁人徵引的序跋，裁篇而出，例如《經義考》卷十九呂大防《周易古經》條引晁公武之說，即刪去呂大防〈自序〉之文，卻將呂氏〈自序〉裁篇獨立，若就晁公武之說的引文而論，則《經義考》亦漏列序跋，然與上述漏引宋咸《易訓·序》略有分別，蓋宋咸之〈序〉，係完全失去全部的內容，而呂氏之〈序〉，雖不見於原來「晁公武」之說，但卻另外收錄原文，並補錄晁公武之節錄文句，使其序得以完整無缺，二者之間，實有不同。

此外，竹垞在序跋的引證上，最常刪去年月的記載，是以前賢每有補錄其序跋失錄的年月，尤其以翁方綱《經義考補正》一書，輯錄較多，翁氏於《補正》卷第一，沈該《周易小傳》下云：

> 竹垞先生此書所最失檢者，於進表及序跋多刪其歲月也。今方綱隨

〔註179〕參考註42，卷二，頁56。
〔註180〕參考註42，卷十六，頁390。
〔註181〕參考註42，卷二，頁63。

所見者補入，亦頗未能詳盡，謹識於此，以當發凡〔註182〕。

翁氏對於竹垞之書刪略歲月者，寄予無限的感慨，乃發憤輯錄其漏略的年月資料。據伍崇曜《經義考補正‧跋》指出，翁氏曾和丁杰「相約補正《經義考》序尾年月」〔註183〕，而伍崇曜亦自承曾收錄數條，以與翁氏相互研問〔註184〕，是以可見其刪略序跋的作法，常能引起學者的相互輯錄，以求補全其失。

翁方綱有鑑於竹垞漏失年月的情況，乃發凡體例，期能補其漏失的年月，在《經義考補正》之中，亦屢見其補錄的成果，顯見翁氏輯錄之勤，可見一斑。茲將其所補錄的年月，試製一簡表如下：

書　　名	作　者	卷	頁	缺　　錄　　年　　月	《補正》卷頁
周易小傳	沈　該	23	4	紹興二八年（1158 年）六月	1：12
易璇璣	吳　沆	24	2	紹興十六年（1146 年）夏五月	1：12
古易占法	程　迥	28	1	隆興癸未（1163 年）	2：13
述釋葉氏易說	袁聘儒	32	8	（紹熙）癸丑（1193 年）	2：15
易學啓蒙通釋	胡方平	40	1	淳熙丙午（1186 年）莫春既望	2：26
周易本義集成	熊良輔	46	2	至治壬戌（1323 年）五月	2：18
周易會通	董眞卿	46	4	元統二年甲戌（1334 年）九月朔	2：19
古周易訂詁	何　楷	63	6	崇禎六稔（1633 年）歲在癸酉	2：23
書傳	蔡　沈	82	1	嘉定己巳（1209 年）三月既望	3：39
尚書通考	黃鎭成	86	6	天歷三年（1330 年）正月	3：40
定正洪範集說	胡一中	96	5	至正甲午（1354 年）春	3：42
毛詩集傳	朱　熹	108	1	淳熙四年（1177 年）丁酉冬十月戊子	4：51
儀禮逸經	吳　澂	133	2	至正十五年（1355 年）甲午七月	5：70
禮記	戴　德	138	2	淳熙乙未（1175 年）歲後九月	6：73
禮記集說	陳　澔	143	4	至治壬戌（1323 年）良月既望	6：77

〔註182〕參考註2，卷第一，頁12。
〔註183〕參考註2，〈伍崇曜跋〉，跋一。
〔註184〕同前註。

春秋經傳類對賦	徐晉卿	180	3	皇祐三年（1051 年）正月望日	7：104
春秋指南	張　根	183	4	紹興七年（1137 年）七月	8：107
春秋傳	葉夢得	183	7	開禧乙丑（1205 年）九月一日	8：108
春秋後傳	陳傅良	187	2	開禧三年（1207 年）冬至日	8：111
春秋左傳類事始末	章　沖	188	3	淳熙丁未（1187 年）十月	8：112
春秋左傳類事始末	章　沖	188	3	淳熙十五年（1188 年）十二月	8：112
春秋王霸列國世紀編	李　琪	191	1	嘉定辛未（1211 年）七月	8：114
春秋或問	呂大圭	191	7	寶祐甲寅（1254 年）	8：115
春秋本義	程端學	195	1	泰定丁卯（1327 年）四月	8：117
春秋集傳	趙　汸	198	1	嘉靖十一年（1532 年）七月	8：118
春王正月考	張以寧	210	5	洪武三年（1370 年）三月三日	8：129
南軒論語解	張　栻	218	1	乾道九年（1173 年）五月	9：136
宋太學御書石經		290	1	改元建炎至紹興十三年癸亥（1143 年）	12：186

　　從上述的簡表中，大致可以看出翁氏補錄之勤，輯錄之富，頗有參考的價值。若視其所補的內容中，大抵集中在「春秋」、「易學」二類的典籍。然而，上述補錄的序跋年月資料，雖有其貢獻，但仍有待再行輯錄，藉以補充其缺，如《經義考》卷十五，麻衣道者《正易心法》引「戴師愈」條〔註185〕，即缺錄「乾道元年（1165 年）冬十有一月初七日玉溪戴師愈孔文撰」諸字〔註186〕，諸如此類的情形，仍有待學者們的重加補輯，以求其完備。此外，若能累積足夠的年月資料，略按年度編排，將能看出各期經學觀念的轉變，是以有關年月的記錄，確有其存在的價值，不宜任其漏列。

4、漏列成書過程

　　《經義考》卷十六著錄孫坦《周易析蘊》一書，其下引陳振孫之言作：「坦不知何人，《國史志》及《中興書目》皆不著」〔註187〕。審《通考》卷三之引錄內容如下：

〔註185〕參考註10，卷十五，頁9。
〔註186〕張心澂：《偽書通考》，（台北：鼎文書局，民國 62 年 10 月），頁 135。
〔註187〕參考註10，卷十六，頁11。

孫坦撰。凡二卷。其首言子夏，辭不甚粹，或取《左氏傳》語證之。
晚又得十八占。稱天子曰「縣官」。嘗疑漢杜子夏之學，及讀杜傳，見引
〈明夷〉對策，疑始釋然。坦不知何人，《國史志》及《中興書目》皆不
著〔註188〕。

從竹垞刪略的文章中，我們可以看出孫坦的成書緣由，乃是認爲「子夏」之文「辭
不甚粹」，故取《左氏傳》所錄之語證之，這段文字的記載，將有助於探討其成書
的緣由，且有助於瞭解該書的成書過程，惜竹垞不及於此，僅存有關於孫坦的記
載，反缺漏此段的重要文句，殊爲可惜。

5、漏列作者他書

　　《經義考》輯錄《通考》資料中，其中有漏輯作者其他撰著者，例如：《經義
考》卷七十一引晁說之《周易太極外傳因說》一項，其中徵引「陳振孫」之說，《直
齋》、《通考》均於「復爲此書」後，另有「又有《易玄星紀譜》、《易規》二書，
見本集中。又有《傳易堂記》，迷漢以來至本朝傳授甚詳。」等〔註189〕，是則竹
垞漏列晁說之的其他著作，如《易玄星紀譜》、《易規》、《傳易堂記》等書。考《經
義考》錄有《易規》、《易玄星紀譜》二書〔註190〕，卻未曾著錄《傳易堂記》一書，
是以若能依據《通考》所錄的內容，將能彌補其漏失《傳易堂記》的缺憾。

6、漏列參考出處

　　《經義考》在轉錄的過程中，往往漏去重要的參考出處者，如《經義考》卷
一百五引《詩物性門類》「陳振孫」條下，即漏略「詳見《埤雅》」〔註191〕，蓋從
「陳振孫」敘錄可以得知「今考之，蓋陸農師所作《埤雅》稿也。」〔註192〕，則
竹垞或以「詳見《埤雅》」爲贅文，是以闕而弗錄，殊不知其文可供讀者追索資料
之用。此外，《經義考》卷一百五吳棫《毛詩協韻補音》引「陳振孫」敘錄條下，
亦缺錄「詳見《韻補》」〔註193〕，諸如此類的缺失，或許是要節省篇幅，或許是
一時失察所致，致使漏略參考出處，亦稍顯可惜。

〔註188〕參考註42，卷二，頁74。
〔註189〕參考註42，卷三，頁78。又陳振孫：《直齋書錄解題》，（京都：中文出版社影武
　　　　英殿聚珍版原本，1984年5月再版），卷一，頁434。
〔註190〕《易規》一書，參考註10，卷二十，頁17。於《易玄星紀譜》則參考註10，卷二
　　　　六九，頁10。
〔註191〕參考註42，卷六，頁160。
〔註192〕參考註10，卷一百五，頁2。
〔註193〕參考註42，卷六，頁161。

7、漏列書名異稱

《經義考》卷一百三十二引朱熹《儀禮經傳通解》「《中興藝文志》」的敍錄，《經義考》於「惟《書數》一篇缺而未補。」一文下，缺錄下列文句：

> 其曰：《儀禮集傳集注》者，即此書舊名，凡十四卷，爲《王朝禮》，
> 而《卜筮篇》亦闕。熹所草定，未及刪改〔註194〕。

據此，則知《儀禮集傳集注》乃《古禮經傳通解》的異稱，若進一步由缺錄的文句推敲，則內容或有異同惜竹垞刪之，使讀者未能知悉書名的異稱，實爲可惜。

竹垞編纂《經義考》之時，抄錄許多的相關解題，其中的內容，多有關於作者的生平、經籍的內容，乃至於經學的觀念、刊印的時間、過程等等，可以提供讀者進一步的研討之用，惜其所錄雖多，缺錄亦不可免，若單以《文獻通考‧經籍考》的資料而言，即未能收錄完全，是以缺錄的內容，仍有待鈔錄成冊，以補全其疏漏之處。此外，其他如序跋的資料，亦未能收錄完全，是以其解題的輯錄，雖已能提供不少的參考素材，但仍有疏漏之處。本文以竹垞漏失的解題，來定其輯錄之誤，其中主要的觀點，並非隨意取擇一些不易見及的資料，來審訂其編纂之誤，其中根據的資料，均出自其引證的典籍，是以應錄而未錄，致使導致解題的漏輯，這其中的錯誤，實應歸咎其個人的疏失所致，至於其他未能見及的敍錄，仍有待學者的輯錄，以期使其書更加完善。

（五）引文的參差

在校勘《經義考》的引文之時，將可發現其中的內容，有許多的更動，其中的差異，亦需重新整理釐訂，茲舉例證如下：

1、卷數的錯錄

在解題之中，有許多卷數誤題的現象，而翁方綱一一指出，如《經義考補正》卷第三，呂祖謙《書說》下引「趙希弁」條下云：「自〈洛誥〉至〈秦誓〉，凡一十七篇，十七當作十八」〔註195〕。據此，則有卷數相近之誤。此外，另有誤卷爲篇，使篇卷計數有混淆的現象，翁氏於《補正》卷第二，馮椅《厚齋易學》下指出：

> 此條下《中興藝文志》內以《隋經籍志》有〈說卦〉三篇，云：「篇」
> 當作「卷」〔註196〕。

〔註194〕參考註42，卷七，頁175。
〔註195〕參考註2，卷第三，頁38。
〔註196〕參考註2，卷第二，頁15。

此處乃是誤卷爲篇的例證，另外尙有一種是誤篇爲卷的案例，如卷第二曹學佺《周易通論》、《周易可說》下，其中「前有總論八卷」，翁氏考作「當作八篇」〔註197〕，此乃誤篇爲卷者也，顯示竹垞有誤記卷帙的現象。

2、人名的誤題

在解題所錄資料中，亦有偶失之故，致使作者有誤，例如：著者誤當注者：《補正》卷第一，梁元帝《周易講疏》下，原竹垞引《南史》敘錄，題作「注《周易講疏》十卷」，而翁氏云：「『注』當作『著』」〔註198〕。蓋若爲「注」者，僅係注他人之書，而「著」者，乃自撰經籍，二者雖僅一字之別，然意思絕然相異，有待辨明者也。故翁氏辨之，乃指明元帝係「著作」，而非「注解」，其說有參證的功效。

又人名或有誤倒，如卷第二，何楷《古周易訂詁》下，翁氏案語云：「『呂恭伯』應改『呂伯恭』」〔註199〕。蓋解題所涉人物姓名者，常有誤改的現象，其差異不得不辨，是以翁氏指明其誤，諸如此類的缺失，顯示全書在校勘過程中，實產生重大的缺失。

又人名仕宦有誤者，亦一併敘明，以明其失。例如：《經義考補正》卷第八，吳廷舉《春秋繁露節解》下案語云：「『《廣西通志》』條內：『兵部尙書』，『兵』當作『工』」〔註200〕是則原爲工部尙書，卻誤引作「兵部尙書」，故其官銜記載有誤，需重新校理全書，以還其本貌，並增加其參考的成效。

3、年月的誤引

翁書之中，改正許多解題中，年月誤引的現象，如《補正》卷第二，項安世《周易玩辭》下〈自序〉引作「嘉泰三年（1203年）」，而翁書則謂「三應改二」〔註201〕，意謂應爲「嘉泰二年（1202年）」，而「三」、「二」相近而誤。除了數字的相異之外，亦有年號的差異，如卷第一，張弼《吳園易解》下云：「晁公武條內，『紹興』當作『紹聖』」〔註202〕頁十一），考宋代有「紹聖」、「紹興」二種年號，蓋「紹聖」（1094～1098）乃宋哲宗的年號；而「紹興」（1131～1162）乃南宋高宗的年號，而二者因年號的差異，而致年歲相距達三十八年之久，又考《經義考》於該書下，另摘引「董眞卿」、「胡一桂」之說，其中所涉年代，均爲「紹聖」，而非「紹興」，

〔註197〕參考註2，卷第二，頁22。
〔註198〕參考註2，卷第一，頁6。
〔註199〕參考註2，卷第二，頁23。
〔註200〕參考註2，卷第八，頁120。
〔註201〕參考註2，卷第二，頁13。
〔註202〕參考註2，卷第一，頁11。

則「紹興」誤矣。翁書雖無較嚴密的考訂，但其結論，當是確實可信的。

4、地名的誤植

在翁書的考訂上，亦兼及地名的考索，如卷第一，房審權《周易義海》下云：「陳振孫條內『江東』李衡彥平，當作『江都』」〔註203〕，考《直齋書錄解題》卷一、《文獻通考‧經籍考》卷三，均題作「江都」，而非「江東」，顯見此處題作「江東」，乃一時誤植所致，而翁氏亦能考其地名之誤，只是缺乏較爲體系的論證過程。

綜合上述所論，竹垞在資料的引證上，亦有與今本出入之處，至於其中參差的內容中，亦有涉及資料的正誤，顯見其校勘未精之誤。案：古人引書，多非據書直錄，竹垞亦有誤失，故其引書的過程中，往往牽涉到字形相近而誤，或係抄錄的偶失等等因素，致使文句出入甚多，若未能全面校理此書，將導致遺誤後學，是以亟待學界的群策努力，以便能提供更完善的資料，來方便學者的使用。

（六）出典的未明

《經義考》在題稱的標示上，往往僅標示「某人曰」，以代其出處，如同引「錢謙益曰」，其出處的來源有三種，一是《列朝詩集小傳》，二是《初學集》，三是《有學集》〔註204〕，是以同引「錢謙益」者，實出自三處來源，這種現象的產生，將增加讀者查考的困擾。又或有題稱不同，其來源卻同屬一書，如同引《文獻通考‧經籍考》，其出處的標示，有「陳振孫」、「晁公武」、「《通考》」、「朱子」、「《中興藝文志》」等七十三種不同的題稱，說法詳見第六章第一節「引書的種類」。上述情況的產生，皆因出典未明所致，如此的作法，將無法有效的查考其引書的特色，也會造成讀者使用的困擾。

林慶彰《明代考據學研究》指出：

> 轉引資料不明言，古人類皆及之。然以明代學者爲烈，蓋人人炫奇好博有以致之也〔註205〕。

〔註203〕參考註2，卷第一，頁11。

〔註204〕楊晉龍：〈四庫全書處理經義考引錄錢謙益諸說相關問題考述〉，（高雄：國立師範大學國文學系，《第七屆所友學術討論會論文集》，民國87年5月），頁31～48。

〔註205〕參考註162，頁122。又曹之〈古書引文考略〉指出明代圖書引文的淆亂，大抵有二種，其一爲「引文大多不標出處」，其二爲「爲我所用，竄改引文。」，而其所論第一項，則見解亦頗同於林氏，可見此點乃確係當時風尚始然。曹氏舉有若干例證，以證成其說，讀者可自行參考其說。（《四川圖書館學報》，1997年，1997

明末之際，學風流於空疏，公然剽竊之舉，時處可見，若考察竹垞的引書情況，
雖非公然剽竊，但亦有未能標示正確出處的卷頁，這種編纂的誤失，乃是承自明
代風氣的影響，盧仁龍〈《經義考》綜論〉一文有如下的評斷：

> 朱、孫原書（指《授經圖》、《五經翼》等書）本沒有詳明出處，清
> 初學風未密，所以朱彝尊難免也承此弊，不應深責〔註206〕。

顯見其未能標示確切出典的作法，係承自前代書目的缺失所致。有關正確的引書
方式，應確實標注出處，如同洪湛侯《中國文獻學新編》所論：

> 編纂圖書資料，其中的重要引文，必須注明出處。重編的書，出處
> 漏載、誤載的，都要覆核、增補或訂正〔註207〕。

標示出處不應只是渾稱出處，理應標明出典的卷頁，凡有漏載、誤載的內容，都
要加以覆核、訂補，如此才能確實「反映出所編書籍資料的質量」〔註208〕。竹垞
雖深知引文之法〔註209〕，但在《經義考》的引證上，卻未能完全標示出處，雖其
引證的方式，尚不致如世儒一般剽竊前人之說，但仍未能完全反映出處的來源，
使我們無法掌握其引書的數量，對於我們瞭解其引用文獻時，產生許多的困擾，
也無法善用其資料，更無法有效還原其漏失的文獻，誠乃一大憾事。因此，若能
仿照錢熙祚查考《古微書》的出處，並附記在各項引文之下，將有助於使用其引
文的資料，且能增添其參考的價值。

綜合上述所論，《經義考》收錄眾多的典籍，致使其解題的利用上，能有功於
經義的考證，但礙於資料複雜，是以難免有誤失、複重的現象，如若瞭解其致誤
的情況，將有助於利用全書，以進行研究的工作。因此，我們如要確實利用其引
書的資料，則必須檢視其中的錯誤，才不致於產生使用的錯誤。

六、存佚的謬誤

竹垞在《經義考》的纂輯上，增加存、佚、闕、未見四例，以為經籍存佚的
考證，其存佚的判斷，也深為後世專科書目編纂者接受，引為判定的準繩。竹垞

年二期），頁 51。
〔註206〕盧仁龍：〈《經義考》綜論〉，（台北：文史哲出版社，《中國經學史論文選集》（下冊），初版，民國82年3月），頁 427。
〔註207〕洪湛侯：《中國文獻學新編》，（杭州：杭州大學出版社，1995年6月一版二刷），頁 236。
〔註208〕同前註。
〔註209〕請參考本文第五章第三節「題稱的標示」一文。

－419－

雖有志於經籍存佚的考訂，但典籍浩瀚，欲以一己之力，窮盡天下經籍之藏，則勢有未殆，《四庫全書總目提要》評其：「至所註佚、闕、未見，今以四庫所錄校之，往往其書具存。彝尊所言，不盡可據。」〔註210〕，由此可見：其在佚、闕、未見之書的考訂上，仍有失當之處。《四庫全書總目提要》雖評其錯判存佚，但亦已諒之矣，該書云：

> 然冊府儲藏之祕，非人間所得盡窺。又恭逢我　皇上稽古右文，蒐羅遺逸，瑯嬛異笈，宛委珍函，莫不乘時畢集。圖書之富，曠古所無。儒生株守殘編，目營掌錄，窮一生之力，不能測學海之津涯，其勢則然，固不足爲彝尊病也〔註211〕。

經籍散見四方，欲以一己之力，盡考而無誤，則勢有未殆，故失誤殆所難免，所謂「窮一生之力，不能測學海之津涯，其勢則然，固不足爲彝尊病也。」者，即已說明竹垞考訂存佚的窘況。然而，縱使群策纂修之事，亦有失誤之處。以《四庫全書》的編纂而論，該書歷經官司的搜訪、館臣的纂修，其動用人力、財力之富，不知倍於竹垞幾何？而於圖籍之搜訪，亦每有「詳於遠而忽於近」〔註212〕的疏漏。相較之下，竹垞以一己之力，搜羅訪佚，縱使考訂或有錯失，蓋其勢所然，亦未足以苛責矣。

竹垞在經籍存佚的考證上，雖迫於情勢所限，致使誤漏難免，但所失卻不可不辨，下文即依其漏失的事項，逐項說明如下：

（一）存佚誤判

竹垞在書籍存佚的判別上，往往有錯判的情事，《四庫全書總目提要》云：

> 至所言佚闕、未見，今以四庫所錄校之，往往其書具存。彝尊所言，不可盡據〔註213〕。

後世學者每引上述論點，藉以證其錯判存佚的情況。如羅振玉《經義考目錄・自序》指出：

> （朱氏）當時未見之書，厥後四庫全書及存目與諸藏書家恒有著錄者。其注闕者，亦往往人間尚有足本〔註214〕。

〔註210〕參考註6，卷八五，史部・目錄類一，頁732。
〔註211〕參考註6，卷八五，史部・目錄類一，頁732～733。
〔註212〕余嘉錫：《古書通例》，（台北：丹青圖書有限公司，民國76年4月2日），頁13～14。
〔註213〕參考註6，卷八五，《史部・目錄類一》，頁732。
〔註214〕參考註3，〈序〉，頁1。

羅振玉更取二三○種四庫之本，用以校讎竹垞之書，其中多涉及存佚的考訂，亦可見「四庫本」的價值所在。

羅振玉所謂的「四庫本」，其實尙包含五十七種「永樂大典輯佚本」，這些典籍的輯成時代，皆在竹垞過世之後，始輯佚成冊，故不得以「永樂大典本」所錄的資料，來苛責竹垞的誤判，至多可以成爲其存佚判明的補證。因此，竹垞判別存佚之例，實對於四庫館臣輯錄大典之本，產生指導性的啓示作用，是以若能將《經義考》與《四庫全書》收錄相校，將能補充更多的相關資料。四庫館臣在纂輯之時，除親自輯錄佚書之外，也曾大量徵集民間藏書，由於是多位學者合力完成，加以所載典籍，皆以現存目見爲主，是以有關典籍存佚方面的考訂，將能補充竹垞失考之處，故能提供不少的參考價值。

竹垞在經籍存佚的考訂上，雖有誤判之例，但誤判較爲嚴重的類目，則集中在《春秋》類目之下，吳騫《繡谷亭薰習錄敍例》云：

> 竹垞先生《經義考》最爲賅博，然《春秋》而下，存佚、卷帙，微有訛舛，疑當時未見其書，而設以己意度之也。

由於竹垞對於易、書、詩、禮、樂等五經的纂輯，成書較早，是以有關其存佚的判斷，或能較爲正確的推斷，是以吳騫之言，可提供我們進一步校錄時的參考。

（二）前後異判

在竹垞的判斷之中，有原定存籍，但後判闕典的例證。由於《經義考》原本僅判別「存」、「亡」二項，其後始參以各藏書書目，分別定爲「存」、「佚」、「闕」、「未見」四項，是以「存」、「亡」爲其基本的判項，但其後參以諸家書目，乃有「闕」、「未見」的判別，至於在《經義考》之中，亦留有刪改未盡的遺跡。考竹垞在「存佚」的相關判定，有判爲「存」籍，但其下案語所示，則明顯表明其闕漏的情況，是以〈校注〉者乃在「存」下另增一「闕」字，以表明其判定的差異情況。如《經義考》卷二三四錄余允文《尊孟辨》一書，竹垞判別爲「存」，然其下案語則云：

> 余氏《尊孟辨》五卷，今惟辨「溫公疑孟」十一條；「史剡」一條；「李泰伯常語」十七條；「鄭叔友藝圃折衷」十條；附載《晦菴全集》中〔註215〕。

據此，則其書猶有遺漏，而朱昆田在校注本書之時，則於「存」下注明「闕」字，

顯見其書在「存佚」的判讀上，猶有《經義存亡考》成書的襲跡，竹垞後雖改正判例爲四項，但仍有些許判定未合義例，而校者則於「存」後酌加「闕」字，以示其書非爲完書，此類的例證所在多有，如卷十七范仲淹《易義》〔註216〕、卷十七陳襄《易講義》〔註217〕、卷二四九瞿九思《六經以俟錄》〔註218〕等等，均有此類例證，讀者可稍加留意。

在《經義考》的著錄中，亦有重出之例，卻因爲根據的資料不同，致使在存佚的判別上，也會有所差異，如《經義考》卷一〇八，高頤《詩集傳解》一書〔註219〕，竹垞先判爲「佚」籍；但同書又見於卷一一二，則判爲「未見」〔註220〕，由於前後引證資料不同，故產生前後判定不同的現象，值得我們加以注意。

（三）漏判存佚

在竹垞的判斷之中，亦有漏判存佚的現象。某些典籍的存佚，或有難於考訂的情況，故其不強加牽合，僅加案語說明，指明其未能判別的原因，如《經義考》卷二二，張胥《周易繚繞詞》下案語云：「劉不疑以下，時代未詳，存佚亦莫可考。」〔註221〕，此類的例證，雖有乖體例，未能符合竹垞的判例，但其不強加牽合，審慎處理的態度，仍有取法之處。又在《經義考》中，另有一些漏判存佚的現象，係源自輯印過程的疏漏所致，如卷六九眞德秀《復卦說》一書，即以「口」字表明其存佚的判定，是以有漏失其存佚的考察。

綜合上述所論，有關竹垞在存佚方面的考察，仍有待我們重新整理。一般而言，由於經籍藏於各地，搜檢不易，尤以個人之力，從事此項工作，更顯乏力，是以漏略錯植之處，事所難免，我們難於苛責其失。時至今日，有關《經義考》中的存佚判定，實有重新整理的必要，且需補錄各經籍藏本的藏地，使其更具有治經的功效，如此一來，不僅能提供較正確的參考資訊，也將能便利讀者的使用。

七、其　他

竹垞在纂輯的過程中，亦有出現一些明顯的錯誤，茲簡列如下，以利論說：

〔註216〕參考註10，卷十七，頁7。
〔註217〕參考註10，卷十七，頁9。
〔註218〕參考註10，卷二四九，頁3。
〔註219〕參考註10，卷一〇八，頁5。
〔註220〕參考註10，卷一一二，頁3。
〔註221〕參考註10，卷二二，頁9。

（一）錯引文獻資料

竹垞在案語的考證時，亦有錯引資料的情況，例如：《經義考》卷一百二十一，干寶《周官禮注》下錄有竹垞案語云：

> 干氏《周官禮注》，陸氏《釋文》多引之。又《初學記》引干氏注「周官籩人之職，羞籩之實糗粉餈」云。糗餌者，豆未削而蒸之，以棘豆之味，今餌飷也〔註222〕。

據《經義考補正》卷第五所論，則考引證的來源有誤，該書引丁杰案語如下：

> 按此段語意難曉，撿《初學記》亦不載，惟高承《事物紀原》引干寶《注》：「糗餌者，或屑而蒸之，與棘豆之味同食」語。與此相似，此所引蓋別有本而訛爲《初學記》者〔註223〕。

竹垞誤引文獻的來源，使得原應出自《事物紀原》的資料，卻被誤記爲《初學記》的內容，故其在資料的引證上，偶有錯引的情況。又《經義考補正》卷第五，頁五九另載有類似的錯誤，則竹垞另誤馬融《周官傳》爲《後漢書》者，實乃錯記資料的內容，致使誤題其資料的來源。

竹垞在引書的來源上，亦有錯題的現象。竹垞在《靜志居詩話》中指出：

> 一齋儲書最富。余嘗游閩，臨發，林秀才侗持其後人所輯《世善堂書目》求售，燈下閱之，見唐、五代遺書，琳琅滿目，如披靈威唐述之藏，多平生所未見，不覺狂喜。秀才許至連江代購，逾年得報書，則已散佚，徒有惋惜而已。

案：竹垞所錄的《世善堂書目》，應是陳第後人僞造的書目，此事業經王重民先生考證詳細，已成定論，孫永如《明清書目研究》指出：

> 近代目錄學家王重民先生曾對《世善堂藏書目錄》作了一番考索，發現其「琳琅滿目」的「斷種秘冊」，大部份抄至《文獻通考·經籍考》，王氏追根求源，查出了增竄造僞的是陳第的曾孫陳孝受，陳孝受爲替祖宗炫博，也爲了提高書目身價，多賣點錢，就曾祖的藏書之目增竄補充，造成了一部摻假的書目，欺騙了許多人〔註224〕。

據此，竹垞雖爲考證的名家，但對於資料的引用上，仍有誤引文獻的現象，甚至錯引整部《世善堂藏書目錄》的情況，這種情況的出現，更提醒我們需要注意其

〔註222〕參考註10，卷一二一，頁4。
〔註223〕參考註2，卷第五，頁59。
〔註224〕孫永如：《明清書目研究》，頁195。原王重民的論點，出自〈中國目錄學史料〉，待查。

引證的正確性，以免錯引資料，卻不自覺。在《經義考》中，其豐富的引書文獻，是奠定其參考價值的主要來源，若能重新校理全書，且改正其資料錯誤的情況，將更能提昇全書的價值。

（二）考索不周之誤

竹垞在資料的考訂上，雖頗有功績，但也有考索不周的現象。盧仁龍在〈《經義考》綜論〉中指出：

> 考索不周，固爲博學者所難免。如此書（指《經義考》）中分孔子弟子爲弟子、門人兩類。雖是誤從歐陽修之説，但固爲臆説。又如師承門孔子弟子雖總爲九十八人，但仍有缺失。《淮南子‧氾論篇》：「李襄仲子立節抗行，不入洿君之朝。」高誘注：「李襄，魯人，孔子弟子。」朱氏未及也。〔註225〕。

考證難工，竹垞雖能以考證聞名，但要考證無所闕漏，勢有所難。《經義考》成書迄今，補證者有之，但未能有專著，集合學者考訂的成果，實爲可惜。上述雖僅糾舉一條錯誤，若能有辨證訂誤的專著，藉以收錄各家校訂的成果，將使原書更爲完善。

（三）編排方式有誤

竹垞在資料的編排方面，明顯有錯誤的情形。例如：竹垞在書名排列上，是依據時代先後排列，其中有排列失當的現象。前賢亦能注意其編排的錯誤，例如：翁方綱《經義考補正》卷第七，石介《春秋說》下案語云：「《宋史‧儒林傳》：介爲孫復弟子，此列介於復之前誤」〔註226〕則石介爲孫復弟子，其所處時代，自應晚於孫復，然竹垞卻將其書排在孫復之前，因而顛倒體例，產生錯誤。同樣的情況，並非孤證，又《經義考》卷一五三，薛玄《中庸注》一書，下引陸元輔曰：「玄字字晦，一字若晦，東陽人。從許謙游，不仕。學者私諡貞節先生」〔註227〕。據此，薛玄所處的時代，理應晚於許謙，然其下著錄許謙《中庸叢說》一書〔註228〕，是以在排列的次第上，亦有淆亂的情況。

又竹垞將本經與專說一篇之書，分別序列，導致典籍有錯置的情況。喬衍琯

〔註225〕參考註206，頁428。
〔註226〕參考註2，卷第七，頁103。
〔註227〕參考註10，卷一五三，頁7。
〔註228〕參考註10，卷一五三，頁8。

先生於〈《經義考》及《補正》、《校記》綜合引得敘例〉一文指出：

> 隋志於專說一篇者，如易書繫辭注，皆與說全經者通敘前後，後世
> 宗之。經義考則附全經之末，遂令時代參錯，二也〔註229〕。

若單說某篇之書，則置於全經之末，將使同一作者的同類作品，分別置於不同的位置，遂造成時代參錯的現象。相較之下，《隋志》的安排方式，能依據作者的先後排列，較能符合前後的一致性，是以竹垞的安排，雖有其規律可循，但仍應從《隋志》的安排，較爲妥當。

此外，尚有一些資料的排列，則出現錯簡的情況。《經義考》卷七八有虞氏失名，下缺錄書名，再接《隋志》解題一則〔註230〕，由於所錄缺乏書名的著錄，使人渾然不知其故，但若檢視同卷下頁之文，則可知其緣自編排錯簡所致。案：竹垞同卷另著錄虞氏失名《尚書釋問》〔註231〕，出自《隋志》一卷，且二虞氏俱出《隋志》，考《隋志》僅於卷三二，頁九一四著錄虞氏《尚書釋問》，是以此二條著錄，當係同書錯排所致。又同卷虞氏之下，各著錄王氏失名《書疏》〔註232〕、王氏失名《尚書傳問》〔註233〕，俱引自《七錄》，則其時代當前於南北朝梁朝之前，不當置於隋代，則其編排的錯誤，顯而易知矣，且其明顯有錯簡的情況，皆需重新調整其次第，使其符合一致。

（四）未能注明版刻

竹垞雖獨立「鏤板」一目，係「著錄歷代經書版刻記載」〔註234〕，但其間未能盡善，章學誠於《論修史籍考要略》第十二條「板刻宜詳」項云：

> 朱氏《經義考》後有刊板一條，不過記載刊本原委；而惜其未盡善
> 者，未載刊本之異同也〔註235〕。

竹垞編纂之時，未能載明各刊本的異同，致使喪失更多的參考價值。章氏對於版

〔註229〕喬衍琯：〈《經義考》及《補正》、《校記》綜合引得敘例〉（台北：《書目季刊》，民國74年3月，十八卷第四期），頁35。

〔註230〕參考註10，卷七八，頁3。

〔註231〕參考註10，卷七八，頁4。

〔註232〕參考註10，卷七八，頁3。

〔註233〕參考註10，卷七八，頁4。

〔註234〕田鳳台：〈朱彝尊與經義考〉，（台北：黎明文化事業股份有限公司，《古籍重要目錄書析論》第五章，民國79年10月1日），頁144。

〔註235〕參考章學誠《論修史籍考要略》，見《章氏遺書》嘉業堂刊本，1922年。（轉引《目錄學研究文獻匯編》頁270，彭斐章、謝灼華、喬好勤編，修訂版一刷，1996年6月）。

刻的重要，顯然有較為清楚的認識，其云：

> 版刻之書，流傳廣既，訛失亦多。其所據何本，校訂何人，出於誰
> 氏，刻於何年，款識何若，有誰題跋，孰為序引，版存何處，有無缺訛，
> 一書曾經幾刻，諸刻有何異同，惜未嘗有人仿前人《金石錄》例而為之
> 專書者也。如其有之，則按錄求書，不迷所向。……如有餘力所及，則
> 當補朱氏《經考》之遺，《史考》亦可以例仿也〔註236〕。

是以版刻資料的補撰，既能提供許多佐證的題材，也能提高全書的纂輯價值。然
而，此一計劃，工程浩大，董理廢時，且恐非易事，若有學者致力於斯，相信將
能提高《經義考》的參考價值，也冀望學界能有類似專著問世，以便能造福學界，
提供更多的研究資料。

（五）收錄未能全備

竹垞《經義考》收錄歷代經籍，甚且將經籍自文集中析出別行，但衡諸全書，
則收錄未能全備，前人亦能酌加補錄，吳政上於《經義考索引・自序》指出：

> 經義考者有沈廷芳先生《續經義考》四十卷（未刊）、胡爾滎先生
> 《經義考校記》二卷（未刊）、陸茂增先生《續經義考補遺》（未刊）、翁
> 方綱《經義考補正》十二卷、謝啓昆先生《小學考》五十卷、黎經誥《許
> 學考》二十六卷、王朝榘先生《十三經拾遺》十六卷、錢東垣先生《補
> 經義考》四十卷（未刊）、《續經義考》二十卷（未刊）、羅振玉先生《經
> 義考目錄》八卷又《校記》一卷等書〔註237〕。

沈廷芳、陸茂增、錢東垣諸書，俱屬未刊之作，今錄翁氏補正經籍如下：

書　　名	作　者	《經義考補正》 卷　　頁	書　　名	作　者	《經義考補正》 卷　　頁
周易五相類	魏伯陽	卷第 1　頁 4	大衍論	王　弼	卷第 1　頁 4
周易釋音	陸德明	卷第 1　頁 6	周易并注音	陸德明	卷第 1　頁 6
易老通言	程大昌	卷第 1　頁 12	易要義	魏了翁	卷第 2　頁 15
喪服	庾蔚之	卷第 5　頁 74	禮答問	何佟之	卷第 6　頁 75
中庸解	石𢁉	卷第 6　頁 80	中庸輯略	石𢁉	卷第 6　頁 80
三禮解詁	盧　植	卷第 6　頁 83	春秋左氏傳條例	劉　歆	卷第 7　頁 93

〔註236〕同前註。
〔註237〕參考註1，〈自序〉，頁6。

春秋左氏長義	賈　逵	卷第 7　頁 93	春秋條例	潁　容	卷第 7　頁 95
左傳義疏	蘇　寬	卷第 7　頁 100	（春秋）通例	程公說	卷第 8　頁 113
論語續注	宋明帝	卷第 9　頁 134			

　　案：翁氏補錄的經籍，數量雖非甚多，但可供參考之用。由於此類的闕錄亦多，此乃勢所必然，不能過於苛責，但舉其例，只是期盼能出現更完整的經學書目，以服務於學界。

　　《經義考》擁有豐碩的編纂成果，但亦有錯誤的情況，前賢每有糾繆之作，然皆未能整輯成編，是以迄今未有完整糾繆之書，可供檢閱之用。若能仿照《四庫全書總目提要》的辨證補正之作，將前賢的糾繆成果，集結整理成冊，可供讀者研究經籍的佐證材料，將能提昇此書的價值。若進而能吸收前人考訂的成果，並改正其缺失，重新纂輯全新的經學書目，將是我們持續努力的目標。

第十章 《經義考》的影響

　　《經義考》成書之後，由於橫跨經學、目錄學等二大學科，是以深受學者的重視，致使影響深遠，有助於開啓學者的研究視野。陳祖武在〈朱彝尊與《經義考》〉中指出：

　　　　乾隆十八年（1753），兩淮鹽運使盧見曾自朱氏後人得其遺稿（筆
　　　者案：指《經義考》一書），集資補刻，並延請一時名儒惠棟、沈大成等
　　　校訂，於乾隆二十年（1755）七月終成完書。有朱氏（筆者案：指竹垞）
　　　此書，歷代諸儒經學著作秩然在目，存亡可考，文獻有徵，在經學史和
　　　目錄學史都是一大貢獻〔註1〕。

《經義考》是一部經學書目，是以對於經學、目錄學的研究，皆能產生重大的影響。下文即分項論述其對於後世學術的影響，藉以明白本書的價值所在。

第一節 《經義考》對經學的影響

　　《經義考》是經學的專科目錄，該書收錄豐富，考證精詳，致使後世經學研究者，皆能由此入門，有助於經學的研究。汪汝瑮曾指出：

　　　　自漢迄今，說經諸書，存亡可考，文獻足徵，編輯之勤，考據之審，
　　　網羅之富，實有裨於經學〔註2〕。

其說誠屬允當。歷來經學研究者，皆能取法此書，以資考證，故能有利於經學的研究。下文即分項論說，藉以說明其對於經學的影響：

〔註1〕陳祖武〈朱彝尊與《經義考》〉，《《文史》四十輯，1994年9月），頁222。
〔註2〕朱彝尊：《經義考》卷首〈御題朱彝尊《經義考》〉，（台北：中華書局據揚州馬氏刻
　　　本校刊，民國68年2月），頁1。

一、奠定後世學者治經的依據

　　清朝初年，政治上已恢復科舉的制度〔註3〕，經濟的穩定，使得人們能從事經學的研究。由於歷來經籍的浩瀚，縱使學者窮盡畢生精力，也難以盡窺其貌，《經義考》的纂輯，也就順勢產生，藉以提供學者治經的參考。此書著錄八千四百餘部的經籍，四千三百餘人的撰著，在各項著錄的典籍中，也能提供相關的論證序跋、辯證雜文等等，使讀者能藉此瞭解經學的相關問題，奠定其書的歷史地位。

　　目錄之學，向為學者治學之門徑，清代學者王鳴盛、江藩、張之洞等等，均早有定論〔註4〕。後世的學者，亦雅重其治學指引的功效，此即昌彼得先生所論「治學涉徑的指導」〔註5〕、孫永如先生所謂「學習古代文獻的嚮導」〔註6〕、洪湛侯先生所論「指導讀書治學」〔註7〕、劉兆祐先生所論「明治學之途徑」〔註8〕等等，名雖或異，實無異同。在眾多書目之中，尤以專科目錄的編纂，更能提供指引治學的功效。《經義考》為經學的重要書目，其對於經學的研究，能提供更多的指導作用，時至今日，尚未有任何的經學書目，足以完全取代此書的價值。學者在推介經學書目之時，皆能推崇此書的功效，例如：翁方綱《經義考補正‧序目》云：「竊念先生是書，綜覈賅貫，為經訓淵藪」〔註9〕。翁氏雖能補正竹垞的錯誤，但仍盛讚其書「綜覈賅貫，為經訓淵藪」，此乃著重其治經的功效。梁啟超在《中國近三百年學術史》中亦曾指出：

〔註3〕關於清代科舉與經學的關係，參見艾爾曼〈清代科舉與經學的關係〉，（《清代經學國際研討會論文集》，南港：中央研究院中國文哲所，1994 年 6 月），頁 31～101。

〔註4〕目錄之學，為讀書治學的門徑，歷來辨析甚明，茲舉其犖犖大者，如清朝王鳴盛《十七史商榷》卷一所云：「目錄之學，學中第一緊要事，必從此問途，方能得其門而入。」而江藩在《師鄭堂集》中亦論及：「目錄者，本以定其書之優劣，開後學之先路，使人人知其書可讀，則為學易而功且速矣。吾故嘗語人曰：目錄之學，讀書入門之學也。」其後學者，也紛紛從此發揚其旨意，而奠定目錄之學為指引讀書治學的門徑，此說之成立，也奠立目錄學的重要性，使目錄學不單成為簡單的書目記載，其中如解題目錄、舉要目錄等等，對於初學者的指導功效尤大。

〔註5〕昌彼得、潘美月《中國目錄學》，（台北：文史哲出版社，初版二刷，1991 年 10 月），頁 19～28。該文為昌彼得先生負責撰寫，另見於昌彼得編著《中國目錄學講義》，（台北：文史哲出版社，初版，1973 年 10 月），頁 22～34。其中的類目，除了字句稍有參差之外，內容並無多少改變。

〔註6〕孫永如《明清書目研究》，（合肥：黃山書社，一版一刷，1993 年），頁 163～167。

〔註7〕洪湛侯《文獻學》，（台北：藝文印書館，民國 85 年 3 月），頁 103～106。案：此書即杭州大學出版社出版《中國文獻學新編》，1995 年 6 月初版二刷，蓋書名雖異，但內容似乎並無差異。

〔註8〕劉兆祐：《中國目錄學》，（台北：五南圖書出版有限公司，民國 87 年 7 月），頁 5。

〔註9〕翁方綱：《經義考補正》，（台北：新文豐出版股份有限公司，1984 年 6 月），頁 1。

朱竹垞的《經義考》三百卷。這部書把竹垞以前的經學書一概網羅，薄存目錄，實史部譜錄類一部最重要的書，研究「經史學」的人最不可少〔註10〕。

梁氏將《經義考》列入研究「經史學」的重要書籍。又蔣伯潛《十三經概論・緒論二》指出：

我國經學以孔子爲不祧之始祖。秦以後，兩漢爲經學全盛時期，六朝至明末爲經學衰落時期，清代爲經學復興時期；而經類唯一大叢書十三經，則完成於宋，而確定於清。此書（指：《經義考》）爲經學研究之總對象；我國固有文化之重要的部份寓焉。欲求了解我國古代文化，不得不先明瞭此偉大之叢書。

《經義考》著錄眾多的經籍，加以內容豐富，故學者在研究經學之時，每引其中的內容，以爲研究經學的門徑。下文即分項論說，藉以闡明其價值，並瞭解學者對其運用的情況。

（一）考知經籍的存佚

　　《經義考》初名《經義存亡考》，其後更將經籍劃分爲「存」、「佚」、「闕」、「未見」四項，由於考證精當，故學者在考察前代經籍之時，率皆取法此一判例，得知經籍的存佚情況。例如：《四庫全書總目》卷八，傅文兆《義經十一翼》條下云：

《明史・藝文志》載此書五卷，《經義考》亦注曰「存」，此本僅有《上古易》一卷，《觀象篇》一卷，其《玩辭》、《觀變》、《觀占》三卷并缺，其近時始佚〔註11〕。

據此，則館臣能據其考訂的結果，來判明經籍存佚的情況。惟此處四庫館臣所論的要點，尚有些許的缺失，崔富章《四庫提要補正》指出：

《四庫采進書目》載《義經十一翼》二卷，明傅文兆二本。（《浙江省第十次呈送書目》）。《浙江采集遺書總錄》云「寫本」。《總目》即據此殘抄本著錄。今南京館藏明書林李潮刻本《義經十一翼》五卷，全〔註12〕。

竹垞有關存佚的判定，實具有高度的參考價值。四庫館臣在考訂經籍存佚之時，

〔註10〕梁啓超：《中國近三百年學術史》，（台北：里仁書局，民國84年），頁242。

〔註11〕（清）永瑢等編：《四庫全書總目》卷八，（北京：中華書局，1992年10月一版五刷），頁58。

〔註12〕崔富章：《四庫提要補正》（杭州：杭州大學出版社，1990年9月），頁54～55。

往往能徵引其說，藉以考察經籍的存佚，是以此書實具有深遠的影響。

（二）藉知群經的梗概

　　《經義考》著錄八千四百餘部經籍，竹垞在各經籍之下，能輯錄各項的解題，使讀者藉以得知群經的梗概。後世學者在考證經籍之時，皆能徵引此書的內容，藉以判明經籍的內容。例如：何廣棪《陳振孫之經學及其《直齋書錄解題》經錄考證》於畢良史《論語探古》下錄有案語云：

　　　　廣棪案：《經義考》卷二百十六《論語》六著錄：「畢氏良史《論語探古》，《通志》二十卷，佚。」下引楊萬里曰：「畢敷文少董，紹興初陷金居汴，閉戶著《春秋正辭》、《論語探古》二書。有宋城哲夫、李師魏良執經師之。好事者寫為《繙經之圖》，繪少董坐榻上，兩生執卷，而前有二女奴，各有所執。而阿冬者坐其間，少董之季子也。女奴之鬌者孫壽，冠者馬惠真。」是則良史之《論語探古》二十卷，乃著於陷金居汴之時，惜已散佚〔註13〕。

據此，則知畢氏在撰書之時，乃是陷金居汴之時，且知其書已經散佚，不存於世。由於竹垞能徵引諸家的解題，其中每涉及各項的論點，可使我們瞭解經籍的內涵，故學者在考證之際，亦時常徵引其說，以為考證之資。

　　竹垞的引文，能提供讀者考訂經籍的重要依據，尤其是關於佚籍的內容，更能藉由引文的說明，使其學說得以彰顯於世。如標示司馬膺注的《連山》一書，則徵引《周禮》、《山海經》、「杜子春曰」、「桓譚曰」以下，迄於「黃宗炎曰」、「顧炎武曰」、「尤侗曰」、「黃與堅曰」等等，凡七十六項次的解題，對於我們瞭解《連山》的性質、內容、價值等等，皆有莫大的助益。其他諸如薛貞注《歸藏》一書，則引錄文獻達七十三項次；蔡邕《漢一字石經》亦有四十九次之多，這些眾多的內容，皆能顯示竹垞對於文獻編纂、整合的用心，也能提供我們瞭解各經籍內容的重要依據。

　　中國典籍浩如煙海，究竟有多少存世的典籍，迄今學界仍無定論，劉兆祐先生在《中國目錄學》中，有一段粗估的數量，茲引證如下：

　　　　圖書浩如煙海，今存古籍，去其重複，猶有一百餘萬冊之多。如此眾多之圖書，勢非窮其一生所可盡讀，事實上，亦非每一部書都必讀，

〔註13〕何廣棪：《陳振孫之經學及其《直齋書錄解題》經錄考證》（台北：里仁書局，民國86年），頁666。

以治經學者而言，詩詞之書，不必盡讀，擇其重要及個人所好者誦讀即
可；又如治小說者，經部之書，注疏甚多，亦無須盡讀，每一經擇重要
之注本涉覽即可〔註14〕。

一百餘萬冊究竟是如何估算得來的，今暫且不論，但從其估算的數量來看，的確
十分驚人，也顯示出中國古籍的豐富內涵。古人在治學之際，每惑於典籍的眾多，
是以如何掌握各種的文獻，已成為學者積極探索的主題。若以治經而論，則學者
可藉由《經義考》的著錄內容，來考知群經的梗概，並成為刪選研究的標準，是
以其治經的功用，實值得我們的重視。

（三）可核書名的異同

　　竹垞在《經義考》中，每遇到書名異稱之時，往往備有註文，加以說明書名
的差異。由於古書初無定名，故書名常隨時代的轉移，有所變更。其次，隨著著
錄認知的差異，也產生各種異稱。胡楚生先生於〈漢書藝文志與隋書經籍志比勘
舉例〉中指出：

書名有所改易，常隨時代而轉移，此姑略舉其例，以見其餘，至於
書名改易之原因，每一書籍，或不盡同，唯有每書各為細察，始能得其
真相，於此文中，則不能詳也〔註15〕。

筆者亦有感於書名的多變，是以在研究《新、舊唐書》〈藝文志〉、〈經籍志〉的比
勘時，亦能重視書名的釐正，筆者在《新舊唐書藝文志研究》中指出：

書名隨時代轉移而更替，欲藉書目以考書籍之散佚，則首要判別書
籍異名之情事。古時書名多無定名，以別集而論，或以人名，或以官銜，
或以字號，標準不一，判別自異。另加以版本異同，或音近而訛，或缺
字而異，凡此種種，莫不亟待釐正，方能收其參據之功〔註16〕。

因此，一部好的目錄簿籍，勢必能提供各項異名，使讀者能覽此一書，得知群書
異名之效。竹垞重視書籍的異名，故每遇異稱，必加以說明，可使讀者查核書名
的異稱。例如：《經義考》卷十八著錄石介《周易解》的異名如下：

1 周易口義

〔註14〕參考註8，頁427。

〔註15〕胡楚生：〈漢書藝文志與隋書經籍志比勘舉例〉，《國立中央圖書館刊》新二十第二
　　　　期，民國76年12月），頁42。

〔註16〕楊果霖：《新舊唐書藝文志研究》，（台北：中國文化大學中國文學研究所碩士論文，
　　　　1994年6月），頁309～310。

2 周易解義

3 易義〔註17〕

上述三種書名，皆可視為石介《周易解》的異稱，是以竹垞能善盡告知的責任，使讀者能瞭解書籍的異名，才不致惑於書籍異稱，導致有誤判的情事。例如：董仲舒《春秋決事》一書，竹垞於註文之中註明：

> 《漢志》作《公羊治獄》；《七錄》作《春秋斷獄》；《新舊唐書》作《春秋決獄》；《崇文總目》作《春秋決事比》〔註18〕。

當我們乍然見到《春秋決事》、《公羊治獄》、《春秋斷獄》、《春秋決獄》、《春秋決事比》之時，勢必會有茫然若失之感，未能詳究其間的異同，竹垞在著錄之時，能注意書籍的異稱，故能提供更多的參考訊息。

四庫館臣在撰寫提要之時，亦能參考竹垞著錄的書名，甚至考訂竹垞的誤繆，如《四庫全書總目》卷四，解蒙《易精蘊大義》十二卷下云：

> 解縉《春雨堂集》稱是書為《易經精義》。《經義考》稱是書為《周易精蘊》，考《永樂大典》所題，實作解蒙《周易精蘊大義》。二人皆偶記也。今據以為斷，庶不失其本名焉〔註19〕。

竹垞之書，著錄或有失當之處，但所提供的各項異稱，則有利於讀者對經籍異名的判斷，是以學者在研經治學之際，每引其說，故有助於釐訂經籍的異稱。

（四）檢覈篇名的分合

《經義考》在著錄內容上，常會加注篇名，使讀者得知經書的內容，甚至考知經籍的增損，乃至於真偽等情況，則其中的重要性，自是不言而喻。前賢在考訂之時，亦能取其著錄的篇名，來判明相關的事項。例如：《四庫全書總目》卷五，崔銑《讀易餘言》下〈提要〉云：

> 朱彝尊《經義考》載銑《讀易餘言》五卷，又載銑《易大象說》一卷。考此書第三卷即《大象說》，彝尊以別本單行，遂析為二，偶未考也。今附於此，不更複出焉〔註20〕。

據此，則四庫館臣根據《讀易餘言》的篇名，來判明竹垞將《易大象說》一卷，

〔註17〕朱彝尊：《經義考》，（台北：臺灣中華書局據揚州馬氏刻本影印，民國68年2月台三版），卷十八，頁1。竹垞引《宋志》作《周義口義》；建本作《周易解義》；《紹興書目》題作《易義》等等。

〔註18〕《經義考》卷一百七十一，頁4。

〔註19〕參考註11，卷四，頁26。

〔註20〕參考註11，卷五，頁29。

裁篇別行，遂有一書二出的現象，不僅可以檢覈篇名的分合，也能得知竹垞運用別裁之法的著錄通則。

翁方綱《經義考補正》卷第二，董眞卿《易傳因革》下有翁氏的看法：

> 董氏所著《姓氏因革綱領》，即在《周易會通》首卷中。今竹垞既載其全書，似毋庸復析出《因革》爲一書矣〔註21〕。

是篇案語，判明《姓氏因革綱領》既出於《周易會通》首卷，則不應另出一目，顯見翁氏的整理概念，乃是主張不過份析出單篇，另成條目，以免淆亂整理的體例。

又《四庫全書總目》卷七，劉髦《石潭易傳撮要》一卷下〈提要〉云：

> （劉）髦因摘錄其文，分類排纂，定爲本性道、精公私、正身心、施政治四門。又分子目三十有三。前有蕭鎡〈序〉云：「總爲四卷」，而此刻則僅有一卷，然門目與鎡〈序〉皆符，知無所佚闕，朱彝尊《經義考》亦作一卷，蓋重刻者所合併也〔註22〕。

此處檢視經籍的篇名，藉以得知竹垞題作「一卷」者，乃適符合四庫館臣所錄之本，但從篇名的分合中，可以考知此書內容並無遺漏。綜合上述所論，竹垞相當重視篇名的分合，故在著錄的內容中，每錄有各種經籍的篇名，可供讀者檢索存佚，判明眞僞，故能成爲學者考察的重點。

（五）核對卷帙的增減

《經義考》著錄豐富，其中不乏涉及卷數的著錄，故學者每引其書內容，以爲考證之用。例如：崔富章《四庫提要補正》於李奇玉《雪園易義》四卷、《圖說》一卷下云：

> 【按】《明史·藝文志》、《經義考》皆著錄李奇玉《雪園易義》四卷，《浙江采集遺書總錄》載刊本，「奇玉爲高氏攀龍弟子，故多本師說而推廣之」。今上海圖書館清順治刻本《雪園易義》四卷《圖說》一卷，明李奇玉撰；又《補》三卷，明李公柱撰，爲浙江呈送本所無，故《提要》未嘗言及。又，中山大學藏順治刊本亦有《補》三卷，清胡肇基批點并題識〔註23〕。

據此，則錄有關於卷帙多寡的記載，可用以核對卷帙的增減，並判定各種版刻之間的分卷異同。

〔註21〕參考註9，卷第二，頁19。
〔註22〕參考註11，卷七，頁51。
〔註23〕參考註12，頁64。

又《四庫全書總目》卷二五，呂柟《禮問》二卷下云：

> 朱彝尊《經義考》載柟《禮問內外篇》二卷，云「未見」。今本卷
> 數相符，而不分內外篇。或彝尊傳聞未確歟〔註24〕？

四庫館臣據現存之本，並無「內外篇」三字，且卷帙與四庫藏本相符，而判明原書不分內外篇，則竹垞或據傳聞甄錄，致有未確者也。

前賢每遇到經籍卷帙的考訂時，大都採錄竹垞的相關著錄，以爲考察卷帙分合的依據。因此，前人在研究經籍的卷帙時，也能錄及《經義考》的著錄資料，並酌加審訂，藉以窺知經籍卷數的增減，復加以考訂其間的異同，是以竹垞之書，實能成爲學者治經的重要參考。

（六）排比經籍的體系

竹垞《經義考》的分類妥當，且能按時代先後，依序排列，使前賢在研究經籍之時，能得知其先後次第，甚至能考知書籍錯列的情況。例如：《四庫全書總目》卷七，阮琳《圖書紀愚》下云：

> 明阮琳撰。琳字廷佩，號晶山，莆田人。嘗官教諭，其人在成化、宏
> （弘）治間。朱彝尊《經義考》列諸嘉靖之末，由未見其書故也〔註25〕。

阮琳原屬於成化、宏（弘）治間的學者，但竹垞一時的失察，竟錯列於嘉靖之末，諸如此類的例證，雖係偶發之失，但也絕非孤證。羅振玉於《經義考目錄·校記》嘗云：

> 舊題董養性，不著時代。（四庫）館臣考元末有董養性，字邁公，
> 樂陵人，至正中嘗官昭化令，攝劍州事。入明不仕，終於家。朱氏（彝
> 尊）引梅文鼎說謂養性，樂陵人，寧國府通判，列明末，殆未考知爲何
> 時人〔註26〕。

由於竹垞在典籍的著錄上，能據時代先後排列，故從其先後的次第，可以排比出歷朝經籍的體系，且能查知各種出例的情況。例如：錢大昕在輯錄《元藝文志》之時，即能依據竹垞收錄的內容，加以排比，故其經部的要目，乃至於著錄的次第，皆能取法竹垞之書者也。

綜合上述說法，竹垞《經義考》的排序，頗有可采之處，故學者能據以排比經籍的體系，可以藉以瞭解歷朝典籍的內容及其數量，也有助於瞭解學風的轉換

〔註24〕參考註11，卷二五，頁206。
〔註25〕參考註11，卷七，頁52。
〔註26〕羅振玉：《經義考目錄·校記》，頁779。

等等。因此，竹垞之書，實有利於讀者考索經籍的體系，前賢每有運用，且能收
致參考的功效。

（七）檢視明清的藏書

《經義考》的著錄，加入存、佚、未見、闕的考察，也涉有明、清藏書的狀
況，尤其是《菉竹》、《聚樂》、《淡生》、《一齋》〔註27〕等書目的運用，更是直接
引用當代藏書書目，來考察明代經籍存佚的情況，這些將有助於考索當時社會的
藏書情況。

明代民間的藏書質量，遠遠超過宮廷藏書，李朝先、段克強在《中國圖書館
史》中指出：

> 明代民間圖書館的藏書總量遠遠超過國家圖書館。民間圖書館除重
> 視圖書的收集、積聚、也很重視整理、校訂與編目，有比較完整的圖書
> 館業務工作〔註28〕。

根據李朝先、段克強的初步推估，此時著名的私人藏書家，即達「四百二十七個」
〔註29〕，這些私人藏書家，對於圖書的收集、校訂、編目、庫藏等等，均能從事
考訂的工作。從藏書書目的編訂中，可以看出明代私家藏書的概況，透過這些藏
書書目的取用，的確可以從事經籍存、佚、闕、未見等考察，如就方法看來，實
有事半功倍之效。除了藏書書目外，清初私人藏書家之間的往還，使得圖書之間
的著錄情況，亦爲學士名家所知悉，是以兼記友朋藏書情況，並及於竹垞家藏之
書，使得《經義考》一書，可以間接反映出明、清經籍藏書的情況。

後世考證學家，在考訂經籍之時，每取現存之籍，與竹垞所見藏書相較，並
藉以明白其中的差異。如《四庫全書總目》卷二八，吳澄《春秋纂言》條下云：

> 明嘉靖中，嘉興府知府蔣若愚，嘗爲鋟木，湛若水序之，歲久散佚，
> 世罕傳本，王士禎《居易錄》，自云未見其書，又云朱檢討曾見之吳郡陸
> 醫其清家，是朱彝尊《經義考》之注存，亦僅一睹〔註30〕。

據此，則知竹垞的判例，的確可供讀者檢視藏書的參考，其餘類此之例甚多，茲

〔註27〕參考註17，盧見曾〈後敘〉，頁9云：「先生（指朱彝尊）以《菉竹》、《聚樂》、《淡
　　　　生》、《一齋》諸目所藏，及同人所見，世有其本者，列『未見』一門。」，《經義
　　　　考》，四部備要據揚州馬氏刻本校刊，台三版，臺灣中華書局印行，1979年2月）
〔註28〕李朝先、段克強：《中國圖書館史》，（貴州：貴州教育出版社，一版一刷，1992年
　　　　6月），頁217。
〔註29〕同前註，頁214。
〔註30〕參考註11，卷二八，頁225。

不贅述。由於竹垞所涉藏書極夥，故能成爲讀者考察明清藏書的依據。

（八）鑒別經籍的真偽

經籍歷經秦火之後，往往眞偽交揉，是以有關經籍眞偽的辨訂，也成爲學界討論的重要課題。自古以來，經籍造偽的情況相當嚴重，也爲經學的研究，蒙上一層面紗，使讀者迷惑於實情，導致有研究錯誤的情況。隨著學術的推演，經籍的辨偽，也能蔚成時代的風潮，根據明代辨偽學家胡應麟的初步估算，偽經的數量僅次於子部，而名列第二，茲將胡氏的說法，列之如下：

> 凡四部之偽者，子爲盛，經次之，史又次之，集差寡。凡經之偽，
> 《易》爲盛，《緯候》次之〔註31〕。

胡應麟所考訂的偽書內容，經部十四種、史部十六種、子部七十六種、集部八種，合計一一四種，是則經部造偽的情況，不僅在於子部之下，甚且在史部之下矣。但若經部增加讖緯諸書，則其偽籍的數量，將稍勝於史部的數量，乃適符合上述所論的事項。今暫且不論經籍的偽造，是否次於史部，但從胡氏的論斷中，亦可得知經籍的造偽情況，的確是相當的嚴重。歷來簿錄學家在總校群籍之時，即能重視經籍眞偽的考辨，竹垞亦承襲此一傳統，在輯錄經籍內容之時，也提供有關眞偽的論證，藉以辨明經書的偽作，使讀者可以收到導引的功效。有關竹垞判別經籍偽造的成果，見於本文第七章第五節「案語體例」的說明，茲不贅述。竹垞的辨偽成果，亦屢被考據學家所徵引，例如：《四庫全書總目》卷一，卜子夏《子夏易傳》下云：

> 朱彝尊《經義考》證以陸德明《經典釋文》、李鼎祚《周易集解》、
> 王應麟《困學紀聞》所引，皆今本所無。德明、鼎祚猶日在張弧以前，
> 應麟乃南宋末人，何以當日見與今本又異，然則今本又出偽託，不但非
> 子夏書，亦並非張弧書矣〔註32〕。

竹垞精於論證，故其辨偽的成果，往往能成爲學者辨偽的論據。張心澂在編纂《偽書通考》之時，即曾大量參考竹垞之書，藉以從事經籍的辨偽工作，說法詳見下文分析。因此，有關《經義考》的辨偽成果，實有助於後世學者從事偽經的考辨。

（九）查知作者的傳記

《經義考》著錄四千三百餘人的經籍撰述，則竹垞在引書方面，亦能補充作

〔註31〕胡應麟：《四部正譌》，（台北：世界書局，《偽書考》五種，民國 68 年 10 月），頁 47。
〔註32〕參考註11，卷一，頁 1。

者的相關傳記，使讀者能得知作者的事蹟。學者在治經之時，亦能引錄竹垞之書，藉以考知作者的生平、撰著等資料，例如：《四庫全書總目》卷二七，李明復《春秋集義》下云：

> 案：朱彝尊《經義考》云：「《宋藝文志》載李明復《春秋集義》五十卷，又載王夢應《春秋集義》五十卷，嘗見宋季舊刻，即李氏原本，而王氏刊行之。非王氏別有《集義》也。」此本乃無錫鄒儀蕉綠草堂藏本，核其題名，與彝尊所見本相合，知《經義考》所說有據〔註33〕。

據此，則知竹垞之書，頗有助於查知作者的傳記，是以屢見學者徵引，並取為論證的參考。

又崔富章《四庫提要補正》於董守諭《卦變考略》下云：

> 【按】董守諭之書。《明史・藝文志》未見著錄。朱彝尊《經義考》卷六十三載董氏《讀易鈔》、《卦變考略》、《易韻補遺》，注曰：「未見」。《浙江采集遺書總錄》載《卦變考略》二卷，刊本。是即庫書底本。文溯、文津皆二卷。文瀾原本佚，張宗祥據文津本補抄二卷一冊。《總目》作一卷，誤。又，湖北省藏《讀易一鈔》十卷、《易廣》四卷，明董守諭撰，稿本。董氏《讀易二鈔》、《易韻補遺》兩書不知落何所〔註34〕。

據此，則引《經義考》的著錄，以供查考作者的種種撰述，以資考證之用。

又何廣棪《陳振孫之經學及其《直齋書錄解題》經錄考證》於王昭禹《周禮詳解》一書之下云：

> 廣棪案：《經義考》引王與之曰：「昭禹，字光遠，有《周禮詳解》，用荊公而加詳。」（小注云：卷一百二十二「王氏昭禹《周易詳解》」條。）
> 《總目》曰：「王與之作《周禮訂義》，類編姓氏世次，列於龜山楊時之後，曰字光遠，亦不詳其爵里，當為徽、欽時人。」（小注云：卷十九《經部》十九《禮類》一「《周禮詳解》四十卷」條。）可略補《解題》所未及〔註35〕。

此處則藉由作者的字號資料，用來補證陳振孫所謂「未詳何人」的疏失。

《經義考》收錄經學家的相關文獻，使得學者在考證經籍之時，可以引證其著錄的內容，提供多方面的研究，且引用的成果，亦相當的可觀，值得我們的重視。此外，竹垞在考訂作者之時，亦有出錯之處，是以前賢在徵引之時，能酌加

〔註33〕參考註11，卷二七，頁222。
〔註34〕參考註12，頁34。
〔註35〕參考註13，頁458。

審訂，其中頗有可采之處，說法詳見本文第九章「《經義考》的糾繆」一文。

　　《經義考》具有參考的功效，故讀者在研究經籍之時，每引以爲助，以爲治經的重要工具，也正因此書涉及廣博，故能提供學者研究經學的入門。上述的例證，僅是略舉其要，至於其中的運用法則，則存乎一心，端視讀者如何善用其中的資料，以爲治經的參考。

二、開創清代經籍輯佚的風氣

　　清代經籍輯佚之風頗盛，學者在輯錄之時，皆能依據目錄所記，藉以從事研究工作。胡楚生《中國目錄學》中指出：

> 宋代王應麟首開輯佚之風，降及清代，斯學尤盛，如惠棟之輯《易漢學》，孔廣森之輯《尚書大傳》，宋翔鳳之輯《論語鄭注》，臧庸之輯《爾雅漢注》，而馬國翰《玉函山房輯佚書》，黃奭《漢學堂叢書》，所得最爲宏富，故輯佚之初，必先依據目錄史志，以爲其津梁與憑藉也〔註36〕。

清代學者盛行經籍的輯佚，且在輯佚之初，往往有賴於目錄、史志的幫助，始能尋訪佚籍，其中最常爲學者引用的經學書目，首推《經義考》一書。

　　《經義考》涉及經籍存佚的考訂，其中將典籍存在的情況，區分爲「存」、「佚」、「闕」、「未見」四例，不僅有助於讀者的判斷，也能成爲後世輯佚學者的輯錄參考。曹書杰在《中國古籍輯佚學論稿》中指出：

> （朱彝尊）所輯編《經義考》300 卷，初名《經義存亡考》，後分例「存」、「闕」、「佚」、「未見」。自先秦至清康熙二千年間，有關經學著作一目了然，其它佚之書，皆以「佚」字注明，具有輯錄佚書之目的性質，對輯佚書目的發展也具有一定的影響〔註37〕。

《經義考》著錄四三七○部的佚籍，若將這些佚籍整理成目，確實具有輯錄佚書之目的性質，後世學者在輯錄經籍之時，也能參照竹垞的判定，來從事經籍輯佚的工作，是以《經義考》的編訂，實能開啓清儒對於經籍輯佚的風潮。莊清輝在《四庫全書總目經部研究》中指出：

> 四庫館臣於《經義考》註云「未見」之書，亦大部份採綴《永樂大典》而哀輯之，蓋當時朱筠條奏輯佚《永樂大典》之時，四庫館臣亦曾

〔註36〕胡楚生《中國目錄學》，（台北：文史哲出版社，民國 84 年 9 月），頁 13。

〔註37〕曹書杰：《中國古籍輯佚學論稿》，（長春：東北師範大學出版社，1998 年 9 月），頁 135。

取《經義考》之體例（註曰存、註曰佚、註曰闕、註曰未見）作爲輯佚
之標準，使已佚或未見之書，皆可從《永樂大典》而採綴衰輯之，故《經
義考》對書籍之保存，厥功甚偉矣〔註38〕。

所謂「《經義考》對書籍之保存，厥功甚偉矣」，意即指後世學者的輯經成果。我
們從清人輯佚的成果來看，大都能參考竹垞的判例，來從事佚經的輯錄工作。

竹垞判別經書存佚的結果，既經後儒加以輯佚整理，使得佚籍重現，有益於
學術研究的發展。後世學者在輯錄經籍之時，往往能依據竹垞的判定，並加以輯
錄、整理，故竹垞之書，實有利於經籍輯佚的發展。清儒既能依據《經義考》的
判定，以爲輯佚之初的憑藉，則竹垞之書，有助於清代經籍輯佚的發展。

（一）清代經籍輯佚之風的成因

清代輯佚之風盛行，一般學者們認爲「清代輯佚作始於漢學家治經」〔註39〕，
在「復古」之風的影響下，漢學家在治經之際，每感於經籍佚失嚴重，是以親自
從事經籍的輯佚工作，於是帶動一連串的經籍輯佚之風。若仔細考察其形成的因
素，則有如下幾點的說明，可供參考：

1、搜輯遺書風氣的影響

清代學者，在面臨政治的劇變之後，書籍易主快速，甚且佚失情況相當嚴重，
學者們在求書不易之際，於是致力於遺書的收集工作，形成一股時代的風尚。這
股搜求遺書的風氣，的確讓不少的珍籍重現於世，但仍有部份的典籍，卻礙於時
空條件的限制，乃消失在歷史的洪流之中，不復存於世間。因此，在求索無門之
下，遂有學者積極的投入輯佚工作。

搜求遺書的風氣，一但面臨困阻，在炫奇心理的驅策下，自然會以輯佚的方
式，來達到保留佚籍的功效，如《四庫全書》在編纂之時，除了其政治目的之外，
也間及圖書的保存功效，《四庫全書總目·卷首》錄有乾隆三十八年（1773）二月
初六日的聖諭一則云：

昨據軍機大臣議覆朱筠奏，內將《永樂大典》擇取繕寫，各自爲書
一節，議請分派各館修書翰林等官，前往檢查，恐責成不專，徒致歲月久
稽，汗青無日。蓋此書移貯年深，既多殘闕，又原編體例係分韻類次，先
已割裂全文，首尾難期貫，特因當時採摭甚博，其中或有古書善本，世不

〔註38〕莊清輝：《四庫全書總目經部研究》（台北：政治大學中文研究所碩士論文，民國77
年），頁403～404。
〔註39〕參考註37，頁132。

恆見，今就各門彙訂，可以湊合成部者，亦足廣名山石室之藏〔註40〕。
乾隆皇帝在編纂《四庫全書》之際，即已大量徵集民間藏書，雖頗有采獲，但亦
有不少的圖籍，已不見流傳，於是敕旨自《永樂大典》取材，輯錄出各類的古書
善本，以廣名山石室之藏。經過朝野競相收集之下，也確實使得不少的圖籍，得
以再現人間，且成果相當可觀。

2、文學復古風氣的影響

清代輯佚的盛行，既是受到漢學家治經的影響，則毫無疑問，必會受到復古
風氣的影響。《經義考》錄有「逸經」三卷，專收經學遺句。毛奇齡《經義考‧序》
云：「逸經三卷，惟恐經之稍有遺，而一字一句必收之也。」〔註41〕。竹垞「逸經」
的輯錄，乃是著錄「雜見他書經之逸篇或遺句蒐集」〔註42〕，其對「逸經」的收
集，乃至於一字一句必收，亦是受到崇古風尚的影響。

惠棟以經學著稱於時，其對於漢學古經的輯佚，亦源自崇古風氣的影響。曹
書杰在《中國古籍輯佚學論稿》中指出：

> （惠）棟尤以經學著稱於世，創「吳派」考據學，其治經墨守漢儒
> 舊說，崇尚經學古義，堅心復古，認爲「凡古必眞，凡漢皆好」。唐李鼎
> 祚作《周易集解》，廣集子夏、孟喜、京房至孔穎達等漢唐 35 家之說，
> 棟專取其中漢代諸家舊注，分家疏解而成《易漢學》8 卷。後又採摭漢
> 儒經注斷章殘句，將漢人佚注益加綱羅，欲輯撰成《十三經古義》，然僅
> 成《九經古義》16 卷（一作 22 卷），《左傳》另行，名《左傳補注》6
> 卷，《爾雅》、《孟子》、《孝經》未成〔註43〕。

惠棟率先從事漢學古經的輯佚工作，且能收致相當的成果。其他諸如余蕭客《古
經解鉤沈》三十卷、孫堂《漢魏二十一家易注》、王仁俊《十三經漢注》等等，皆
源自復古之風的影響，且輯錄的典籍，亦以漢、魏古經爲主，顯見清代輯佚的風
氣，確實和其流通的復古風氣，有著一定的關聯性。

3、書賈刻書風氣的影響

竹垞曾和魏禧、汪楫等人，推行「徵刻唐宋祕本」的運動，此事見載於〈徵

〔註40〕 參考註 11，〈卷首〉，頁 1。
〔註41〕 參考註 2，毛奇齡〈序〉，頁 1。
〔註42〕 田鳳台〈朱彝尊與經義考〉，（《古籍重要目錄書析論》第五章，台北：黎明文化事
　　　　業股份有限公司，民國 79 年 10 月 1 日），頁 143。
〔註43〕 參考註 37，頁 132。

刻唐宋祕本書啓〉一文〔註44〕，並且主張〈論刻藏書宜先經史，後子集〉〔註45〕，
這種主張，造就經籍刻印的風潮，後來納蘭成德在「通志堂經解」的刻印，即依
《徵刻唐宋祕本書目》的經部部份，大都擇要刊印，是則竹垞等人的倡導之功，
亦不容忽視。

　　清代書賈刻書，亦能重視經籍的輯錄工作，故有學者專收佚書，並加以刊印
發行，嚴可均在〈《北堂書鈔》原本後〉指出孫星衍即曾專收佚書：

> 嘉慶中，淵如（孫星衍）約王伯申（引之）略校，伯申約錢既勤（東
> 垣）同校，僅二十許葉而輟業。淵如屬余校刻。是時，漢、魏、晉佚書
> 輯本及章鳳之（即「逢之」之誤）佚書輯本，匯聚淵如所者不下七、八
> 百種〔註46〕。

清代許多學者，廣泛的搜集佚書，究其目的，亦有受到書賈刊行的影響，故許多
學者在輯佚之後，即將書稿賣與書商，或自行刊印，導致清代輯佚的成果，亦能
蔚為時代的風尚。

　　清代輯佚的工作，係受到不同因素的影響，遂形成一股時代的風氣，其中在經
籍輯佚方面，學者在輯錄之初，必先瞭解經籍的存佚情況，於是《經義考》有關存
佚的判定，即成為學者判斷的依據。竹垞在《經義考》的判例，的確能帶動清代經
籍輯佚的風氣，且造成一連串的輯佚風潮，故其影響的作用，亦值得我們的重視。

（二）竹垞對於經籍輯佚的啟發

　　《經義考》的產生，對於清代經籍的輯佚風氣，實產生莫大的啟示作用。竹
垞對於輯佚的發展，有著如下幾點的作用：

　　1、竹垞積極推動搜集唐宋祕本的工作，並且主張藏書首重經、史的呼籲，皆
能受到學者的重視。學者們爭相收集經史，在炫奇心理的主導下，遂特重珍奇異
本的蒐集，並親自輯錄各項的經籍，其中對於佚經的輯錄工作，益形熱絡。

　　2、竹垞親自輯錄逸經，對於後世輯佚的工作，亦有示範的作用。《經義考》錄
有「逸經」一目，藉以專收經籍逸篇、遺文。其後，經過馮登府輯出刊行，成為《逸
經補正》一書，顯見其輯佚的成果，亦能受到肯定。張鈞衡在《逸經補正・跋》云：

> 《逸經補正》三卷，朱彝尊撰。在《經義攷》中卷二百六十至二百

〔註44〕葉德輝等撰：《徵刻唐宋祕本書目一卷附考證二卷》，（台北：廣文書局，民國 61
　　　　年），頁 1425～1426。
〔註45〕同前註，頁 1428～1431。
〔註46〕嚴可均：《鐵橋漫稿》卷八。

六十二，秀水馮登府爲補正之，鄞縣徐時棟又加審定，更爲周密〔註47〕。此書雖僅三卷，但卻涉及有關《易》、《書》、《詩》、《禮》、《樂》、《春秋左氏傳》、《論語》、《孝經》、《孟子》、《爾雅》等內容，雖非輯錄經籍佚文之始，但對於清代經籍輯佚的風氣，卻造成深刻的影響。

3、竹垞對於經籍存佚的判定，往往成爲學者搜集佚經的參考。《經義考》收錄歷代的經籍，並附有存佚的判別，凡是竹垞列入逸經者，大抵能吸引學者的重視，並成爲學者競相輯錄的依據。

4、竹垞輯錄的解題，不僅成爲學者考訂經籍的參考，也成爲輯佚書篇末的附錄，顯見學者在輯錄佚經之時，也能依據《經義考》的判定，來從事佚經的搜集工作。例如：王謨在《漢魏遺書鈔》中，輯錄《四民月令》一書時，茲有如下的考證：

> （王）謨案：《隋》、《唐》二《志》并以此書入子部農家類，《通志・藝文略》入史部時令類，《文獻通考》并不著錄，則以其書亡也。《經義考》亦以爲缺，入「擬經」門。近吳人任兆麟因朱氏說捃摭成書，然亦尚有遺漏。今并鈔出《齊民要術》四十四條，《御覽》十一條，又《類聚》六條，《初學記》四條，《文選論》一條，《事類賦注》一條。

此文先引《隋》《唐》二《志》，並論及《經義考》的判定，藉以證明其書亡佚多時，且說明任兆麟曾據竹垞之說，「捃摭成書」，雖有遺漏，但確係受到竹垞的啓發，是以竹垞之書，對於清代經籍輯佚的發展，有著深遠的影響。清代的輯佚學家，每在輯錄佚書之時，也能嘗試從事經籍提要的撰寫，藉以提供讀者的參考之用，其中考訂的素材，即是依據竹垞的解題，如馬國翰在《玉函山房輯佚書》的纂輯中，曾大量從事經籍的輯錄工作，甚至在佚書的末節，皆附有「諸家論說」的內容，考其來源，皆是取自《經義考》的內容，顯見二書之間的密切關係。

綜合上述所論，後世學者在輯佚經籍之時，往往能參照竹垞的判定，依序選錄重要的佚書，以爲輯錄時的參考。由此可見，《經義考》一書，對於清代經籍輯佚的發展，實有重要的作用。

（三）清代經籍輯佚的特點分析

清代輯佚之風盛行，考其風潮的開始，乃是源自經籍的輯佚。在眾多輯佚學者之中，尤以王謨、馬國翰、黃奭、王仁俊等人，最爲突出。此外，輯佚的工作，亦能受到朝廷的重視，《四庫全書》在纂編之時，曾明令編纂官自《永樂大典》中

〔註47〕朱彝尊撰、馮登府補：《逸經補正》，（台北：新文豐出版公司，民國77年8月），頁609。

輯錄佚書，其中在佚經的輯錄成效，亦能取得可觀的成果。下文乃依據上述所論四大輯佚名家，復參以四庫館臣「永樂大典本」的輯經成果，製成「清代重要經籍輯佚成果表」（附表二），附於本章末段。從該表的比勘中，可以發現竹垞之書，對於輯佚的發展，實有重要的貢獻。

1、輯佚多以竹垞判定為據

清代經籍輯佚的成果，多能依照竹垞的判定為據。如取清代《四庫全書》「大典本」、四大輯佚家的輯佚成果，與《經義考》相互比較，總共輯出五〇八部的經籍。若依竹垞的存佚判例，則有四三六部的佚籍，曾為學者輯錄成書，顯見竹垞對於佚籍的判斷，實有助於經籍的輯佚。

2、輯佚多以漢魏古經為主

就典籍的朝代而論，則漢代古經的輯佚，最為受到學者的青睞，其數量高達一三三部，考其原因，則與學者「尚古」風氣有關。從清代經籍輯佚風潮來看，漢代古經的輯佚，是較早受到學者的重視，故其輯佚的成果，也有較好的成就。其次，尚有九五部的典籍，未能判其朝代，這些典籍的內容較少，難成系統，故無法吸引學者重視。相較之下，晉代典籍的輯佚，竟高達七十四部之多，這似乎有明顯偏高的趨向，值得我們的重視。其次，宋代典籍雖達到四七部之多，但全數皆屬「大典本」，至於其餘四大輯佚家的作品，完全沒有宋代以後的經籍，顯示出清代學者輯佚的重心，大都放在唐代以前的古經，故有此截然互異的現象。若根據竹垞的存佚判斷，則宋代典籍被判為佚籍的總數，即高達二千部左右，其中亦有輯佚的價值，惜未有學者重視此點，故仍有開發的潛力。

3、輯佚多以讖緯圖書為多

就典籍的類別而論，則以「讖緯」類較多，竹垞著錄一八八部的「讖緯」典籍，其中為四位輯佚學者輯出的典籍，即多達九十一部，約佔著錄的半數，顯見此類典籍亡佚情況，的確十分的嚴重。歷來有關讖緯類的典籍，曾被列為禁書，故傳世之作不多，是以學者從類書及古注中，輯出各種的讖緯古籍，亦有助於瞭解「讖緯」典籍的相關內容。

4、輯佚多能形成嚴密系統

清代經籍輯佚的成果，的確相當的可觀，除了讖緯圖書的輯佚之外，也能遍及五經類的典籍，例如：易類有六十部，春秋類有五九部，詩經類有三十五部，這些龐大的數量，皆能形成完整的體系。此外，論語類典籍的輯佚成果，亦高達

三十五部之多，顯見此類典籍的佚失情況嚴重，這可能和「四書」類的典籍纂成，有著較爲密切的關聯。由於四書類典籍的纂成，保存較爲完整，也較受到重視。畢竟保存一部典籍，即能擁有《論語》、《孟子》、《大學》、《中庸》的經文，相較之下，則《論語》、《孟子》的佚亡現象，顯得相當明顯，是以受到輯佚學者的重視，且輯佚的成果，亦頗爲可觀，能形成經籍輯佚的嚴密系統。

5、輯佚多能得到朝廷重視

清廷在編纂《四庫全書》之時，亦曾命令館臣自《永樂大典》中輯錄佚書，其中不乏經籍的內容。經過初步的比勘，則共有六十七部的典籍，係輯自《永樂大典》。在典籍的類別上，大抵皆屬於五經類的典籍，其中有十七部「易類」典籍、十二部「書類」的典籍、三部的「詩類」典籍、九部的「禮類」典籍、十四部「春秋類」的典籍，在這些典籍之中，大抵皆未見其他輯佚名家的輯錄作品，顯見其輯錄的成果，亦頗受到敬重；至於其他諸類，則以「讖緯」類典籍，共有八部；「孟子」類一部、「擬經」三部，在「擬經」類典籍中，則以「皇極經世」之書爲主，詳細的內容，請參見附表二「清代重要經籍輯佚成果表」。

竹垞對於清代輯佚之學的發展，實有相當的啓示作用，總括其在輯佚學上的影響，有如下幾項特點：

（1）竹垞《經義考》立有「逸經」一目，並親自從事經籍逸篇、逸文的收集工作，其輯佚的成果，亦能深受學者的重視，能成爲清儒輯佚的典範。

（2）四庫館臣輯佚的準據，多據《經義考》的判定而來，至於材料的來源，則是輯自《永樂大典》，惟其輯錄典籍的朝代，大多集中在唐、宋兩朝，雖能偶及於他朝，但數量未如唐、宋兩朝，此點與私家輯書多據古經，則稍有差異。

（3）竹垞《經義考》的纂輯，對於私家輯佚的風尚，亦有啓發的作用，尤其是馬國翰、黃奭的經籍輯佚成果，亦常與《經義考》的判定，遙相呼應，且馬國翰《玉函山房輯佚書》的佚書卷後，皆附有前賢的相關解題，而其輯錄的概念，乃是受到竹垞的啓示。因此，清代私家經籍輯佚的工作，往往受到竹垞存佚判定的影響，而其輯佚的成果，能補證竹垞在存佚判斷的不足。

（4）清代輯佚古經的風氣頗盛，無論官方的收集，或民間的整理，皆能重視經籍的輯佚工作，至於其指導的方針，則是依據《經義考》爲判定的準則，是以竹垞對於清代經籍輯佚的發展，有其重要的貢獻。

《經義考》對於經學的發展，具有深遠的影響，後世學者在研究經學課題時，皆能以此爲治經的重要參考。在復古之風的影響下，《經義考》成爲學者輯錄佚經的

重要指標，是以此書的纂成，對於推倡經籍輯佚的風氣，實有正面的貢獻。清代輯佚之風，乃始自輯錄佚經開始，則竹垞肇建之功，亦不容輕忽，故其對於後世經學的研究，影響十分深遠，值得我們的重視。

第二節　《經義考》對目錄學的影響

竹垞身處清初時期，能致力於考證的工作，且能收致成效，更能開創乾、嘉考證的先聲，故其影響深遠，確能受到學者的重視。歷來《中國目錄學史》的編寫者，率皆側重竹垞的考據能力，如李瑞良在《中國目錄學史》中指出：

> 清代是考據學（亦稱考證）極盛時期，許多目錄學家如錢大昕、戴震、黃丕烈、顧廣圻、孫星衍、朱彝尊等都擅長考證，都以考據學的功力從事目錄學的研究，許多著名的目錄學著作都具有考據學的內容和價值〔註48〕。

竹垞擅長考證之學，並將其運用到《經義考》編纂上，更能添其參考的價值。由於本書的體例完整，加以收錄內容豐富，故對於後世目錄的編纂，能有重大的啓發作用。下文即分項論說，闡明其對後世書目的影響：

一、《經義考》對專科目錄的影響

《經義考》著錄甚豐，加以體制完整，故其成書之後，即成為後世專科書目效法的對象。下文即試舉例證，並繪製簡表，藉以闡明竹垞對於專科書目的諸多影響：

書　名	作　者	說　明
《史籍考》	章學誠	今擬修《史籍考》，一倣朱氏（指彝尊）成法，少加變通，蔚為鉅部，以存經緯相宣之意〔註49〕。
《小學考》	謝啓昆	秀水朱氏撰《經義考》有功經學甚鉅，但止詳於《爾雅》，餘並闕如。吾師翁學士覃谿作《補正》，又欲廣小學一門，時為予言之。……乾隆乙卯（1795），啓昆官浙江按察使，得觀文瀾閣中祕之書，經始采輯為《小學考》〔註50〕。

〔註48〕李瑞良：《中國目錄學史》，（台北：文津出版社，民國82年年7月），頁289。

〔註49〕章學誠《校讎通義・論修史籍考要略》，（台北：文史哲出版社，《中國目錄學資料選輯》，民國73年1月），頁649。

〔註50〕謝啓昆《小學考・序》，（台北：廣文書局影光緒十四年杭州浙江書局本，「書目三編之六五」，1969年），頁13。

《補經義考》	錢東垣	是書原爲補竹垞之作，則部份體例，似宜俱仍其舊，然有不得不略爲變通者，時代既有後先，著述究出兩手也〔註51〕。
《醫籍考》	丹波元堅	仿朱錫鬯《經義考》之體，每書先揭其名，次以卷第，次以存、佚、未見，次以諸家序跋、撰人履歷，而次以考語、尋端竟委、訂訛關謬。義例詳密，援據精覈，凡八十卷，析爲九類，於是堂構方成，燦爲鉅觀矣。
《老子考》	王重民	本書體例，概仿朱彝尊《經義考》、謝啓昆《小學考》，惟於存者著其有何種刻本或叢書本〔註52〕。
《杜集書錄》	周采泉	本書仿照清朱彝尊《經義考》及謝啓昆《小學考》體例，將歷代有關杜詩著作彙成一系統性簿錄，是供杜詩研究者和愛好者使用的一部工具書〔註53〕。
《增訂晚明史籍考》	謝國楨	是書仿朱彝尊《義義考》、謝啓昆《小學考》、孫詒讓《溫州經籍志》之例〔註54〕。

　　後世專科書目的編纂者，往往依據《經義考》的體例，藉以纂輯新的書目，總其對於專科書目的啓發，有如下幾項的要點：

（一）分科日益細密

　　《經義考》的著錄內容，係以經籍爲其收錄的重點，由於廣徵博引，收錄頗見成效，故後世學者紛紛效仿，各自就其專業領域來編纂書目，藉以提供研究者的需要。隨著收書益廣，是以分科亦日顯細密，章學誠在《史籍考》的纂輯之時，尚以「史部」爲其收錄的範圍；隨著分科觀念日益進展，學者遂以單一「類目」爲收錄對象，如：謝啓昆《小學考》的編纂，即以小學類典籍，爲其收錄的對象。又隨後各自發展出以單書爲收錄的對象，如黎經誥《許學考》的纂輯，即以許愼《說文解字》爲收錄的對象，致使分科有日益精密的情形。整體而論，《經義考》是從綜合書目發展出來的專科書目，但收錄的對象，仍隱約擴及四部，只是分部的態勢相當明顯，隨著學科的日益分化，故專科書目在編纂上，也呈現出日益細密的現象。除了依據主題加以劃分之外，也產生分期的情況，如林明波《清代許學考》、《唐以前小

〔註51〕錢東垣《補經義考・凡例》（北京：北京大學出版社，《中國歷代圖書著錄文選》，1997年12月），頁614。
〔註52〕王重民《老子考・凡例》，（台北：東昇文化事業有限公司，民國70年1月），頁1。
〔註53〕周采泉《杜集書錄・凡例》，（上海：上海古籍出版社，1986年12月），〈凡例〉頁1。
〔註54〕謝國楨《增訂晚明考》爲上海古籍出版社，1981年出版。本文的說明，乃是轉錄彭斐章、謝灼華、喬好勤編《目錄學研究文獻匯編》（武昌：武漢大學出版社，1996年修訂版），頁309。

學書之分類與考證》等等〔註55〕，這些分科日密的結果，使得在分類觀念上，勢必產生新的變革，以符合新目的需求，於是產生更爲精細的類目。

　　隨著學術的日益進展，典籍的增多，於是分科日益細密，此乃時勢所趨，專科書目在收書概念上，不同於以往綜合書目的分類方式，是以在分類類目上，也將突破變革。竹垞在收錄主題上，採取專題的方式，整理各類的文獻，使其符合專題研究的需要。這種收錄的方式，不僅有總結前代專題的成效，也有開啓學科研究的作用。在竹垞成書之前，雖亦有專科書目的編纂，但限於成果不彰，故無法達到總結前代學術的成果。《經義考》的纂成，由於著錄數量龐大，且其分類細密，故對於專科書目產生深遠的影響。

（二）體例日漸完善

　　前賢在編纂專科書目之時，多能承繼《經義考》的體例。如上述所論王重民《老子考》云：「本書體例，概仿朱彝尊《經義考》」〔註56〕等等，可以看出其重要的價值。下文即分項述及竹垞對於後世體例的影響：

1、在體例的創制上，竹垞採取先列作者、書名、卷第，次綴以存佚考察、序跋敘錄，末附上考證案語，構成一個嚴整的考證體系。後世的目錄學者，也能沿襲此一方式，從事考證的工作，故其編輯的體例，頗有取法之處。

2、在存佚的考察上，加入「闕」、「未見」二例，將有助於初學者的運用。在存佚的考察上，甚至加入藏書地的考察，使讀者能據以考知典籍的藏地，更便初學者們的利用。

3、在分類類目上，竹垞能突破過去綜合書目的限制，純粹就主題的類型加以考量，故其所定的類目要求，能符合學術的體系，是以在類目上，往往有別於過去書目的編纂，更能反映出「辨章學術，考鏡源流」的成效。由於竹垞的分類細緻，加以收錄豐富，故能奠定其宗師的地位。

4、在解題的收錄上，竹垞之後的專科書目，多數都能附有序跋、解題的資料，藉以提供更完整的參考內容，這種收錄解題的體例，也多是承自《經義考》的觀念。

5、在排列方面，後世專科書目的編纂，大都能依據作者的時代先後排列，

〔註55〕林明波《清代許學考》(刊載於《臺灣省立師範大學國文研究所集刊》第五號，民國50年6月)；而《唐以前小學書之分類與考證》一書，由中國學術著作獎助委員會出版，民國64年10月。

〔註56〕參考註52，頁1。

這種觀念的運用，雖非竹垞的創見，但竹垞大量採用此一方式，也能間接影響到後世書目的體例。

6、著錄的內容，不論存佚，率皆網羅輯錄，以便提高更多的參考價值。周采泉在《杜集書錄‧凡例》中指出：「本書網羅遺獻，聞見畢錄，不論書之存亡，悉加裒輯，與其疑而捨之，何妨過而存之。」〔註57〕，是以輯錄不以存書爲限，將更能擴大收錄的內容，也能增加參考的價值。

在後世專科書目編纂之時，雖能承繼竹垞的書目體例，但亦能有所改變，使得書目更具有學術的內涵。首先，主張加入各書版本的考察，章學誠明白標示「板刻宜詳」一項〔註58〕，甚至希望能補錄《經義考》在版本著錄不詳的缺失；其次，王重民《老子考》所論，「惟於存者著其有何種刻本或叢書本。」〔註59〕，這種方式的改進，將提供專科書目更多的參考價值。如此一來，不僅能得知其存佚的情況，也能知道卷帙的分合，有助於瞭解古籍的發展脈絡。其次，主張加入作者的小傳，使其可以提供更多的訊息，以增加利用的機會。如：周采泉《杜集書錄》的編纂屬之。又後世學者在編纂之時，大都能標示其確切出處，可供讀者覆按之用。整體而論，《經義考》對於後世專科書目的編纂，實能提供整理的準繩，後世學者在編纂之時，往往能襲用其例，但亦能謀思考善之道，對於其體例未有盡善之處，也能提出改進，使得編輯的體例，逐漸細密，有助於提供更新、更全的書目，以供讀者使用。

二、《經義考》對辨僞書目的影響

《經義考》的纂輯，往往涉及辨僞的內容，無論是竹垞的案語，或係敘錄的輯錄，皆能提供讀者辨僞的準據。張心澂在纂輯《僞書通考》之時，即大量取自《經義考》的內容，以爲判斷僞籍的依據，故二書之間，實有其明顯的承繼關係。下文即試圖分析二書之間的異同，藉以明白《經義考》的成書，對於辨僞書目的發展，實具有深刻的影響。

《僞書通考》在編纂之時，曾大量參考《經義考》的資料，纂輯成編。若細分二書的內容，則相同著錄的典籍，即多達八十七部，合計收錄三百八十七項次的僞書敘錄，顯示張心澂在輯錄《僞書通考》之時，確曾取自竹垞之書。今將二

〔註57〕參考註53，〈凡例〉頁1。
〔註58〕參考註49，頁653。
〔註59〕參考註52，頁1。

書共同的著錄及其數量，依《經義考》著錄的書名、作者、分類、卷頁、次數等項次，茲繪製簡表如下：

書 名	作 者	分類	卷頁	次數	書 名	作 者	分類	卷頁	次數
連 山	司馬膺	易	2：5	12	歸 藏	薛貞注	易	3：6	15
周 易		易	4：16	27	竹書易經		易	5：1	2
易傳僞本	卜 商	易	5：3	15	易林變占	焦延壽	易	6：6	4
易內神筮	費 直	易	8：1	1	易 傳	關 朗	易	13：3	6
周易窮寂圖	成玄英	易	15：7	1	正易心法	麻衣道者	易	15：10	4
周易傳義大全	胡 廣	易	49：8	1	周易繫辭精義	呂祖謙	易	69：11	1
三皇五帝之書		書	72：6	19	百篇之序		書	73：5	10
今文尚書	伏 勝	書	74：1	7	古文尚書		書	74：8	10
尚書暢訓	伏 勝	書	76：2	2	尚書傳	孔安國	書	76：6	8
尚書精義	黃 倫	書	83：1	1	南塘書說	趙汝談	書	83：1	1
尚書考翼	梅 鷟	書	88：6	1	尚書敘錄	歸有光	書	89：8	1
洪範圖論	蘇 洵	書	95：6	1	古 詩		詩	98：6	17
詩 序	卜 商	詩	99：20	28	詩傳僞本	端木賜	詩	100：1	2
詩說僞本	申 培	詩	100：4	2	詩故訓傳	毛 亨	詩	100：7	2
詩 傳	毛 萇	詩	100：8	4	毛詩草木鳥獸蟲魚疏	陸 璣	詩	101：7	4
詩經句解	陳 櫟	詩	111：2	1	魯詩世學	豐 坊	詩	113：4	2
毛詩草木蟲魚疏廣要	毛 晉	詩	118：1	1	周官經		周 禮	120：16	27
六官疑辨	包 恢	周 禮	124：4	1	周禮考注	吳 澂	周 禮	125：8	1
周禮經傳	吳 澂	周 禮	125：9	1	周禮考次目錄	方孝孺	周 禮	126：1	1
禮古經		儀 禮	130：1	5	儀 禮		儀 禮	130：6	7
儀禮逸經	吳 澂	儀 禮	130：8	3	儀禮注	鄭 玄	儀 禮	131：1	1
禮 記	戴 德	禮 記	138：4	5	禮 記	戴 聖	禮 記	139：2	3
漢月令記		禮 記	149：1	2	漢中庸說		禮 記	151：1	2
中庸集解	石 㙤	禮 記	152：2	1	訂古中庸	王 柏	禮 記	153：4	1
石經大學	豐 坊	禮 記	160：1	1	三禮考註	吳 澂	通 禮	164：4	4
春秋古經		春 秋	168：2	1	春秋傳	左邱明	春 秋	169：9	12

帝王曆紀譜	荀 況	春 秋	170:6	4	春秋繁露	董仲舒	春 秋	171：4	4
春秋得法忘例論	馮正符	春 秋	180:7	1	左氏解	王安石	春 秋	181：8	1
春秋外傳國語	左邱明	春 秋	209:2	3	竹書師春		春 秋	209：9	2
古論語		論 語	211:2	7	齊論語		論 語	211：3	2
齊論語說	王 吉	論 語	211:3	1	今文孝經		孝 經	222：1	2
古文孝經		孝 經	222:2	2	古文孝經傳	孔安國	孝 經	222：4	1
孝經注	鄭 玄	孝 經	222:5	4	古文孝經指解	司馬光	孝 經	225：1	1
孟 子	孟 軻	孟 子	231:3	5	四註孟子	揚雄、韓愈、李翱	孟 子	232：1	1
孟子正義	孫 奭	孟 子	233:1	1	爾 雅		爾 雅	237：2	14
四書大全	胡 廣	四 書	256:3	1	乾鑿度	宋 均	讖 緯	263：2	1
乾坤鑿度		讖 緯	263:3	3	易稽覽圖		讖 緯	263：5	1
易通卦驗		讖 緯	263:6	1	潛 虛	司馬光	擬 經	270：5	2
晉史乘偽本	吾 衍	擬 經	275:1	1	越絕書	袁康、吳平	擬 經	275：2	3
吳越春秋	趙 曄	擬 經	275:4	2	十六國春秋	崔 鴻	擬 經	276：3	3
晏子春秋	晏 嬰	擬 經	277:1	1	春 秋	呂不韋	擬 經	277：2	2
元 經	王 通	擬 經	277:8	2	孔子家語		擬 經	278：3	2
中 說	王 通	擬 經	279:1	1	小爾雅	孔 鮒	擬 經	280：1	3
廣 雅	張 揖	擬 經	280:1	1					

　　根據上述內容，可以知道二書之間，確有相承的關係，無論是著錄的典籍，或是解題的數量，均能顯示此一特點。考張氏在經籍偽籍的辨訂上，共有八十八部的典籍，其中泰半是出自竹垞書中，故張氏承襲竹垞之書，十分明顯。

　　在相同解題方面，張心澂轉錄三百八十七項的辨偽資料，其中以朱子（熹）的二十四次居首，而朱彝尊、晁公武分別各佔二十一次居次，其次是陳振孫二十次、陸德明十一次、班固十一次、孔穎達九次、《隋書》七次、鄭樵七次、黃震六次、葉適六次等等，顯見竹垞對於偽籍的判定，亦頗有成果，值得我們加以探述。若再依作者所處的朝代而論，則多數的辨偽成果，集中在宋代學者身上，此一特點，值得我們多加留意。

　　《經義考》對於《偽書通考》的錄製，實有其深刻的影響。張心澂雖輯自竹垞之書，但亦非全然襲用，其中也稍有改作，使其能提供更多的參考價值。歷朝

經籍偽造嚴重，竹垞雖非專意收集此類的敘錄，但卻能收錄不少的辨偽資料，也影響到後世辨偽書目的發展。如依據竹垞輯錄的辨偽敘錄，我們可以考知歷朝辨偽的成果，尤其宋儒的疑偽風氣盛行，若能再探討其中的成因、理論等等，相信能得到更多的研究素材。此外，竹垞在經籍辨偽的考證方面，不僅方法精當，且成果可觀，頗有研究的價值，惟迄今僅有林慶彰先生《清初的群經辨偽學》中，有較為詳細的研究成果〔註60〕，其他則未見學者探述，可見目前學界對於竹垞學術的研究，尚有所疏漏。至於有關竹垞對於偽籍的考訂成果，讀者可參考本章第七章第五節「案語體例」一節，該文有較為詳盡的說明。整體而論，竹垞雖非刻意致力於辨偽資料的收集，但其客觀收錄的解題，亦能提供張心澂編纂《偽書通考》的參考資料，也可看出其中影響的層面，實能擴及各種重要的書目。

三、《經義考》對方志目錄的影響

　　《經義考》收錄不少的方志資料，其中富含考訂的價值，由於竹垞在輯錄敘錄之時，往往能重視作者的爵里資料，加以此書收錄眾多，體例完善，故對於方志目錄的編纂，亦能產生一定的作用。呂紹虞在《中國目錄學史稿》中指出：

> 清乾嘉間有邢澍的《金秦藝文錄》，嘉道間有管庭芬的《海昌藝文志》，光緒間有孫詒讓的《溫州經籍志》卅六卷，吳慶燾的《襄陽藝文略》，胡宗楙的《金華經籍志》廿七卷，蒙起鵬的《廣西近代經籍志》七卷，都是仿《經義考》體例的。〔註61〕

是以上述所論的方志書目，多能參考《經義考》的體例，加以纂輯而成。至於影響的要點，則多是體例的傳承與內容的襲用等等，大致同於專科書目的影響要點，茲不贅述。下文則進一步說明方志目錄的整理要點：

　　（一）若能還原每一位經學家的籍貫，則同一地區的相關作家，往往可以形成學術的集團，同一個學術集團的成員，可能會有親屬、師承、友朋之間的關係，是以學術觀點也較為接近，若能研究其相互的影響，或是傳襲之間的差異，將有助於掌握一地的文風狀況。

　　（二）不同時期的某地文風，會隨著開發的遲速，而產生明顯的差異，若能配合史學背景的考察，則有助於掌握各期經學發展的地理變遷。

　　（三）方志目錄是一種較為特別的目錄類型，這種方志的內容，往往和其他

〔註60〕林慶彰：《清初的群經辨偽學》，（台北：文津出版社，民國79年3月）。
〔註61〕呂紹虞：《中國目錄學史稿》，（台北：丹青圖書有限公司，民國75年），頁266。

目錄多所重複,且編纂的質量,似乎較難吸引學者的重視,是以此類書目的纂輯,雖流行於一時,但在歷代書目的評價上,仍屬附庸的地位,若要得到學界的重視,則必須開發其利用的價值,否則由於同質性較高,故學者在研究各類撰著之時,將很難注意到此類書目的存在價值。

竹垞《經義考》的收錄甚廣,體例完善,故對於方志書目的編纂,亦產生重要的影響。由於方志書目的性質特殊,加以編纂的質量,未能吸引學者的重視,是以研究價值稍低,猶有待學者的開發、整理,使其能成為研究地方學風的參考依據。

四、《經義考》對導讀書目的影響

《經義考》成書之後,曾博得清朝皇室的高度讚賞,以其具有治學導讀的功效,故對於後世導讀目錄的編纂,能產生深遠的影響,其中對於《四庫全書總目》經部提要的纂輯,更有明顯的承襲關係,值得我們的重視。

孫永如在《明清書目研究》中,將《四庫全書總目提要》劃入「導讀書目」,其標準在於「書目主旨雖非在於導讀,但它以提要的形式廣泛地揭示了圖籍內容,具有很強的導讀功用,被人們公認為摸取學習入門途徑所必備」的特點〔註62〕,《四庫提要》的纂成,不僅能將四部分類法推向頂峰,至於其提要的撰寫上,更贏得後世學者的敬重,時至今日,有關《四庫全書》的研究,已成為一門顯學,至於其提要的撰寫,也能成為學者治學的重要參考。然而,《四庫提要》經部的撰寫,明顯是承自《經義考》的內容。余嘉錫在《四庫提要辨證·序錄》中提到:

> 故觀其(指《四庫提要》一書)援據紛綸,似極賅博,及按其出處,
> 則經部多取之《經義考》〔註63〕。

余氏在辨證的過程中,發現四庫提要在撰寫之時,多能取自《經義考》一書。其後,莊清輝在《四庫全書總目經部研究》一文中,有較為詳盡的分析〔註64〕,致使四庫館臣對於《經義考》的運用情況,始稍顯於世。在下文之中,筆者嘗試分析二書之間的異同:

(一)提要編寫的形式

《四庫全書總目提要》的編寫方式,明顯與《經義考》的編寫方式,有著密

〔註62〕參考註6,頁27～28的說明理由。
〔註63〕余嘉錫《四庫提要辨證》,〈序錄〉(北京:中華書局出版,1985年1月),頁49。
〔註64〕參考註38,頁351～432。

切的關聯。王重民在《中國目錄學史論叢》指出：

　　《四庫全書總目》總結并折衷了劉向以來，特別是宋代公私藏書目
　　錄編寫提要的方法方式，也汲取了清代《讀書敏求記》和朱彝尊及常熟派
　　校書家所寫題跋記的方法和形式，從而形成了一種新的反映圖書的版本、
　　文字和內容，特別結合當時政治需要，宣傳封建思想的提要形式〔註65〕。

四庫館臣在編寫提要之時，即承自前代書目編寫的方式，尤其是《直齋書錄解題》、
《郡齋讀書記》、《讀書敏求記》、《經義考》等書目。然而，《經義考》的編寫形式，
究竟對《四庫提要》的撰寫，產生何種影響，下文即分別從著錄、分類、考證三
項，來議論二者之間的關係：

1、著錄博富

　　《經義考》卷帙多達三百卷，而《四庫全書總目》亦有二百卷，是目前可見
簿錄典籍之中，卷帙最富的書目之一。就著錄典籍的數量而論，《經義考》共錄有
八四四三部經籍，合計五一二九五卷的數量，其數量可謂繁富矣。相較之下，《四
庫全書總目》著錄總數達「一萬二百三十一種，十七萬一千三卷」〔註66〕，其著
錄的數量，堪稱古今之最，且各書均附有提要，可提高參考的價值。如若二書相
較，竹垞以個人之力，從事編纂工作，且收錄的範圍，僅及於經部，猶能擁有目
前的成績，誠實難能可貴，其價值不容輕忽。

2、門類允當

　　《經義考》將門類分為三十類，雖有部份類目未及完成，但其分類的細緻，亦
堪稱典範。尤其在分類概念上，雖承繼前代書目的觀念，但能勇於突破，能以編纂
的需求，來衡量類目的安排，這種編纂的概念，更深深影響到其後專科書目的編纂，
說法詳見上文說明，茲不贅述。相較之下，《四庫全書總目》亦有完整的類目體系，
且兼及四部，更能擴大參考的範圍，且其收錄的對象，皆是根據現存典籍加以甄錄，
凡是登錄的典籍，大都能按目尋書（除「存目」典籍之外），是以更具參考的價值。
整體而論，在門類的安排上，二書均能擁有完善的分類體系，若不計及少數個別典
籍的分類，則其分類的觀念，均能符合收錄的內容，尤其是《四庫全書總目》的分
類，更能擴及四部，著錄寬廣，影響自然更形深遠。相較之下，二書在分類體系上，
均有足堪稱述之處，故其門類允當，成為後世書目參考的準據。

〔註65〕王重民：《中國目錄學史論叢》中，〈論《四庫全書總目》〉一文，（北京：中華書
　　　　局，一版一刷，1984 年 12 月），頁 247～248。
〔註66〕周中孚：《鄭堂讀書記》卷三二，（台北：世界書局，民國 54 年 4 月），頁 12。

3、攷證精審

《經義考》、《四庫全書總目》二書，皆有編者的考證之文，故能贏得後世學者的敬重。竹垞的考訂案語，雖篇幅普遍較爲短小，且並非每部典籍均能附案語，深入查考，但其考訂的內容，如作者生平、爵里，以及書名釋義、內容、篇目、疑誤、存佚，乃至於評論等等，均與《四庫提要》所訂的要點近同。這種逐書逐篇的考證方式，使書目的編纂，能更加完善，也紛紛爲後世目錄學者效法的方式。此種酌加攷證的方式，可以上承前代公私藏書書目，竹垞能承繼前代書目的特點，選出適合的編纂方式，使《經義考》的輯纂，能更添功效，則其中的特點，乃是增加考證的案語，若沒有這些案語的輔助，則《經義考》將只是資料匯編的成果。

《四庫提要》更承繼在《經義考》的基礎上，直接將考證發揮到極致，其經部提要的考證，更建構在竹垞的基礎上，加工而成，是以在考證的成果上，益形精審，但二書在考證方面，確實有相當程度的傳承關係，不僅在考證方式上，有近同之處，同時在考證內容上，更有直接的承襲，顯見二書在提要的編寫形式上，有許多共通之點。

（二）提要內容的撰寫

《四庫提要》在內容寫作方面，曾大量參考竹垞輯錄的文獻，也參考竹垞考證的成果，下文即分項論說其影響的要點：

1、取用竹垞輯錄的資料

《四庫提要》之編，引據繁富，向爲學者所敬重。四庫館臣能以極短時限，從事繕寫、纂修、輯佚、考證等諸項事宜〔註67〕，且能擁有傲人的成績，亦屬難能之事。在迫於時限之下，四庫館臣要如何編寫提要，並能取得成果，其中的關鍵，乃在於是否能充份的掌握文獻。余嘉錫在《四庫提要辨證》中指出：

> 故觀其（指《四庫提要》一書）援據紛綸，似極賅博，及按其出處，則經部多取之《經義考》。史、子、集三部多取之《通考·經籍考》，即晁、陳書目，亦未嘗覆檢原書，無論其他也。及其自行考索，徵引群籍，又往往失之眉睫之前。《隋》、《唐》兩志，常忽不加察，《通志》、《玉海》，僅偶一引用，至《宋》、《明》志，及《千頃堂書目》，已憚於檢閱矣〔註68〕。

〔註67〕參考註63，頁49。
〔註68〕參考註63，頁49。

四庫館臣在撰寫提要之時，主要的依據，乃是《經義考》、《文獻通考·經籍考》二書，尤其在經部提要的撰寫上，多能參據竹垞之書，加以纂寫而成。因此，《四庫提要》所以能援引賅博，其部份的成果，自應歸功於《經義考》一書，茲引一例，以見一斑。《四庫全書總目》卷一，《子夏易傳》條下云：

> 舊本題卜子夏撰。案：說《易》之家，最古者莫若是書，其偽中生偽，至一至再而未已者，亦莫若是書。《唐會要》載開元七年（719 年）詔：「《子夏易傳》近無習者，令儒官詳定，劉知幾議曰：《漢志》易有十三家，而無子夏作傳者，至梁阮氏《七錄》，始有子夏《易》六卷，或云：韓嬰作，或云丁寬作，然據《漢書》：韓《易》十二篇，丁《易》八篇，求其符合，事殊驌刺，必欲行用，深以爲疑，司馬貞議亦曰：案劉向《七略》有子夏《易傳》，但此書不行已久，今所存多失眞本。荀勗《中經簿》云：『子夏《傳》四卷，或云丁寬。，是先達疑非子夏矣。』又《隋書·經籍志》云：『子夏《傳》殘闕，梁六卷，今二卷，知其書錯繆多矣。』又王儉《七志》引劉向《七略》云：『《易》傳子夏，韓氏嬰也。今題不稱韓氏，而載薛虞記，其質粗略，旨趣非遠，無益後學』云云。是唐以前所謂子夏《傳》，已爲偽本。晁說之《傳易堂記》又稱：『今號爲子夏《傳》者，乃唐張弧之《易》』，是唐時又一偽本並行。故宋《國史志》以假託子夏《易傳》，與眞子夏《易傳》兩列其目，而《崇文總目》亦稱此書篇第，略依王氏，決非卜子夏之文也。朱彝尊《經義考》證以陸德明《經典釋文》、李鼎祚《周易集解》、王應麟《困學紀聞》所引，皆今本所無，德明、鼎祚猶曰在張弧以前，應麟乃南宋末人，何以當日所見與今本又異，然則今本又出偽託，不但非子夏書，亦並非張弧書矣，流傳既久，姑存以備一家云爾〔註69〕。

子夏《易傳》一書，見錄於竹垞《經義考》卷五，書名題作《易傳偽本》。觀上述《四庫提要》之文，援引紛綸，乍看之下，確能炫人耳目，但細審之下，則內容全據《經義考》的題材，說明如下：

（1）《四庫提要》所錄的內容，皆是轉錄《經義考》的資料，其中「《唐會要》」、「晁說之」、「《國史志》」、「《崇文總目》」等資料，皆是取自竹垞輯錄的資料，綜整刪削而成。

（2）《唐會要》以下，迄於「無益後學」止，若不明其出處，則乍看之下，將誤

〔註69〕參考註 11，卷一，頁 1。

認其內含有《唐會要》、劉知幾、司馬貞、荀勗《中經簿》、《隋書‧經籍志》、王儉《七志》等諸家之文，而深為其徵引博富而折服。但細審之下，則這些文句，皆出自《經義考》徵引《唐會要》之文，惟文句略有改動而已。

（3）晁說之《傳易堂記》之文，亦出自《經義考》一書，惟竹垞僅題作「晁說之曰」，而未及「《傳易堂記》」之名，四庫館臣根據《文獻通考‧經籍考》卷三，子夏《易》條的資料，加以甄錄所致，是以顯見館臣在撰寫提要時，確實曾參據《經義考》、《文獻通考》而來，則余氏之論，亦誠屬有識之見。

根據上述的說明，《四庫提要》經部提要的撰寫，雖徵引博富，但實則依據《經義考》的引書資料，故對於《四庫提要》撰寫，實有其正面的貢獻。

2、吸收竹垞考證的成果

《經義考》是竹垞考證的力作，且四庫館臣在撰寫提要之時，亦能善加取法此書，故能吸收竹垞考證的成果。例如《四庫提要》著錄元‧李簡《大易衍說》條下，曾云：

> （李）簡有《學易記》已著錄。是編即以《學易記》序冠於卷首，而書則絕不相同。核其文義，與今村塾講章相類。朱彝尊《經義考》亦未載其名，蓋書肆偽記之本也〔註70〕。

據此，則館臣能以竹垞未錄李簡此書，並進而細考其書，方始明白此書為書肆偽造之本。從提要的撰寫上，我們可以發現四庫館臣在撰寫提要時，往往先引錄《經義考》的考訂成果，再行研究該書的性質、內容，故竹垞對於考證的成果方面，實對《四庫提要》經部提要的部份，造成相當重要的影響。

又《四庫提要》卷二七，李明復《春秋集義》下云：

> 朱彝尊《經義考》云：《宋藝文志》載李明復《春秋集義》五十卷，又載王夢應《春秋集義》五十卷，嘗見宋季舊刻，即李氏原本，而王氏刊行之。非王氏別有《集義》也。此本乃無錫鄒儀蕉綠草堂藏本，核其題名，與彝尊所見本相合，知《經義考》所說有據，而《宋志》誤分為二也〔註71〕。

案：四庫館臣此處則據《經義考》的判定，而斷《宋史‧藝文志》誤題刊印者為作者，導致一書二出，有誤題的現象。竹垞之說，見載於《經義考》卷一百九十，李明復《春秋集義》下，竹垞案語云：

〔註70〕參考註11，卷七，頁49。
〔註71〕參考註11，卷二七，頁222。

《宋史・藝文志》載李明復《春秋集義》五十卷，又載王夢應《春
秋集義》五十卷。予嘗見宋季舊刻即李氏原本，而王氏刊行之，非王氏
別有《集義》也。《宋史》兩存之誤也〔註72〕。

竹垞的案語，往往言而有據，可供讀者判斷之據。四庫館臣常能根據竹垞考證的
結果，來判明一些經學的課題，可見竹垞的案語，實具有高度的參考價值。

（三）經籍佚書的輯錄

四庫館臣在纂編《四庫全書》之時，其經部提要的撰寫方面，則多據《經義
考》的內容。此外，竹垞在經籍的著錄方面，亦能加入存佚的審訂，這些判定的
結果，能成為四庫館臣輯錄「永樂大典本」的考訂依據。《四庫全書總目》卷八五，
《經義考》條下指出：

（《經義考》）上下二千年間，元元本本，使傳經原委，一一可稽，
亦可以云詳贍矣。至所註佚、闕、未見，今以四庫所錄校之，往往其書
具存，彝尊所言，不盡可據〔註73〕。

故館臣亦曾考察《經義考》在存佚方面的判定，館臣所謂「以四庫所錄校之，往
往其書具存。」者，有大部份係後來輯自《永樂大典》的著作。今取自四庫館臣
輯自《永樂大典》的輯本，復校以《經義考》的判例，則有如下幾項結論：首先，
四庫館臣輯自《永樂大典》的佚書，大都屬於唐、宋的經籍，與民間輯佚多偏於
漢、魏古經，有著明顯的差異，且四庫館臣的輯佚作品，多具有權威性，凡是其
所輯錄之書，通常都未見其他學者重輯，是以學者將輯佚的重心，擺在漢唐古經
的輯佚上，至於四庫館臣所輯錄的佚經，可參看「清代重要經籍輯佚成果表」（附
表二）。其次，四庫館臣所輯錄的佚經，見載於《經義考》者，凡六十七部，其中
大多以五經、讖緯之書為主，至於四書、論語、孟子等類，則較為罕見。相較之
下，民間輯佚的內容，則橫跨各經，故四庫館臣的輯佚特點，明顯與民間學者不
同。又在六十七部典籍之中，竹垞判為「佚」、「未見」者，各有二十六部，可見
竹垞的判例，亦可成為館臣輯錄的參考依據。綜合上述所論，四庫館臣在編寫提
要之時，曾大量參考《經義考》的內容，尤其是竹垞對於存佚的判定，亦能提供
館臣輯錄佚籍的參考，加以館臣曾大量取用竹垞輯錄的解題，以及考證的成果，
顯見竹垞對於《四庫全書總目》經部提要的編纂，有著密切的關聯。

〔註72〕參考註2，卷一百九十，頁3。
〔註73〕參考註11，卷八五，頁732。

五、《經義考》對史志補志的影響

　　《經義考》著錄八千四百餘部的經籍，近二千年間的經籍資料，橫跨周朝以迄清初的經籍，由於編輯的方式，係依照時代先後排列，故能成為輯錄正史補志的素材，其中錢大昕在輯錄《元藝文志》時，曾明白表示其資料的來源，是取自《經義考》一書，顯見竹垞之書，曾對正史補志的編纂，產生相當明顯的影響。錢大昕在《十駕齋養新錄》卷十四，〈元藝文志〉中指出：

> 　　　予補撰《元藝文志》，所見元、明諸家文集、志乘、小說無慮數百
> 種，而於焦氏《經籍志》、黃氏《千頃堂書目》、倪氏《補金元藝文》、陸
> 氏《續經籍考》，朱氏《經義考》，采獲頗多，其中亦多訛踳不可據者，
> 略舉數事，以例其餘，非敢指前人之瑕疵，或者別裁苦心，偶有一得耳
> 〔註74〕。

錢氏在編纂《元藝文志》時，曾自《經義考》中取材，且云「采獲甚多」，是以竹垞之書的纂輯，亦曾影響到《元藝文志》的收錄，且錢氏在輯錄之時，亦能考察竹垞的錯誤，故能有助於考訂竹垞之書。下文即針對《元藝文志》對《經義考》的襲用，來說明竹垞之書對於正史補志的諸多影響：

（一）著錄數量的分析

　　竹垞《經義考》的著錄資料，係依時代先後排列，其中共有八七一部的元代典籍，但錢大昕《元藝文志》卻僅收錄六五〇部，故仍有未及收錄的資料，而有待重新補正。案：錢大昕《元藝文志》約著錄三三〇〇部的典籍，是以其取自《經義考》的數量，約佔全書總數的五分之一〔註75〕，若單以經部典籍而論，則更高達九分之八的數量〔註76〕，是來自《經義考》全書，顯見錢氏在編纂之時，明顯是承自《經義考》的內容。茲將其重複的著錄，依其類目、數量統計結果，製成

〔註74〕錢大昕：《十駕齋養新錄》卷十四，〈元藝文志〉，（台北：世界書局，民國66年12月），頁346。

〔註75〕有關錢大昕《元藝文志》的統計，歷來稍有不同，主要乃在於計數方式，或有差異所致，今參考盧正言《中國古代書目詞典》頁70，周銳《元史藝文志》下的解題統計為3300餘種，而同書下有蕭肅《補元史藝文志》的解題，亦附有粗估統計為3200餘種，由於相關統計，錢氏未及言明總數，而上述二位估算的數量差距不大，故暫取周銳的計數結果。

〔註76〕錢大昕在各經的補錄數量，若除去小學類典籍而論，則約在八十餘部左右，是以竹垞著錄的數量，約佔全部經籍的九分之八左右，惟此亦係粗估之值，因為在增錄的部份中，有些實不屬於竹垞收範的範圍，但從上述估算之中，即可看出錢大昕對於《經義考》的運用情況。

一簡表如下：

類　目	數　量	類　目	數　量	類　目	數　量
易	179	詩	44	孟　子	13
春　秋	112	群　經	38	周　禮	12
四　書	69	孝　經	18	儀　禮	9
禮　記	63	擬　經	18	通　禮	3
書	52	論　語	17	爾　雅	3

　　《經義考》與《元藝文志》間的收錄數量相較，有如下幾點結論：首先，錢大昕在纂輯《元藝文志》時，雖曾大量徵引《經義考》的資料，但仍有高達二二一的元代典籍，未能完全收錄，如王勉《孝經》〔註77〕、方通《尙書義解》〔註78〕、李恕《孟子旁注》〔註79〕等屬之，這些作者們的其他撰著，曾被收錄在《元藝文志》中，顯見其判明朝代並無錯誤，是以這些典籍的漏收，將使《元藝文志》喪失更多的參考價值。因此，錢大昕雖知取法《經義考》的資料，卻未能收錄完全，實爲可惜。然而，在錢氏收錄的資料中，亦能補錄竹垞漏收之籍，如《圖象孝經》、趙惟賢《春秋集傳》等屬之〔註80〕，此類的例證約在八十部左右，此所謂後出轉精者也。當我們研究元代經籍之時，仍需參考《元藝文志》的資料，否則恐會喪失不少的文獻。

　　錢大昕《元藝文志》的纂輯，雖能補錄竹垞《經義考》的不足，但若純就元代經籍而論，則其所補證的著錄，尙遠不如所失漏的數量，是以有關元代經籍輯錄方面，顯然錢氏仍有待加強之處。錢氏積三十年的時間、精力，來蒐羅元代的相關典籍，雖能獲致功效，但漏失的情況，卻不免讓人惋惜。雖然如此，但對於錢氏所補錄的經籍部份，仍能提供我們參考的價值，若因此而忽略錢氏輯錄的成果，卻未免因噎廢食。當我們在考察元代經籍之時，《元藝文志》仍能提供參考的價值，若能兩相輯補，則對於元代經籍存佚的情況，更有更清楚的認識。

（二）分類觀點的歧異

　　錢大昕將經部分爲易、書、詩、禮、樂、春秋、孝經、論語、孟子、經解、

〔註77〕參考註2，卷二二七，頁5。
〔註78〕參考註2，卷八六，頁10。
〔註79〕參考註2，卷二三五，頁7。
〔註80〕參考註74，頁225。

小學、譯語等十二項，其分類的方式，大致同於歷朝的綜合書目，而與《經義考》有極大的出入，茲將說明如下：

1、錢大昕收有「譯語」一項，收錄有關蒙文譯語的經典，乃是屬於元代的特殊產物，而竹垞則將其置入相關經典類目之中，不另為分類，如元明善等譯進的《尚書節文》一書，錢氏置入譯語，而竹垞則隸於「書類」，是以二書在分類上，亦有許多的差異。

2、竹垞將「禮類」區分為「周禮」、「儀禮」、「禮記」、「通禮」等四項，顯然要較錢氏更為精緻，其差異的來源，主要是竹垞收錄的典籍較多，釐析較易所致。反觀錢氏的收錄，僅及於元代的典籍，故不需要釐出太多的細目，僅將此類攝入「禮類」以繫之。

3、錢大昕不立區分「四書」之目，乃將此類典籍置入「經解」類，此點與竹垞的觀點不同。

4、錢大昕雖亦有「樂類」的分目，但所收明顯擴大「樂類」的範疇，而兼收樂譜、琴譜、瑟譜等書，所收的典籍，僅有一部余載《皇元中和樂經》曾為竹垞收錄，但卻置入「擬經」類，故錢、朱二人雖皆有「樂類」的安排，卻有明顯的差異。

5、錢大昕有意將《太極圖說》等相關經籍，自《經義考》「易類」中分出，置入子部・儒家類，但卻仍有併改未全的問題，如郝經《太極傳》、《太極演》皆置入「易類」，不如竹垞般統一體例。

6、錢大昕將竹垞「擬經」類的《皇極經世》之書，統一置入子部・儒家類中，並無出例之處。

7、在次第的安排上，錢大昕大致同於竹垞的分類次第，惟將《孝經》一類，提昇至《論語》之前，則稍異於竹垞的處理方式。

綜合上述所論，錢大昕在分類觀念上，雖能取法於竹垞之書，但亦非完全襲用，其中仍能稍事更張，藉以符合元代文類的特色，但在部份典籍的分類，亦有不足之處，如樂類典籍的安排，即雜入樂書、琴書之流，另如有關《太極》的相關撰述，則前後不一，皆有待重新考較，使其能有更好的參考價值。

（三）著錄內容的不同

錢大昕在編纂《元藝文志》時，曾大量取用《經義考》的內容，但在內容著錄方面，則頗有異同，茲將其中差異，略述如下：

1、書名的差異

竹垞在纂輯《經義考》之時，往往未能確實目見原書，故在書名的著錄上，
偶有舛錯。以《元藝文志》相校，則可知竹垞在書名著錄的問題，如《經義考》
卷四三，胡一桂《周易附錄纂疏》〔註81〕，然錢氏引作《周易本義附錄纂疏》，則
較符合原來的題稱。衡諸《經義考》全書，竹垞在書名的異稱上，往往與坊間書
名不符，有繁簡未定的現象。至於錢氏所錄的書名，則較符合實情，能改進竹垞
在書名上的錯誤。此外，有些書名的差異，乃是出於併析不同所致。如錢大昕《元
藝文志》有題作杜瑛《語孟旁通》八卷〔註82〕，而《經義考》未著錄此書，惟於
《經義考》卷二二○有杜瑛《緱山論語旁通》〔註83〕，列入「論語」類，又於卷
二三五有杜瑛《孟子集注旁通》〔註84〕，則錢氏所作《語孟旁通》一書，乃是併
合《緱山論語旁通》、《孟子集注旁通》二項資料，使其成為一項著錄，且因為二
書的併合，將其分類置入「經解類」，與竹垞原有的安排不同。

綜合上述所論，錢大昕在書名的著錄上，能改進竹垞題稱的錯誤，也較符合
通行本的書名題稱。此外，錢大昕亦能改正竹垞的錯誤，如《經義考》卷四四，
程直方《學易堂隨筆》〔註85〕，其中「學易堂」應為「觀易堂」之誤，蓋「觀易
堂」為程氏的書室，語見竹垞所引「董時乂曰」〔註86〕，此處所謂《學易堂隨筆》
者，當係刊印偶失所致，是則錢氏將其改作《觀易堂隨筆》，則較合於實情。

2、作者的異同

錢大昕在作者的著錄上，亦能改進竹垞的缺點，如《經義考》卷二二七，亡
名氏《孝經管見》一書〔註87〕，其下引「釣滄子〈自序〉曰」一文，既云「〈自序〉」，
則其作者雖不知確實姓名，但為「釣滄子」所撰，當無疑義。而錢大昕則將此書
作者，題作「釣滄子」者〔註88〕，將較竹垞題作「無名氏」者為佳。又《經義考》
卷一九七，著錄亡名氏《春秋透天關》〔註89〕竹垞據葉氏《菉竹堂目》著錄，但
未知作者，錢大昕考其為「楊維楨」所作〔註90〕，雖能補錄竹垞未能考訂之事，

〔註81〕參考註2，卷四三，頁3。
〔註82〕參考註74，頁229。
〔註83〕參考註2，卷二二○，頁4。
〔註84〕參考註2，卷二三五，頁6。
〔註85〕參考註2，卷四四，頁2。
〔註86〕參考註2，卷四四，頁3。
〔註87〕參考註2，卷二二七，頁6。
〔註88〕參考註74，頁226。
〔註89〕參考註2，卷一九七，頁8。
〔註90〕參考註74，頁224。

但是否確切屬實，恐仍有待查考〔註91〕。

　　錢大昕雖能改進竹垞的部份缺點，但在作者的題稱上，仍產生新的缺失。首先，竹垞在作者的著錄上，大都依據姓名著錄，絕少錄及作者之字，甚至作者之號者，藉以統一著述體例，這種著錄的方式，使我們可以少去異名之累。但錢大昕在作者的著錄上，雖亦多數採錄以名爲主要著錄方式，但亦有兼及字者，如「易類」錄有俞玉吾《大易會要》、《周易集說》、《讀易舉要》諸書〔註92〕，其中「玉吾」爲俞琰之字，而竹垞皆題作「俞琰」。又錢氏亦有兼及其字者，如「易類」著錄吾衍《重正卦氣》一書〔註93〕，而竹垞著錄爲「吾邱衍」，蓋「吾衍」爲其號〔註94〕，諸如此類的差異，則竹垞統一記名的方式，應是較值得採行的編纂方式。但竹垞此種方式，仍需配合其他敘錄，否則亦會產生同名異人的困擾。如《經義考》卷四二，頁四著錄薛玄《易解》一書，以及《經義考》卷一五三，頁七著錄薛玄《中庸注》一書，二者同爲「薛玄」，且皆爲元人，但卻非同爲一人，諸如此類的問題，讀者在使用之時，亦宜特加注意，但相較之下，仍以記「名」爲較佳方式。否則，在眾多學者之中，頗有罕見字、號者，若在著錄的方式上，或記名，或記字，或記號，亦顯得體例分歧，難求一致。相較之下，竹垞建立統一的著錄體例，應是較好的作法，值得後人仿效。

3、卷數的紛歧

　　錢大昕在《元藝文志》的編輯時，在卷數的著錄上，多與竹垞著錄不同，其中有其參考的價值。有關錢氏在卷數的審訂方面，約略有如下幾點差異：首先，錢氏增補許多竹垞未能考訂的卷數，如《經義考》卷四十錄有俞琰《讀易須知》、《卦爻象占分類》二書〔註95〕，皆未著錄卷數，而錢氏考出各爲「一卷」〔註96〕，故錢氏在篇、卷的著錄較爲詳細。然而，亦有竹垞著錄卷數，而錢氏卻未錄卷數者，如《經義考》卷一九六，吳師道《春秋胡氏傳附辨補說》一書，竹垞題作「十二卷」〔註97〕，反觀錢氏卻未題卷數〔註98〕，是以二書相較，可以發現在卷數的

〔註91〕參考註 11，卷三十，頁 245 著錄，題其作者「晏兼善」撰，然何者爲是，恐仍有待進一步考證，茲錄二說異同如上。

〔註92〕參考註 74，頁 206。

〔註93〕參考註 74，頁 211。

〔註94〕參見姜亮夫：《歷代人物年里碑傳綜表》，（台北：文史哲出版社，民國 74 年 2 月再版），頁 375。

〔註95〕參考註 2，卷四十，頁 3。

〔註96〕參考註 74，頁 206。

〔註97〕參考註 2，卷一九六，頁 1。

著錄上，係詳略互見，但整體而言，則以錢氏較爲詳備。

其次，可以發現篇、卷等計數單位所形成差異，如《經義考》卷四十三，胡一桂《易學啓蒙翼傳》一書，竹垞題作「四卷」〔註99〕，錢氏著錄則作「《易學啓蒙翼傳》三篇，《外篇》一篇」〔註100〕，故二者明顯篇、卷不同，且在卷數合計上，略有差異。

又在卷數的比勘中，似乎可以看出缺殘的情況，如《經義考》卷一九七鄭玉《春秋經傳闕疑》一書，竹垞題作「三十卷」，且題作「存」〔註101〕，顯見竹垞當有目見此書。但錢大昕卻題作「四十五卷」〔註102〕，且較合於「樹滋堂刊本」的卷數，是以竹垞所題「三十卷」者，或爲殘本之故。其餘類此之例尚多，可以顯見二書在卷數合計上，有較多的出入。

《元藝文志》、《經義考》之間的卷數著錄，差異頗大，整體而言，則以錢大昕的著錄，較合於傳本，且內容較爲詳盡，但亦有竹垞所錄，稍詳於《元藝文志》，故二書有相互參照的功效。整體而論，歷來對《經義考》的運用，主要著重其豐富的文獻，由於其書能依據時代先後排列，故容易掌握其歷朝各代的經籍，可成爲補志纂修的參考，錢氏在正史補志的纂修上，能利用此書的著錄內容，加以考訂纂修，是以本書的成書，對於後世正史補志的纂修，實有深遠的影響。若我們能利用竹垞考訂的朝代，加以統計歷朝的經籍種類、數量，除有助於目錄的纂編之外，也能成爲研究各朝經學發展的指標。錢氏對於《經義考》的利用，已有良好的成績，且在引用其資料時，亦能酌加審訂，並改正其中的錯誤，雖非專意致之，但仍有參考的價值。此外，在校勘的過程中，也可發現錢氏對於此書的運用，尚有缺漏的情形，例如：錢氏雖能大量參考《經義考》的內容，但在收錄上，卻漏失經籍達二二一部之多，相較其增錄僅達八十餘部的典籍，明顯有較大的錯誤，若能補足竹垞書中的內容，將有助於建立元代的藝文史料。因此，當我們在運用《元藝文志》時，雖有感其運用的便利，但亦不能偏廢《經義考》的研究價值。

《經義考》著錄不少歷代的典籍，故能成爲學者輯錄斷代資料的參考，若能重新檢視其中的資料，將有助於奠定更完善的斷代史料。反之，前賢輯錄的斷代史志，亦有助於我們補錄竹垞缺錄的內容，惜未有學者從事相關的研究，致使其

〔註98〕參考註74，頁221。

〔註99〕參考註2，卷四三，頁3。

〔註100〕參考註74，頁207。

〔註101〕參考註2，卷一九七，頁1。

〔註102〕參考註74，頁224。

－465－

中情況未明。若有學者能取歷朝補志與《經義考》相較，除能考察歷朝補志的纂輯外，也將有助於補錄竹垞缺錄的典籍，加速完善歷朝經籍的撰述，也能開拓另外的研究視野。此外，其對於後世書目的發展，能造成深遠的影響，例如：在編纂體例方面，《經義考》的體例完備，其中包含著錄、解題、存佚、考證等等，影響所及，後世書目多能依據其法，承襲其例。此外，在分類的方法上，竹垞能勇於突破前人的樊籬，使類目的安排，更為彈性，更能打破舊有的成規，能收錄經義方面內容，使收錄的內容，不再限於典籍的著錄，使得後來書目編纂者，能重視解題的重要性，甚至直接取自《經義考》的著錄，藉以編纂新的書目。因此，《經義考》的纂成，對於後世書目的發展，產生重要的影響，尤其在著錄的體例、收書的內容，甚至考證的結果上，皆有重大的突破，使得後世書目的演進，能朝向更專業的領域前進，有益於目錄學的進展。

　　《經義考》對於後世經學、目錄學的發展，皆能有其作用，若能以現代整理的觀念，重新進行相關的整理、研究，將有助於本書的利用，也能擴大其影響的層面。站在目錄學者的角度而論，如能站在《經義考》的基礎上，重新構思更完整的經學書目，使讀者能擁有更完善的經學書目，當是此一研究的終極目標，也期盼學界能早日擁有更完善的經學書目。

附表二 清代重要經籍輯佚成果表

凡例說明

一、本表的製作，係依據曹書杰《中國古籍輯佚學論稿》附錄二〈王謨、馬
國翰、黃奭、王仁俊輯本一覽表〉逐一還原而成。並加入《四庫全書》
有關「永樂大典本」的輯佚成果。

二、王謨輯佚的成果，見於《漢魏遺書鈔》；而馬國翰的輯佚成果，則見於《玉
函山房輯佚書》；黃奭的輯佚成果，見於《黃氏逸書考》，王仁俊的輯佚
成果，則見於《玉函山房輯佚書續編》（本表簡稱「續」）、《玉函山房輯
佚書補編》（本表簡稱「補」）、《十三經漢注四十種輯佚》（本表簡稱「漢」）、
《經籍佚文》（本表簡稱「佚」）。

三、四家名下的數字，是其輯本的卷數，「0」字表示不獨立成卷者，無輯者
空之。

書　名	作　者	經義考卷　頁	分類	存佚	朝代	四庫全書總目提要	王謨輯本	馬國翰輯本	黃奭輯本	王仁俊輯本
易傳僞本	卜商	5：1	易	佚	周			2卷	1卷	
道訓	漢淮南王劉安	5：4	易	佚	漢			1卷		
易傳	丁寬	5：5	易	佚	漢			2卷		
易傳	蔡氏	5：6	易	佚	漢			1卷*		
易傳	韓嬰	5：6	易	佚	漢			2卷		
周易章句	施讎	5：6	易	佚	漢			1卷		
周易章句	孟喜	5：6	易	佚	漢		1卷	2卷	1卷	
周易章句	梁邱賀	5：7	易	佚	漢			1卷		
易傳	京房	7：1	易	存	漢		1卷			1續
周易章句	京房	7：1	易	佚	漢			1卷	1卷	1續
周易飛候	京房	7：1	易	佚	漢		1卷			
易傳積算法雜占條例	京房	7：2	易	存	漢				1卷	1續
周易注	費直	8：1	易	佚	漢			1卷		

易林	費直	8：1	易	佚	漢			1卷		
易傳	彭宣	8：4	易	佚	漢					1續
周易注	馬融	8：5	易	佚	漢			3卷	1卷	
周易注	鄭玄	9：1	易	佚	漢				1卷	
周易注	荀爽	9：3	易	佚	漢			3卷	1卷	
九家易解	荀爽、姚信、馬融	9：3	易	佚	漢		1卷		1卷	
周易章句	劉表	9：4	易	佚	漢			1卷	1卷	
周易注	宋衷，	9：5	易	佚	漢			1卷	1卷	
古五子傳	亡名氏	9：7	易	佚	？			1卷		
周易註	董遇	10：1	易	佚	魏			1卷	1卷	
周易注	王肅	10：3	易	佚	魏			2卷	1卷	
周易私記	何晏	10：8	易	佚	魏			1卷		
周易注	虞翻	10：9	易	闕	吳				1卷	
周易注	姚信	10：11	易	佚	吳			1卷		
易義	翟玄	10：12	易	佚	？			1卷	1卷	
周易統略	鄒湛	11：1	易	佚	晉			1卷		
周易義	向秀	11：1	易	佚	晉			1卷		
周易注	王廙	11：3	易	佚	晉			1卷	1卷	
周易卦序論	楊乂	11：3	易	佚	晉			1卷		
周易洞林	郭璞	11：3	易	佚	晉		1卷	1卷	1卷	1續
易義	張軌	11：6	易	佚	晉			1卷		
周易集解	張璠	11：6	易	佚	晉			1卷	1卷	
周易注	干寶	11：7	易	佚	晉			3卷	1卷	
周易注	黃穎	11：8	易	佚	晉			1卷	1卷	
周易注	范長生（范延久）范賢	11：10	易	佚	蜀			1卷	1卷	
易經要略	沈驎士	12：2	易	佚	南齊			1卷		
周易大義	梁武帝（蕭衍）	12：3	易	佚	梁			1卷		
周易集林	伏曼容	12：5	易	佚	梁			1卷		
周易講疏	褚仲都	12：5	易	佚	梁			1卷	1卷	
周易注	姚規	12：7	易	佚	梁			1卷		

周易注	崔覲	12：7	易	佚	梁			1卷		
周易義疏	周弘正	12：8	易	佚	陳			1卷	1卷	
周易義	張譏	12：8	易	佚	陳			1卷		
周易注	劉昺	13：1	易	佚	後魏			1卷		
周易講疏	何妥	13：4	易	佚	隋			1卷	1卷	
周易注	王凱沖	13：5	易	佚	？			1卷		
易說	侯果	13：5	易	佚	？			3卷	1卷	
易義	莊氏	13：6	易	佚	？			1卷	1卷	
周易注	傅氏	13：6	易	佚	？			1卷		
周易注	盧氏	13：6	易	佚	？			1卷	1卷	
周易玄義	李淳風	14：4	易	佚	唐			1卷		
周易新論傳疏	陰弘道	14：5	易	佚	唐			1卷		
周易探玄	崔憬	14：5	易	佚	唐			3卷	1卷	
周易新義	徐郢	15：3	易	佚	唐			1卷		
周易傳	陸希聲	15：4	易	佚	唐				1卷	
周易口訣義	史證（史文徽）	15：7	易	佚	唐	頁4上				
易傳	釋一行	15：7	易	佚	唐			1卷		
易說	司馬光	19：7	易	佚	宋	頁5下				
周易辨惑	邵伯溫	20：5	易	未見	宋	頁6下				
讀易老人解說	李光	23：4	易	未見	宋	頁8上				
易變體	都潔	24：7	易	未見	宋	頁10上				
周易窺餘	鄭剛中	24：8	易	未見	宋	頁9上				
周易通變	張行成	26：1	易	存	宋	頁916中				
易原	程大昌	26：7	易	佚	宋	頁11上				
易說	趙善譽	28：6	易	佚	宋	頁13下				
厚齋易學	馮椅	31：9	易	未見	宋	頁15中				
易象意言	蔡淵	31：11	易	佚	宋	頁17中				
謙齋周易詳解	李杞	37：5	易	未見	宋	頁19上				
讀易舉要	俞琰	40：3	易	未見	元	頁20下				
易纂言	吳澂	42：5	易	存	元	頁23上				
易經精蘊	解蒙	46：8	易	佚	元	頁26上				
周易變通	曾貫	48：1	易	佚	元	頁26上				

周易繫辭義疏	劉瓛	69：9	易	佚	南齊			1卷		1續
大衍索隱	丁易東	70：5	易	存	元	頁918下				
今文尚書	伏勝	74：1	書	存	漢			1卷		
古文尚書		74：3	書	存	？			3卷		
尚書大傳	伏勝	76：1	書	佚	漢		2卷			
尚書說義	歐陽生	76：2	書	佚	漢		1卷	1卷	1卷	
大小夏侯解故	夏侯勝、夏侯建	76：2	書	佚	漢			1卷 1卷		
尚書訓旨	衛宏	77：2	書	佚	漢					1卷
尚書注	馬融	77：2	書	佚	漢		1卷	4卷		
尚書注	鄭玄	77：4	書	佚	漢			1卷		
尚書大傳注	鄭玄	77：4	書	佚	漢			1卷		
書贊	鄭玄	77：4	書	佚	漢					1卷
古文尚書注	王肅	77：5	書	佚	魏			2卷		
尚書注	范寧	77：6	書	佚	晉					1卷
古文尚書音	徐邈	77：6	書	佚	晉			1卷		
集解尚書	李顒	77：7	書	佚	晉					1卷
尚書義疏	劉焯	78：2	書	佚	隋			1卷		
尚書述義	劉炫	78：2	書	佚	隋			1卷		
尚書集解	林之奇	80：2	書	存	宋	頁90中				
尚書講義	史浩	80：7	書	未見	宋	頁91下				
尚書解	夏僎	81：4	書	存	宋	頁92中				
潔齋家塾書鈔	袁燮	83：1	書	未見	宋	頁93中				
尚書精義	黃倫	83：1	書	佚	宋	頁94上				
尚書演義	錢時	83：4	書	未見	宋	頁94下				
禹貢指南	毛晃	93：6	書	未見	宋	頁91中				
禹貢論圖	程大昌	93：6	書	未見	宋	頁91中				
禹貢集解	傅寅	94：1	書	存闕	宋	頁92中				
書五誥解	楊簡	95：1	書	未見	宋	頁93上				
洪範五行傳記	劉向	95：3	書	闕	漢		2卷		1卷	
洪範口義	胡瑗	95：6	書	未見	宋	頁90上				
洪範統紀	趙善湘	96：4	書	未見	宋	頁95上				
魯故	申培	100：3	詩	佚	漢		1卷	3卷	1卷	

齊詩傳	轅固	100：4	詩	佚	漢			1卷	
齊詩傳	后蒼	100：4	詩	佚	漢			2卷	
韓故	韓嬰	100：5	詩	佚	漢			2卷	
詩內傳	韓嬰	100：5	詩	佚	漢		1卷	1卷	1卷
詩外傳	韓嬰	100：5	詩	存	漢				1佚
韓詩說	韓嬰	100：5	詩	佚	漢			1卷	
韓詩章句	薛漢	100：9	詩	佚	漢			2卷	
毛詩雜義難	賈逵	101：1	詩	佚	漢				1卷
毛詩注	馬融	101：2	詩	佚	漢			1卷	1卷
毛詩譜	鄭玄	101：3	詩	存	漢		1卷		
韓詩翼要	侯包	101：5	詩	佚	漢		1卷	1卷	1續
毛詩注	王肅	101：5	詩	佚	魏			4卷	1卷
毛氏義駁	王肅	101：5	詩	佚	魏			1卷	
毛詩奏事	王肅	101：5	詩	佚	魏			1卷	
毛詩問難	王肅	101：5	詩	佚	魏			1卷	
毛詩義問	劉楨	101：6	詩	佚	漢			1卷	
毛詩駁	王基	101：6	詩	佚	魏			1卷	1卷
毛詩譜	徐整	101：7	詩	佚	吳		1卷	1卷	
毛詩答雜問	韋昭、朱育	101：7	詩	佚	吳		1卷	1卷	
毛詩異同評	孫毓	102：1	詩	佚	晉		1卷	3卷	1卷
難孫氏毛詩評	陳統	102：1	詩	佚	晉			1卷	
毛詩音	徐邈	102：2	詩	佚	晉			1卷	
毛詩拾遺	郭璞	102：2	詩	佚	晉			1卷	
毛詩隱義	何胤	102：4	詩	佚	梁			1卷	
集注毛詩	崔靈恩	102：4	詩	佚	梁			1卷	1續
毛詩義疏	舒援	102：5	詩	佚	梁			1卷	
毛詩義疏	沈重	102：5	詩	佚	北周		1卷	2卷	1續
毛詩箋音證	劉芳	103：1	詩	佚	後魏		1卷	1卷	
毛詩述義	劉炫	103：2	詩	佚	隋			1卷	
詩說	施士丐	103：5	詩	佚	唐			1卷	
毛詩提綱	亡名氏	103：6	詩	佚	？			1卷	
毛詩講義	林岊	106：6	詩	佚	宋	頁124下			

詩解	楊簡	107：1	詩	佚	宋	頁123中			
續讀詩紀	戴溪	108：6	詩	未見	宋	頁124中			
毛詩十五國風義	梁簡文帝（蕭綱）	119：1	詩	佚	梁			1卷	
毛詩序義	周續之	119：5	詩	佚	劉宋		1卷		
毛詩序義疏	劉瓛	119：6	詩	佚	南齊			1卷	
周官注	杜子春	121：1	周禮	佚	漢			2卷	
周官解詁	鄭興	121：1	周禮	佚	漢			1卷	
周官解詁	鄭眾	121：1	周禮	佚	漢			6卷	
周官解故	賈逵	121：1	周禮	佚	漢			1卷	
周禮音	鄭玄	121：3	周禮	佚	漢			1卷	
周官禮異同評	陳邵	121：3	周禮	佚	晉			1卷	
周禮音	徐邈	121：4	周禮	佚	晉			1卷	
周禮音	李軌	121：4	周禮	佚	晉			1卷	
周官禮注	干寶	121：4	周禮	佚	晉		1卷	1卷	1卷
周禮音	劉昌宗	121：5	周禮	佚	？			2卷	
周官禮義疏	沈重	121：5	周禮	佚	北周			1卷	
周禮音	戚袞	121：5	周禮	佚	陳			1卷	
新經周禮義	王安石	122：2	周禮	未見	宋	頁149下			
周禮總義	易祓	123：3	周禮	未見	宋	頁152上			
周禮集傳	毛應龍	125：9	周禮	存	元	頁153中			
周禮井田譜	夏休	129：13	周禮	未見	宋	頁188下存			
儀禮識誤	張淳	132：1	儀禮	佚	宋	頁159上			
集釋古禮	李如圭	132：2	儀禮	未見	宋	頁159中			
儀禮釋宮	李如圭	132：2	儀禮	未見	宋	頁159下			
冠儀約制	何休	135：1	儀禮	存	漢			1卷	
喪服變除	戴德	136：1	儀禮	佚	漢		1卷	1卷	
喪服經傳注	馬融	136：1	儀禮	佚	漢		1卷	1卷	1卷
喪服要記	王肅	136：1	儀禮	佚	魏		1卷	1卷	1卷	1續
喪服經傳注	王肅	136：2	儀禮	佚	魏			1卷	1卷
喪服變除圖	射慈	136：2	儀禮	佚	吳		1卷	1卷	1卷	1續
喪服要集	杜預	136：3	儀禮	佚	晉			1卷	
喪服經傳注	袁準	136：3	儀禮	佚	晉			1卷	

喪服要紀	賀循	136：3	儀禮	佚	晉			1卷	
喪服譜	賀循	136：3	儀禮	佚	晉			1卷	1續
集注喪服經傳	孔倫	136：3	儀禮	佚	晉			1卷	
喪服譜	蔡謨	136：3	儀禮	佚	晉			1卷	
凶禮	孔衍	136：4	儀禮	佚	晉			1卷	
喪服變除	葛洪	136：4	儀禮	佚	晉			1卷	
喪服經傳注	陳銓	136：4	儀禮	佚	晉			1卷	
集注喪服經傳	裴松之	136：4	儀禮	佚	劉宋			1卷	
略注喪服經傳	雷次宗	136：4	儀禮	佚	劉宋		1卷	1卷	1卷
喪服注	周續之	136：5	儀禮	佚	劉宋			1卷	
喪服難問	崔凱	136：5	儀禮	佚	劉宋			1卷	
喪服古今集記	王儉	136：5	儀禮	佚	南齊			1卷	
喪服釋疑	孔智	136：7	儀禮	佚	？		1卷	1卷	
喪服要記注	謝徽	136：7	儀禮	佚	？			1卷	
禮記	戴聖	139：1	禮記	存	漢				1佚
禮記注	鄭玄	139：6	禮記	存	漢				1佚
禮記注	盧植	139：7	禮記	佚	漢		1卷	1卷	1卷
禮記注	王肅	140：1	禮記	佚	魏			1卷	
禮記注	孫炎	140：1	禮記	佚	魏			1卷	
禮記略解	庾蔚之	140：3	禮記	佚	劉宋			1卷	
禮記新義疏	賀瑒	140：4	禮記	佚	梁			1卷	
禮記義疏	皇侃	140：4	禮記	佚	梁			4卷	
禮記義疏	沈重	140：4	禮記	佚	北周			1卷	
禮記義證	劉芳	140：5	禮記	佚	後魏			1卷	
禮記義疏	熊安生	140：5	禮記	佚	北周			4卷	
禮記外傳	成伯璵	140：10	禮記	佚	唐			1卷	1續
明堂制度論	李謐	147：6	禮記	佚	後魏			1卷	
月令章句	蔡邕	149：2	禮記	佚	漢		1卷	1卷	1卷	1續
月令解	張虙	149：6	禮記	未見	宋	頁169上			
中庸詳說	袁甫	153：1	禮記	佚	宋	頁296上			
三禮目錄	鄭玄	163：1	通禮	佚	漢		1卷		1卷
三禮圖	鄭玄	163：1	通禮	佚	漢			1卷	
三禮圖	阮諶	163：1	通禮	佚	漢		1卷		1卷
三禮義宗	崔靈恩	163：2	通禮	佚	梁		1卷	4卷	1卷	1續

三禮圖	張鎰	163：3	通禮	佚	唐			1卷	
三禮圖	梁正	163：3	通禮	佚	唐			1卷	
石渠禮論	戴聖、韋玄成	166：1	通禮	佚	漢		1卷	1卷	1卷
禮問	范寧	166：3	通禮	佚	晉			1卷	
禮雜義	吳商	166：3	通禮	佚	晉			1卷	
禮論	何承天	166：4	通禮	佚	劉宋			1卷	
禮論答問	徐廣	166：4	通禮	佚	晉			1卷	
禮論條牒	任預	166：4	通禮	佚	劉宋			1卷	
禮答問	王儉	166：5	通禮	佚	南齊			1卷	
禮論鈔略	荀萬秋	166：5	通禮	佚	南齊			1卷	
禮疑義	周捨	166：6	通禮	佚	梁			1卷	
禮統	賀述	166：7	通禮	佚	梁		1卷	1卷	
樂記		167：3	樂	闕	？			1卷	
樂元語	劉德	167：4	樂	佚	漢		1卷	1卷	
春秋傳	公羊高	170：1	春秋	存	？				1佚
春秋繁露	董仲舒	171：1	春秋	存	漢	頁224上			1佚
春秋決事	董仲舒	171：4	春秋	佚	漢		1卷	1卷	1卷
古今春秋盟會地圖	嚴彭祖	171：5	春秋	佚	漢		1卷		1卷
春秋公羊傳	嚴彭祖	171：5	春秋	佚	漢			1卷	
公羊記	顏安樂	171：6	春秋	佚	漢			1卷	
春秋穀梁傳	尹更始	171：6	春秋	佚	漢			1卷	
牒例章句	鄭眾	172：2	春秋	佚	漢			1卷	
左氏傳解詁	賈逵	172：2	春秋	佚	漢		1卷	2卷	1卷
春秋左氏長經	賈逵	172：3	春秋	佚	漢			1卷	
春秋三家經本訓詁	賈逵	172：3	春秋	佚	漢				1續
三傳異同說	馬融	172：4	春秋	佚	漢			1卷	
解疑論	戴宏	172：4	春秋	佚	漢			1卷	
春秋公羊墨守	何休	172：6	春秋	佚	漢		1卷		
春秋左氏膏肓	何休	172：6	春秋	佚	漢		1卷		
春秋穀梁廢疾	何休	172：6	春秋	佚	漢		1卷		
春秋漢議	何休	172：6	春秋	佚	漢				1卷
春秋公羊文謚例	何休	172：6	春秋	佚	漢			1卷	

春秋左氏傳解義	服虔	172：7	春秋	佚	漢		1卷	4卷	1卷	1卷
春秋左氏膏肓釋痾	服虔	172：7	春秋	佚	漢			1卷		
春秋成長說	服虔	172：7	春秋	佚	漢			1卷		
左氏傳注	延篤	172：9	春秋	佚	漢					1續
春秋釋例	潁容	172：9	春秋	佚	漢		1卷	1卷		
左氏奇說	彭汪	172：10	春秋	佚	漢			1卷		
春秋穀梁傳注	段肅	172：10	春秋	佚	漢					1續
春秋左氏傳章句	董遇	173：1	春秋	佚	魏			1卷		
春秋左氏傳注	王肅	173：1	春秋	佚	魏			1卷		
春秋左氏傳音	嵇康	173：1	春秋	佚	魏			1卷		
春秋釋例	杜預	173：7	春秋	未見	晉	頁212上				
春秋經傳長曆	杜預	173：8	春秋	佚	晉		1卷			
春秋三家集解	劉兆	174：1	春秋	佚	晉		1卷	1卷		
注春秋公羊經傳	王愆期	174：2	春秋	佚	晉					1續
公羊穀梁二傳評	江熙	174：2	春秋	佚	晉			1卷		
春秋穀梁傳注	徐乾	174：3	春秋	佚	晉			1卷		
春秋公羊傳集解	孔衍	174：3	春秋	佚	晉					1續
春秋穀梁傳例	范寧	174：6	春秋	佚	晉		1卷		1卷	
春秋土地名	京相璠	174：6	春秋	佚	晉		1卷	1卷	1卷	
春秋左氏傳義注	孫毓	174：6	春秋	佚	晉			1卷		
春秋左氏傳音	徐邈	174：6	春秋	佚	晉			1卷		
春秋穀梁傳注	徐邈	174：6	春秋	佚	晉			1卷		
春秋左氏函傳義	干寶	174：7	春秋	佚	晉			1卷		
春秋傳駁	賈思同	175：4	春秋	佚	後魏			1卷		
續春秋左氏傳義略	王元規	175：4	春秋	佚	陳			1卷		
春秋左氏傳述義	劉炫	175：6	春秋	佚	隋		1卷	2卷	1卷	
春秋攻昧	劉炫	175：6	春秋	佚	隋			1卷		
春秋規過	劉炫	175：6	春秋	佚	隋		1卷	2卷	1卷	

春秋井田記	亡名氏	175：8	春秋	佚	？			1卷		
春秋集傳	啖助	176：3	春秋	佚	唐			1卷		
春秋例統	啖助	176：4	春秋	佚	唐			1卷		
春秋闡微 纂類義統	趙匡	176：5	春秋	闕	唐			1卷		
春秋通例	陸希聲	177：5	春秋	佚	唐			1卷		
春秋折衷論	陳岳	178：1	春秋	佚	唐			1卷		
春秋說例	劉敞	180：3	春秋	佚	宋	頁216上				
春秋經解	崔子方	183：1	春秋	佚	宋	頁217中				
春秋本例， 例要	崔子方	183：1	春秋	存	宋	頁218上				
春秋通訓	張大亨	183：3	春秋	佚	宋	頁218中				
春秋考	葉夢得	183：7	春秋	佚	宋	頁218下				
春秋讞	葉夢得	183：7	春秋	佚	宋	頁219上				
春秋經辨	蕭楚	184：1	春秋	佚	宋	頁217上				
息齋春秋集注	高閌	186：2	春秋	未見	宋	頁220上				
春秋講義	戴溪	190：2	春秋	佚	宋	頁222中				
春秋說	洪咨夔	190：6	春秋	佚	宋	頁223下				
春秋三傳辨疑	程端學	195：1	春秋	存	元	頁226下				
春秋透天關	亡名氏	197：8	春秋	未見	元	頁245下				
春秋外傳國語	左邱明	209：1	春秋	存	魯					1佚
國語章句	鄭眾	209：3	春秋	佚	漢			1卷	1卷	
國語解詁	賈逵	209：3	春秋	佚	漢		1卷	1卷	1卷	1續
春秋外傳章句	王肅	209：3	春秋	佚	魏				1卷	
春秋外傳 國語注	虞翻	209：3	春秋	佚	吳			1卷	1卷	1續
春秋外傳 國語注	唐固	209：3	春秋	佚	吳			1卷	1卷	
春秋外傳 國語注	孔晁	209：4	春秋	佚	晉			1卷	1卷	
竹書師春		209：9	春秋	佚	？					1佚
古論語		211：1	論語	存	？			馬6卷		
齊論語		211：3	論語	佚	？			1卷		
古論語訓	孔安國	211：4	論語	佚	漢			11卷		1續
論語章句	包咸	211：5	論語	佚	漢			2卷		1續

論語注訓	何休	211：6	論語	佚	漢					1續
論語解	馬融	211：6	論語	佚	漢			2卷		
論語注	鄭玄	211：6	論語	佚	漢		1卷	10卷	1卷	1續
論語注	麻達	211：7	論語	佚	漢					1續
論語章句	周氏失名	211：7	論語	佚	？			1卷		
論語注	譙周	211：7	論語	佚	蜀			1卷		
論語解	陳群	211：7	論語	佚	魏			1卷		
論語注	周生烈	211：7	論語	佚	魏			1卷		
論語釋疑	王弼	211：9	論語	佚	魏			1卷		1續
論語集注	衛瓘	212：1	論語	佚	晉			1卷		
論語旨序	繆播	212：1	論語	佚	晉			1卷		
論語體略	郭象	212：1	論語	佚	晉			1卷		
論語釋疑	欒肇	212：1	論語	佚	晉			1卷		
論語讚鄭氏注	虞喜	212：2	論語	佚	晉			1卷		
論語釋	庾翼	212：2	論語	佚	晉			1卷		
論語集注	李充	212：2	論語	佚	晉			1卷		
論語注	范寧	212：2	論語	佚	晉			1卷		
論語集解	孫綽	212：2	論語	佚	晉			1卷		
論語注釋	梁覬	212：3	論語	佚	梁			1卷		
論語注釋	袁喬	212：3	論語	佚	晉			1卷		
論語集解	江熙	212：3	論語	佚	晉			1卷		
論語注	張憑	212：4	論語	佚	晉			1卷		
論語注	蔡謨	212：5	論語	佚	晉			1卷		
論語訓注	沈驎士	212：5	論語	佚	南齊			1卷		
論語	梁武帝（蕭衍）	212：5	論語	佚	梁			1卷		
論語集解	太史叔明	212：6	論語	佚	梁			1卷		
論語義疏	褚仲都	212：6	論語	佚	梁			1卷		
論語義疏	皇侃	212：6	論語	未見	梁		1卷			
論語隱義注	亡名氏	212：8	論語	佚	？		1卷	1卷		1卷
孔子三朝記	亡名氏	221：6	論語	佚	？			1卷		
論語孔子弟子目錄	鄭玄	221：7	論語	佚	漢		1卷	1卷	1卷	
孝經傳	魏文侯（魏斯）	222：3	孝經	佚	周		1卷	1卷		

孝經說	長孫氏	222：4	孝經	佚	漢			1卷	
孝經說	后蒼	222：4	孝經	佚	漢			1卷	
孝經說	張禹	222：4	孝經	佚	漢			1卷	
孝經注	馬融	222：4	孝經	佚	漢				1續
孝經注	鄭玄	222：5	孝經	佚	漢		1卷	1卷	
孝經解	王肅	222：8	孝經	佚	魏			1卷	
孝經解讚	韋昭	222：9	孝經	佚	吳			1卷	
集解孝經	謝萬	223：1	孝經	佚	晉			1卷	
孝經注	殷仲文	223：2	孝經	佚	晉			1卷	
永明諸王講義		223：3	孝經	佚	南齊			1卷	
講孝經義	昭明太子（蕭統）	223：4	孝經	佚	梁			1卷	
孝經注	嚴植之	223：4	孝經	佚	梁			1卷	
古文孝經義疏	劉炫	223：6	孝經	佚	隋			1卷	
御注孝經疏	元行沖	224：4	孝經	佚	唐			1卷	
孟子註	趙岐	232：1	孟子	存	漢		2卷	2卷	
孟子章句	程曾	232：4	孟子	佚	漢			1卷	
正孟子章句	高誘	232：4	孟子	佚	漢			1卷	
孟子註	鄭玄	232：4	孟子	佚	漢			1卷	1漢
孟子註	劉熙	232：4	孟子	佚	漢		1卷	1卷	1續
孟子註	綦毋邃	232：4	孟子	佚	晉			1卷	
孟子註	陸善經	232：4	孟子	佚	漢			1卷	
孟子音義	張鎰	232：5	孟子	佚	唐			1卷	
孟子手音	丁公著	232：5	孟子	佚	唐			1卷	
尊孟辨	余允文	234：2	孟子	存闕	宋	頁293中			
爾雅		237：1	爾雅	存	？				1佚
犍爲文學爾雅注		237：3	爾雅	佚	？		3卷	1卷	1漢
爾雅注	樊光	237：4	爾雅	佚	漢		1卷	1卷	
爾雅注	李巡	237：4	爾雅	佚	漢		3卷	1卷	1續
爾雅注	孫炎	237：5	爾雅	佚	魏		3卷	1卷	1續
爾雅音	孫炎	237：5	爾雅	佚	魏			1卷	
爾雅圖讚	郭璞	237：5	爾雅	佚	晉		1卷	1卷	
爾雅音義	郭璞	237：6	爾雅	佚	晉			1卷	1卷
集注爾雅	沈旋	237：6	爾雅	佚	梁			1卷	1卷

爾雅音	施乾	237：6	爾雅	佚	陳			1卷	1卷	
爾雅音	謝嶠	237：6	爾雅	佚	陳			1卷	1卷	
爾雅音	顧野王	237：6	爾雅	佚	梁			1卷	1卷	
爾雅注	裴瑜	237：7	爾雅	佚	唐			1卷		
五經通義	劉向	239：1	群經	佚	漢		1卷	1卷	1卷	1續
五經要義	劉向	239：4	群經	佚	漢					1續
五經異義	許慎	239：6	群經	佚	漢		1卷			
六藝論	鄭玄、方叔璣	239：9	群經	佚	漢		1卷	1卷	1卷	
鄭志	鄭小同	239：11	群經	佚	魏				1卷	
聖證論	王肅	240：1	群經	佚	魏		1卷			
五經然否論	譙周	240：1	群經	佚	蜀		1卷	1卷	1卷	
七經詩	傅咸	240：2	群經	闕	晉		1卷			
五經通論	束皙	240：2	群經	佚	晉		1卷	1卷		
五經鉤沈	楊方（楊芳）	240：2	群經	佚	晉		1卷			
五經大義	戴逵	240：3	群經	佚	晉			1卷		
五經析疑	邯鄲綽	240：4	群經	佚	魏		1卷			
五經疑問	房景先	240：5	群經	佚	後魏		1卷		1卷	
七經義綱	樊深	240：6	群經	佚	北周		1卷	1卷		
易緯	宋均、鄭玄	263：1	讖緯	佚	魏				1卷	
乾鑿度	宋均	263：2	讖緯	存	魏	頁46中				1佚
乾坤鑿度		263：2	讖緯	存	？	頁46上				
易稽覽圖		263：4	讖緯	佚	？	頁46中			1卷	
易是類謀	鄭玄	263：5	讖緯	佚	漢	頁47中			1卷	
易辨終備		263：5	讖緯	佚	？	頁46下			1卷	1續
易通卦驗		263：5	讖緯	佚	？	頁46下				1佚
易坤靈圖		263：6	讖緯	佚	？	頁47中			1卷	1續
乾元序制記		263：7	讖緯	佚	？	頁47上			1卷	
河圖洛書		264：1	讖緯	佚	？				1卷	
河圖		264：2	讖緯	佚	？				1卷	
河圖括地象		264：2	讖緯	佚	？		1卷		1卷	
河圖錄運法		264：3	讖緯	佚	？				1卷	
河圖赤伏符		264：3	讖緯	佚	？				0卷	
河圖挺佐輔		264：3	讖緯	佚	？				1卷	

河圖帝覽嬉		264：3	毖緯	佚	?			1卷	
河圖握矩起		264：4	毖緯	佚	?			1卷	
河圖稽命曜		264：4	毖緯	佚	?			1卷	
河圖稽曜鉤		264：4	毖緯	佚	?			1卷	
河圖會昌符		264：4	毖緯	佚	?			0卷	
河圖帝紀通		264：5	毖緯	佚	?			0卷	
河圖皇參持		264：5	毖緯	佚	?			0卷	
河圖闓苞受		264：5	毖緯	佚	?			0卷	
龍魚河圖		264：5	毖緯	佚	?			1卷	
河圖提劉		264：6	毖緯	佚	?			0卷	
河圖眞鉤		264：6	毖緯	佚	?			0卷	
河圖著命		264：6	毖緯	佚	?			0卷	
河圖天靈		264：6	毖緯	佚	?			0卷	
河圖緯象		264：6	毖緯	佚	?			0卷	
河圖玉版		264：7	毖緯	佚	?			1卷	
河圖合古篇		264：7	毖緯	佚	?			0卷	
河圖祕微篇		264：7	毖緯	佚	?			0卷	
河圖始開篇		264：7	毖緯	佚	?			1卷	
河圖要元篇		264：7	毖緯	佚	?			0卷	
洛書甄曜度		264：7	毖緯	佚	?			1卷	
洛書靈準聽	鄭玄	264：8	毖緯	佚	漢			1卷	
洛書摘六辟		264：8	毖緯	佚	?			1卷	
尙書緯		265：1	毖緯	佚	?			1卷	
尙書璇璣鈐	鄭玄	265：1	毖緯	佚	漢		1卷	1卷	
尙書考靈曜	鄭玄	265：1	毖緯	佚	漢		1卷	1卷	1續
尙書帝命驗	鄭玄、宋均	265：3	毖緯	佚	魏		1卷	1卷	1續
尙書刑德倣		265：3	毖緯	佚	?		1卷	1卷	1續
尙書運期授		265：3	毖緯	佚	?		1卷	1卷	
尙書中侯	宋均	265：3	毖緯	佚	魏				1續
尙書中侯	鄭玄	265：3	毖緯	佚	漢	1卷	1卷		1續
詩緯	宋均	265：5	毖緯	佚	魏			1卷	1續
詩含神霧		265：5	毖緯	佚	?		1卷	1卷	1續
詩汜曆樞		265：6	毖緯	佚	?		1卷	1卷	1續
詩推度災		265：6	毖緯	佚	?		1卷	1卷	1續

禮緯	鄭玄	265：6	惢緯	佚	漢			1卷	
禮含文嘉	宋均	265：6	惢緯	存	魏		1卷	1卷	1續
禮斗威儀	宋均	265：7	惢緯	佚	魏		1卷	1卷	1續
禮稽命徵		265：8	惢緯	佚	？		1卷	1卷	1續
樂緯	宋均	265：9	惢緯	佚	魏			1卷	1續
樂動聲儀	宋衷	265：9	惢緯	佚	漢		1卷	1卷	1續
樂稽耀嘉		265：9	惢緯	佚	？		1卷	1卷	
樂叶圖徵		265：10	惢緯	佚	？		1卷	1卷	1續
春秋緯	宋均	266：1	惢緯	佚	魏			1卷	1續
春秋演孔圖		266：1	惢緯	佚	？		1卷	1卷	1續
春秋說題辭		266：1	惢緯	佚	？		1卷	1卷	1續
春秋元命包		266：1	惢緯	佚	？		2卷	1卷	1續
春秋文曜鉤		266：3	惢緯	佚	？		1卷	1卷	1續
春秋運斗樞		266：3	惢緯	佚	？		1卷	1卷	1續
春秋感精符		266：4	惢緯	佚	？		1卷	1卷	1續
春秋合誠圖		266：4	惢緯	佚	？		1卷	1卷	1續
春秋考異郵		266：4	惢緯	佚	？		1卷	1卷	1續
春秋保乾圖	宋衷	266：5	惢緯	佚	漢		1卷	1卷	1續
春秋漢含孳		266：5	惢緯	佚	？		1卷		
春秋佐助期		266：5	惢緯	佚	？		1卷	1卷	1續
春秋握成圖		266：5	惢緯	佚	？		1卷	1卷	
春秋潛潭巴		266：5	惢緯	佚	？		1卷	1卷	1續
春秋命曆序		266：7	惢緯	佚	？		1卷	1卷	1續
春秋玉版讖		266：7	惢緯	佚	？				1續
春秋內事		266：8	惢緯	佚	？		1卷	1卷	
論語讖	宋均	267：1	惢緯	佚	魏			1卷	1續
論語摘輔象	宋均	267：1	惢緯	佚	魏		1卷	1卷	
論語摘衰聖		267：1	惢緯	佚	？		1卷	1卷	
論語素王 受命讖		267：1	惢緯	佚	？		1卷	0卷	
論語陰嬉讖		267：1	惢緯	佚	？		1卷	0卷	
論語紀滑讖		267：1	惢緯	佚	？		1卷	0卷	
論語崇爵讖		267：2	惢緯	佚	？		1卷	0卷	
論語比考讖	宋均	267：2	惢緯	佚	魏		1卷	1卷	

論語撰考讖		267：2	緯	佚	？			1卷	1卷	
孝經句命決	宋均	267：3	緯	佚	魏			1卷	1卷	1續
孝經援神契	宋均	267：3	緯	佚	魏			2卷	0卷	1續
孝經威嬉拒		267：4	緯	佚	？				0卷	
孝經古祕圖		267：4	緯	佚	？			1卷	0卷	
孝經左右契圖		267：4	緯	佚	？			1卷1卷	0卷0卷	
孝經中契		267：4	緯	佚	？			1卷	0卷	
孝經雌雄圖		267：5	緯	佚	？			1卷	0卷	
孝經內事圖		267：5	緯	佚	？		1卷	1卷	1卷	
孝經中黃讖		267：6	緯	佚	？					1續
太玄經章句	揚雄	268：1	擬經	存	漢					1佚
注太玄經	宋衷	269：1	擬經	未見	漢					1續
太玄經	楊泉	270：1	擬經	佚	晉			1卷		
元包	衛元嵩	270：2	擬經	存	北周		1卷		1卷	
皇極經世索隱	張行成	271：5	擬經	未見	宋	頁916上				
皇極經世書類要	亡名氏	271：14	擬經	存	？	頁932				
偽尚書	張霸	273：2	擬經	佚	漢			1卷	1卷分類	
洪範內外篇	蔡沈	273：6	擬經	存	宋	頁917下				
四民月令	崔寔	274：7	擬經	佚	漢			1卷		1續
樂經	陽成脩	274：8	擬經	佚	漢			1卷	1卷	
春秋前傳	何承天	275：1	擬經	佚	劉宋					1續
越絕書	袁康、吳平	275：2	擬經	存	漢					1佚
吳越春秋	趙曄	275：3	擬經	存	漢					1佚
春秋後傳	樂資	275：4	擬經	佚	晉			1卷	1卷	
楚漢春秋	陸賈	275：5	擬經	佚	漢				1卷	
九州春秋	司馬彪	275：7	擬經	佚	晉				1卷	
晉陽秋	孫盛	276：1	擬經	佚	晉				1卷	1補
漢晉陽秋	習鑿齒	276：1	擬經	佚	晉				1卷	1續
續晉陽秋	檀道鸞	276：1	擬經	佚	劉宋				1卷	
三十國春秋	蕭方等	276：2	擬經	佚	梁					1補
十六國春秋	崔鴻	276：2	擬經	佚	後魏					1佚
晏子春秋	晏嬰	277：1	擬經	存	周					1佚
春秋	虞卿	277：1	擬經	佚	周			1卷		

春秋	李氏失名	277：2	擬經	佚	？			1卷		
春秋	呂不韋	277：2	擬經	存	秦					1佚
春秋後國語	孔衍	277：5	擬經	佚	晉		1卷		1卷	1續
孔子家語解	王肅	278：3	擬經	存	魏					1佚
小爾雅	孔鮒	280：1	擬經	存	漢					1佚
廣雅	張揖	280：1	擬經	存	魏					1佚
要雅	劉杳	280：2	擬經	佚	梁			1卷		
漢一字石經	蔡邕	287：1	刊石	佚	漢	1卷				
漢一字石經尚書	蔡邕	287：1	刊石	佚	漢			1卷		
漢一字石經魯詩	蔡邕	287：1	刊石	佚	漢			1卷		
漢一字石經儀禮	蔡邕	287：1	刊石	佚	漢			1卷		
漢一字石經公羊傳	蔡邕	287：1	刊石	佚	漢			1卷		
漢一字石經論語	蔡邕	287：1	刊石	佚	漢			1卷		
魏三字石經尚書	邯鄲淳	288：1	刊石	佚	魏			1卷		
魏三字石經春秋	邯鄲淳	288：1	刊石	佚	魏			1卷		

第十一章 結 論

　　隨著學術的演變，中國書目的編纂，能隨時調整編纂的方式、內容，使其符合學者使用的需要。洪湛侯在《中國文獻學新編》中指出：

> 任何一門學術的特質和它的發展規律，都是客觀存在著的，它正等待著人們去實踐、去發現、去認識，然後再在宏觀上加以調控，加以總結，加以完善。歷史發展到今天，認識并建立文獻學體系的嘗試，已經提上了議事的日程〔註1〕。

任何學術的發展，皆有其規律和特質，目錄的編纂，正是反映學術變化的學科。若目錄的發展，無法順應學科的演變，來調整其編纂觀念，將喪失其學術的生命。《經義考》是經學書目的代表，是書的編纂，能對於經學、目錄學的研究，產生卓越的貢獻，是以極具研究價值。然而，限於「卷帙浩繁，通讀費時，流傳未廣，得書非易」之故〔註2〕，是以缺乏學者的研究，致使學界的認知，多數停留在清代學者的概念，實屬可惜。筆者有鑒於此，乃從事相關主題的探索，主要是想透過理論的研習，逐步探討其演變的規律，瞭解其編纂程序，及其相關的問題。

第一節　成果的總結

　　明末清初之際，隨著家國的淪喪，學者亟思擺脫空洞的學風，乃投身實學的研究。竹垞正是此時的重要學者，其在考證方面的成就，實值得我們的重視。目前學界對其學術的研究，僅限於詩、詞等創作的內容，在缺乏整體學術的觀照下，

〔註1〕洪湛侯：《中國文獻學新編》，頁392。（杭州：杭州大學出版社，1995年6月。）

〔註2〕陳祖武：〈朱彝尊與《經義考》〉（《文史》第四十輯，1994年9月），頁222。

殊不知其在經學、史學、古文、金石學、文獻學等領域，皆有卓越的貢獻。本文以《經義考》為研究主題，藉以觀察其學術的內涵，綜合本題的研究成果，有如下幾點特色：

一、突破舊有的成果

《經義考》是一部重要的經學書目，後人對於此書的研究，或僅發其例，未及週全；或論述有誤，有待補正；或成果瑣碎，難成系統，諸如此類的缺失，皆有待重新整理，始能發其深蘊。筆者有感於此，乃針對前賢議論未善之處，重新整理成篇，稍能突破前人的研究成果，茲說明如下：

（一）體例的安排

有關竹垞著書的體例，歷來雖有田鳳台先生的研究成果〔註3〕，但該文僅推演條例，未能說明其中的創發之處，且條例或有缺漏，仍有重新研討的必要。竹垞完善的體例，不僅擁有許多的創見，且對後來專科書目的編纂體例，產生重大的啟示。其書雖有若干的體例安排，受於時代的限制，業已不合時宜，但有諸多的體例，值得效法。茲將該書在體例上的特色，說明如下：

1、全書體例包含著錄、解題、案語三大項目。著錄部份，包含作者、書名、卷數、存佚等項，此一體例，已為後世目錄學者取法，以為編纂的準繩。

2、所有的著錄、解題等項目，皆依照時間的先後，依次排列，能條理清晰，一目了然。

3、有關作者的著錄，能統一稱呼其姓名，不似前代書目的編纂，混淆稱呼，或稱名，或稱字，或稱號，或稱官銜，或有省稱，毫無體系，是以竹垞有關作者的著錄，較有一致性，值得採用。

4、重編、偽冒之書，從其重編者、偽冒者的時代，亦有條理可循。

5、標示書名異稱，可供判別準據。

6、卷數一依前目，並以正史〈經籍〉、〈藝文〉志為先，取為代表。若非出於史志的著錄，則取較有價值的書目著錄，如《直齋書錄解題》、《郡齋讀書志》等等。

7、存佚標示「存」、「佚」、「闕」、「未見」四例，後世許多書目編纂者，大都

〔註3〕田鳳台：〈朱彝尊與經義考〉，（台北：黎明文化事業股份有限公司，《古籍重要目錄書析論》第五章，民國79年10月1日），頁145。

採用四種判例。

8、考證內容豐富，可供經學研究者的參考。

竹垞在體例的安排上，頗見巧思，尤其在排列方面，能依時代先後排序；在存佚方面，提供「存」、「佚」、「闕」、「未見」四例；在作者著錄上，多稱名不稱字例，甚至書名、卷數標示異稱等等，皆有參考的價值。尤其能輯錄各種解題，並酌加考證，其考證的成果，亦能深受後世學者稱許，對於書目的編纂方法，能產生正面的貢獻。

（二）引書的探討

《經義考》取材豐富，已是眾所皆知的優點。目前學界僅對其徵引《千頃堂書目》的部份，能有較好的研究成果，至於其餘的引書來源，則未見學者全面的探討。在學界之中，僅有盧仁龍先生粗分為四類〔註4〕，藉由分類的方式，來表達其引書的特色，但所考出的引書種類、數量等等，仍稍嫌簡略。筆者有感其書取材豐富，並欲瞭解其編纂的方式，乃從事文獻的還原工作，茲將整理的要點，說明如下：

1、筆者考出的引書數量，即多達四十一類，一二五九部的典籍，雖有未及鏟出的內容，但已能突破過去的研究成果，並指明其引書文獻的特點，使讀者能瞭解該書的文獻來源。

2、歷來對於《經義考》的引書，僅著重其對於《千頃堂書目》的引用，透過整理之後，尚有其他重要的引書來源，值得再加研究，例如：馬端臨《文獻通考·經籍考》、陸元輔《續經籍考》等等，惜未有學者從事類似的研究，其他重要的引用典籍尚多，筆者一一指明之，可供後續的研究。

3、從引書種類的考察中，可與竹垞的藏書相較，得知其引書的來源，確與其家藏之書有關，藉以證明毛奇齡《經義考·序》中指出：「（竹垞）窮搜討之力，出家所藏書八萬餘卷」〔註5〕，用以編纂《經義考》的說法，乃確實可據。透過這種整理之後，可以更清楚的鏟清引書的特色，彌補盧仁龍

〔註4〕盧仁龍：〈《經義考》綜論〉，（台北：文史哲出版社，《中國經學史論文論集》下冊，民國82年3月），頁420～421。該文原發表在《社會科學戰線》1990年二期，頁334～341。該文將竹垞的引書種類，粗分為「甲、宋、明、清書目」、「乙、史傳、方志」、「丙、文集」、「丁、其它」等四項，雖率先將竹垞的引書加以分類歸納，但結果相當粗慥，有待重新整理，並加以歸納。

〔註5〕朱彝尊：《經義考》，（台北：臺灣中華書局據揚州馬氏刻本影印，民國68年2月台三版），〈毛奇齡序〉，頁1。

〈《經義考》綜論〉一文的不足。

  4、透過引書種類的考察，可以發現其中的內容，已有輯佚的價值。有關竹垞
    的引書文獻，實有必要大規模的整理、還原，先行改善其闕漏，藉以提高
    全書的參考價值。

《經義考》的內容富博，所涉極廣，頗具研究的價值。由於過去的研究成果，無
法清楚的反映其引書的種類、數量，但透過本文的研究，將有助於掌握其資料。
竹垞編纂此書迄今，雖僅歷時三百年之久，但其中已有佚失的文獻，若未能及時
校理此書，則其擅改的內容，將會造成日後輯佚、校勘學者的困擾。透過本文的
探討，有助於瞭解其引書的種類，並得以凸顯其豐富的引書內涵。

（三）糾繆的整理

  《經義考》自成書之後，即成為專科書目的權威作品，也能贏得學者的重視。
但其書徵引浩繁，不免有所舛錯，是以前賢在使用之際，亦謀思改進，故有糾繆
補正之作，如《四庫全書總目》、翁方綱《經義考補正》、羅振玉《經義考目錄‧
校記》等等，雖能收致成效，但校正過於瑣碎，或議論未及週全，或糾繆稍嫌失
當，皆有待重新釐正，方能系統的整理相關的錯誤。在近世學者之中，喬衍琯曾
嘗試糾正其誤，惜未能成篇，殊為可惜。

  筆者重新整理《經義考》的錯誤，嘗試結合前賢的考訂成果，系統的釐測出
竹垞的錯誤，總計釐出書名、作者、卷數、分類、解題、存佚、編纂等七項，各
項之下，備有細項說明，總計四十項的錯誤，初步釐出其重要的錯誤。本文的整
理與研究，旨在釐清竹垞的錯誤，他日擬仿余嘉錫《四庫提要辨證》的體例，逐
一考察竹垞的各項錯誤，並加入各項解題，以為學者的輔助參考，惟此一工程浩
大，俟來日再行整理成帙，另行發表刊行，以就正於學者專家。

  綜合上述所論，歷來對於《經義考》的研究，缺乏學者的整體研究，致使成
效不彰，仍有開發的空間。總結前人的研究，僅有體例的安排、引書的探討、糾
繆的整理等三項，較能收致成果。筆者皆能站在前人的基礎上，重新釐測考訂，
所獲的成果，稍有嶄獲。其他如目錄索引的編纂、全書的點校等等，皆屬於整理
性的成果，較少研究的結論，可供再加探討，是以未闢專文討論，特此說明。

二、開發全新的課題

  《經義考》自成書以來，雖然評價甚高，但缺乏學者的探索，致使議論不夠

全面，有重新開發的空間。透過本文的探討，能補充前賢未能探索的課題，期使讀者更能瞭解此書的內涵。筆者將開發的課題，說明如下：

（一）編纂的概念

竹垞編纂的動機，是想改變當時經學研究的困境，並擴大研究的範疇，使學者能投注心力，致力於經學的研究。此外，透過經籍的考察，使得古代經籍的微言大義，得以留存世間，廣為人知。這種觀念的轉變，使其能接觸更多的經籍，擴大個人的研究視野，不致於侷限於某類的典籍，對於當代經學研究的發展，實有其正面的貢獻。

竹垞在編纂的概念上，有許多值得取法之處。首先，我們從稿本的形式上，可以發現其資料的整理方式，頗有可取之處，其將每部經籍的著錄，謄抄至一張卡片上，如此一來，可以預留輯錄解題的空間，未來只需要增加卡片，即可解決資料增加的困擾，加以卡片的形式，有助於排序，可以剔除重複的內容，並且省去重新抄錄的時間。此外，竹垞在每部經籍之下，均有標註朝代之名，雖然後來刊印之時，未能錄有各經籍的朝代，但其排列的次第，卻與朝代先後有關，此法的運用，使得編纂能有條理，也能有助於剔除重複的著錄，是以全書之中，雖有少部份複重之籍，但數量不多，應歸功於竹垞先考察時代先後，再依序排列所致。又在存佚的考察上，原僅定為「存」、「亡」二項，其後加入明清藏書書目，始將「亡」字改為「佚」字，並另增「闕」、「未見」二項判例，從編纂的內容來看，可以看出書中有刪改未盡的痕跡，仍然保留著早期的判例。透過本文的考察，將使我們對於竹垞的編纂觀念，能有較為清楚的認識，也更能掌握書中的特質。當我們檢視其編纂的概念時，可以發現當時的處理方式，仍有值得借鏡之處。

（二）引文的方式

《經義考》編纂迄今，已近三百年，其中部份輯錄的文獻，已成為佚籍，能有輯佚的價值，且其書引錄的內容，皆是清初以前的版本，亦有不少的珍本在內，是以富有校勘的價值。由於此書缺乏學者的校證，故有關其引文的方式，未為學界知悉，甚至有學者認為其書是根據原書直錄，未經過任何的改動。然而，透過本文的研究，除得知其引文有直錄的方式之外，另有「約引」、「訛增」、「抽換」、「倒置」、「併合」、「析離」之法，這些方法的運用，皆與過去的認知觀念，有著極大的出入，若不能釐清其改動的情況，恐將導致學者有錯用、誤引的情況。經過校勘的程序後，我們瞭解其引文的改動情況，其中多數的更改，是承繼輯錄體

書目的共通弊病，由於改動情況甚多，影響內容的完整、真實性，皆有待重新校理，才能還其原貌，且能增加其參考的價值。透過本文的研究之後，可使讀者瞭解其改動的情況，其中多數是編纂者的缺失，但仍有某些改動，卻是很好的處理方式。例如：竹垞曾根據正確、完整的資料，來抽換一些缺漏的解題，使其能提供更多的價值，這種處理的方式，皆可看出其綜理群籍的功效。

（三）分類的說明

竹垞的分類觀念，雖能承自前代目錄的法則，但能打破成規，重新依據經學體系歸類，影響所及，對於後世專科書目的編纂，產生極大的啟示作用。總計本文對其分類的安排，有如下的研究成果：

首先，在類例的分析上，竹垞係依據學術體系分類。歷來對於分類歸併的標準，往往有「崇質」、「依體」二類的方式，所謂「崇質」，即是依據書籍的本質，來區分類別，如「易經類」、「尚書類」等屬之；至於「依體」，則是依據書籍的體裁，來歸併類別，如「類書類」、「編年類」等屬之。因此，在綜合書目的安排上，往往夾雜著「崇質」、「依體」的矛盾，是以同屬《左傳》的相關研究，或併入「春秋」類，或併入「編年類」，或併入「地理類」，或併入「類書類」，諸如此類的差異，皆易造成分類歸併的不同。由於竹垞在分類上，未有史、子、集諸部的類目，但為求擴大收錄內容，故將原來隸屬他類的典籍，依其本質，重新歸併，是以有關《春秋》類的典籍，則併入「春秋」、「擬經」二類，如此一來，使得分類方式更加明確，易於掌握。當我們將《經義考》的著錄內容，與其他諸目相較，明顯有擴大至史、子、集諸部，故竹垞在分類概念上，已與傳統四部典籍的分類方式，有著明顯的差別。又在類目的次第排列上，明顯有尊崇古文經學的意味，此點和竹垞的治經概念相符。其次，在分類上，尚有一項特殊的安排方式，即先列本經，後附以單篇之作，究其作法，是將隸屬文集等經學資料，裁篇而出，如此一來，能擴大收錄的內容，使其更具有參考的價值。

在類目的闡釋上，筆者將著錄的特點及數量，逐一提出說明，藉以補足竹垞未有類序的缺憾。此外，能檢視分類的內容，並針對一些稍有疑問的典籍，逐加探討，藉以明白其分類的內涵。透過類目的說明，使我們得知其分類的概念，實有不少的創見，例如：分類的方式，不純然以典籍著錄為主體，是以某些類目未有任何的著錄，僅有一些相關的解題，此法的安排方式，與傳統書目有著較大的差異。

（四）影響的探述

　　《經義考》成書以來，由於內容豐富，體例完備，故其對於後世經學、目錄學的發展，能產生重大的影響。在經學方面，大抵可分為二項要點：首先，此書自成書以後，即成為學者治經的重要工具。學者們在研究經學課題之時，皆能引證其內容，以為治經的參考。總計前人對於此書的運用，可分為九點，即「考知經籍的存佚」、「藉知群經的梗概」、「可核書名的異同」、「檢覈篇名的分合」、「核對卷帙的增減」、「排比經籍的體系」、「檢視明清的藏書」、「鑒別經籍的真偽」、「查知作者的傳記」，筆者備有實例，來說明學者對其運用的諸多情況，藉以明白此書確有指引治學的重要功效。此外，本書對於清代經籍輯佚的發展，實產生啟示作用。由於竹垞曾親自輯錄經籍佚文，加以《經義考》涉有存佚的判定，故對於輯佚的發展，亦造成深遠的影響，舉凡惠棟、全祖望、四庫館臣、王謨、馬國翰、黃奭、王仁俊諸人的經籍輯佚成果，皆與此書有所關聯，藉由相互的比勘下，可以得知清代經籍輯佚的發展，實受到竹垞的啟發，而能逐漸蔚為時代的風潮，本文也順勢分析清代經籍輯佚的特點，使讀者能得知其發展的情況。

　　在目錄學的影響上，總計對於後世專科書目、辨偽書目、方志書目、正史補志等等，皆有明顯的影響。總計《經義考》對於後世書目的影響，大抵可分為體例、內容二個事項。在體例方面，該書體例完整，除作者、書名、卷數、分類等著錄外，也有解題、序跋的收錄，更有存佚的考訂，乃至於考證案語等等，後世專科書目在編纂之時，皆能依循其例，對於後世書目的發展，產生重大的啟示作用。此外，在著錄內容方面，由於該書著錄甚豐，且能依據時代先後排列，故對於後世書目的著錄，具有重要的貢獻。

　　《經義考》是一部優秀的經學書目，後世學者在治經之際，每視為治學的利器，故在引用前代經籍時，必先徵引其著錄的內容，藉以明白各種經學的課題。此外，清人考據學的發展，得力於經學的研究，其中輯佚的成果，更能蔚為時代的風潮。清代學者在輯佚之時，多能參考《經義考》的判定，是以此書對於經學的研究，實具有莫大的貢獻。又是書體例完備，著錄博富，對於後世目錄學者的觀念，能有所明顯的影響。

三、健全研究的體系

　　研究一部論著之前，必先瞭解作者的生平、行事，以及成書的背景，這些相關的研究，雖屬於外緣的問題，但有助於研究體系的健全，能有所助益。因此，

本題的重點，除針對前賢研究的課題，再行深入的探討之外，也積極開發一些相關課題，並提出一己審視的成果。此外，也針對作者、背景等相關議題，提出說明、討論。在研究內容上，有三項議題係針對作者、背景等外緣問題，提出相關的研究，使讀者得知作者的生平、交遊、撰著的內容，以及此書的成書背景。若能確立其學術的地位，將有助於確定《經義考》的研究價值。此外，由於此書係考證之作，故筆者將探討竹垞的治學方法、成就，藉以瞭解其文獻整理的貢獻。又關於成書背景的探討上，則著重在政治、社會、學術等層面，藉以說明其成書的環境。茲將各項整理的成果，說明如下：

（一）作者的生平及其交遊

竹垞的生平，約略可以劃分三期：前期是其學問的奠基期，由於政治的劇烈變動，滿清入主中原，在局勢尚未穩固之時，各種的殺伐爭戰，皆會造成社會的動盪與不安。因此，竹垞決定放棄科舉，專心投注於《周官禮》、《左傳》、《楚辭》、《文選》的研究，於是逐漸拓展其學識的視野。竹垞曾積極與同里王翃、周篔等人交游作詩，相互評賞，逐漸奠定其詩歌創作、評點的基礎。期間，其曾經參與嘉興南湖「十郡大社」的集會，與當時著名學者吳偉業、尤侗、徐乾學諸人定交，厚植文壇發展的實力，有利於日後的學術發展。此外，由於「反清復明」運動的興起，竹垞也曾意氣激昂的投身反清活動，從清世祖順治十一年（1654）與魏璧定交開始，迄於清聖祖康熙元年（1662）魏璧、祁理孫諸人被捕爲止，持續與抗清人士交往，將近十年之久。其後事洩不果，魏、祁諸人被捕，或經流放他地，或遭殺戮喪生，竹垞爲求避禍，始遠避海隅。中期是竹垞學問的盤整、轉換時期，由於家境不豐，故中年時期的他，爲謀求生計之故，乃積極遊走他鄉，受聘爲教席或幕僚，並爲他人編纂詩歌總集。經年累月的遊歷各地，不僅使其廣交文友，也能豐富其詩歌的內涵。在遊歷外地之時，能載書以行，並從事金石考古的研究，逐漸轉換治學的方向。晚期展現豐富的學術內涵，竹垞接受「博學鴻詞」科的應試，出仕爲官，經濟的穩定，加上接觸的學者益多，使其學問，日益精進，乃積極纂修各類的典籍。此期纂修的典籍，除了《明史》、《清一統志》的預纂外，也從事《瀛州道古錄》、《日下舊聞》、《經義考》、《明詩綜》、《洛如詩鈔》等書的編纂作品，竹垞許多的學術撰著，皆在此期編纂定稿。

在交游方面，竹垞交友遍及天下，除與抗清名士相交，從事「反清復明」的工作外，也嘗試和王公貴族，甚至文人處士等等，皆有深厚的情誼，能深切影響其學術的發展。無論是推動詩詞的創作，或分享古文創作的理念，乃至於藏書的

互抄、目錄的編纂、文獻的考證等等，皆是受到朋友的啓發。在廣交文友之下，不僅奠定其學識的深度，也能增加其文壇的影響力。

（二）文獻整理的方法與成就

竹垞既以考證名家，其治學的方法、態度，必有傲人之處，可供取法之用。首先，其主張援據精博，信而有證，是以考證各類的問題，都能廣徵群籍以證，諸如經史百家之學，甚至小說、瑣聞、軼事、佛道、類書諸籍，皆能信手拈來，條理分明，致使析理考證，能有實據，頗有創獲之見。在文獻的取用上，能善用金石鐘鼎、方志地書等材料，能開時代風氣之先，對於後世典籍的考證，也有啓示的作用。又竹垞重視版刻，能明辨版本優劣，重視其文獻的價值，非後世佞古者，所可比擬者也。至於在目錄運用方面，其能重視著錄的價值，能以目錄登錄的有無，來考察書籍的傳承、眞僞等等，可謂善於取法者也。又在治學的方法上，能重視佚文的價值，如遇佚篇雜文，必盡力搜求，以利考證的進行，且能精通字學，熟悉韻書，對於審音訂字，能有良好的表現，能精於讎校，善於辨僞，使其在文獻整理方面，能有顯著的貢獻。

在經學考訂方面，其能追索經師傳授體系，對於孔子弟子、門人，孟子弟子，乃至於宋代諸儒的傳授過程，皆能做出考證成果。其次，對於宋元諸儒的妄自改經，也能提出批評，其主張能依循漢儒的作法，保留其原貌，不應妄自議斷，其觀點十分正確。此外，在考訂僞籍、辨訂文句異同、考訂名物、蒐求佚文方面，皆能擁有重大的貢獻。此外，在史籍整理方面，其能收集各類的史料，積極從事史實的編纂、注解、考訂等工作。在《明史》的纂修上，能提供體例的建言；並且針對館臣寫作的內容，也能提出修訂的意見，甚至曾親撰三十餘篇的稿傳等等，有功於《明史》的修撰。此外，竹垞對於古代名士的事蹟，能考訂其實情，並重新給予評價，所議定的事項，皆確有實證。另對於當時文人、處士、烈婦等等，亦能親撰各種〈墓誌〉、〈碑帖〉、〈行述〉等等，有利於史實的記錄，可以考知明人的行事、傳記。又曾參與圖書的傳抄，並徵選唐宋秘本，促成經史典籍的刊印，有助於文獻的整理與流通。其次，爲求保存詩歌的文獻，甚至編選各類的總集，並從事典籍的評點，有助於文獻的保存。另曾考訂各類僞籍，校注古籍，藉以還其文獻的眞實與完整，且能積極從事經籍的輯佚，與書目的纂修等等，皆有功於文獻的整理，值得我們的重視。

（三）成書背景的分析與說明

清初政治、社會、學術環境的影響，是以呈現出時代的特色。在目錄發展的

演變上，此期盛行各種書目，且在體例、類目，收錄內容上，皆有許多的變革，影響所及，竹垞在體例、類目的安排上，都能站在前目的基礎上，能夠更加週延、完善，且收錄的內容，能夠更加擴大，這些觀點的出現，皆是受惠於前代書目所致。在政治方面，清廷恢復科舉取士，對於民眾學習經學的風氣，實有正面的貢獻。在科舉制度的吸引下，能促成學習人口的增加。此外，皇室屢次刊印經籍，崇尚儒術，甚至皇帝能親撰經籍，有助於經學的發展。又皇室曾詔求遺書，並側重經史的蒐求，使得宮中經籍藏書日富，竹垞有幸得覽宮廷祕藏，有助於日後的編纂工作。在社會方面，藏書風氣興盛，學者能兼具藏書、讀書、著書，是以帶動纂輯的風尚。隨著社會經濟的穩固，加上政治的鼓勵，民眾有能力從事經學的學習，乃加速經學書目的編纂需求。在學術方面，隨著明朝國祚的淪喪，學者將亡國的原因，歸咎於虛誕的學風所致，故積極推倡務實之風，竹垞受到時風的影響，乃從事經籍的考證工作。又目錄的編纂，盛行於當世，能提供考訂的基礎，加上經籍日多，經學體系日益完善，書目編纂的體例，也日漸完備，具有學術的價值。透過成書背景的分析和說明，將使我們掌握當時的環境，也對竹垞何以會選擇經學書目，做爲其輯錄的題材，能有較爲完整的認識。

《經義考》是一部重要的著作，歷來的評價甚高，由於缺乏學者的整理、研究，使得某些議題的認知，仍停在清儒的見解。隨著時代的推演，此書仍有借鏡之處，例如：體例的安排、著錄的內容、解題的輯錄、考證的成果等等，皆能提供參考的價值。同時，經過時間的洗禮，也有一些不合時宜的作法，有待改進，例如：「御注」、「敕撰」的安排，或係引文的方式等等。更有一些編纂的錯誤，有待糾舉釐正，例如：書名的錯誤，或是作者的誤題等等，皆有待學者投注心力，從事相關的研究，方能使其價值再現。任何一部的學術著作，在歷經數百年的演變之後，或多或少都有一些問題，有待修正。該書雖有錯誤，但衡諸當代，仍是一部重要的著作。時至今日，亦不失其參考的價值，若能站在其基礎上，改善其中的錯誤，使其符合現代學術的要求，將更能提供治經的參考，有利於經學的研習。

第二節　未來研究的展望

《經義考》是一部重要的書目，其書著錄甚廣，內容博富，雖然透過本文的研究，可以稍補前賢研究的不足，也能瞭解其價值所在。但限於時間之故，仍有部份的課題，未能多加討論，尚有整理的價值。下文即略述未來整理的要點，且

期盼能逐一加以實現，藉以提供學界更多的參考價值。

一、引書文獻的探討

　　《經義考》的引書眾多，種類複雜，富於研究的價值。本文嘗試釐訂其引書的種類，共考出一二五九部的典籍，但限於時間之故，仍有尚未考出的內容，值得重新整理。茲說明具體的作法如下：

（一）**先製成引書（或引文）索引**。在《經義考》的索引方面，雖有吳政上《經義考索引》可供檢閱，但該書僅涉及書名、作者索引，未曾製有引書索引，若能先將引書製成《索引》，將可擴大研究的層面。

（二）**引書的來源**：仿錢熙祚考訂《古微書》之例，考出各種引書的來源，藉以補足其未能指明出處的缺憾。此外，可結合《曝書亭集》中的書跋資料，藉以觀察其對馬端臨《文獻通考‧經籍考》、「陸元輔曰」、「陳振孫曰」、「王應麟曰」、「晁公武曰」、「胡一桂曰」、《閩書》、《姓譜》、《通志》、《五經翼》的引用情形，提出優劣的比較等等。

（三）**引書的誤闕**：竹垞有誤引偽書，或係錯題引書的現象，經過還原的程序，可以得知其錯誤的情況。此外，宜針對闕漏的主題，亦宜闢有專文，討論其漏失的內容，所蘊藏的價值。

（四）**引書的價值**：觀察其引書的價值，例如：引書之中，已有佚書的存在，故有輯佚的價值等等。

（五）**其他的課題**：如引書的內容、引書的方式、引書的作用等等，筆者在本文的研究中，雖有涉及相關的研究，但若要從事其引用文獻的探討，可以結合成完整的課題，再深入探討相關的問題。

《經義考》的引書眾多，查考不易，但若能逐一還原成功，將有助於日後的文獻整理。由於竹垞在編纂過程中，刪節增改頗多，若能擁有各引文的出處，將可使讀者在運用此書之時，能還原其原始的出處，如此一來，將不致錯失許多的文獻內容，也助於經學研究的進行。

二、經籍版本的補訂

　　《經義考》雖有「鏤版」一項，藉以收羅有關版刻的記錄，但對於各經籍的版本，卻未見逐一考訂，章學誠曾於《論修史籍考要略》第十二條「板刻宜詳」中指出：

朱氏《經義考》後有刊板一條，不過記載刊本原委；而惜其未盡善者，未載刊本之異同也〔註6〕。

針對竹垞未能錄及各經籍的版本，章氏深以為憾，並期望「如有餘力所及，則當補朱氏《經考》之遺。」〔註7〕，章氏雖有心補其闕漏，但補錄版本之事，茲事體大，尤其《經義考》著錄達八千四百餘部經籍，實非短期之內易致其功。因此，章氏雖欲補之，但終其一生，仍無法完成此一心願。

有關經籍版本的補訂，茲事體大，斷非短期之內，得以完成。惟今日索引、目錄工具的發達，要從事此一整理的工作，其完成的可能性，要遠較清代之時，更容易得到基本的功效。版本的補訂，亦有助於糾繆的整理，如利用各大圖書館的《善本書目》，將有利於查考「存佚」的判定；又各版刻的卷數差異，亦有助於查考「卷數」的正誤。此外，從版本的補訂中，有助於查考作者的其他經籍著作，藉以補錄竹垞失載的錯誤，諸如此類的情況，皆顯示補訂版本的重要性。筆者雖有意於整理其版本的考訂，但由於牽涉甚廣，故有待日後再逐一完成，以利於學界的運用。

三、經籍佚書的考證

《經義考》涉有經籍存佚的判定，雖然竹垞重視經籍佚文的輯錄，對於各經籍的內容，亦能提出考探，但由於其書著錄甚廣，佚籍甚多，故無法專心致力佚書的考證工作，是以其判定的佚籍，均有重考的價值。曹書傑在《中國古籍輯佚學論稿》中指出：

> （朱彝尊）所輯編《經義考》300 卷，初名《經義存亡考》，後分例「存」、「闕」、「佚」、「未見」。自先秦至清康熙二千年間，有關經學著作一目了然，其它佚之書，皆以「佚」字注明，具有輯錄佚書之目的性質，對輯佚書目的發展也具有一定的影響〔註8〕。

如將《經義考》的佚籍輯出，再按類區分，確實有輯錄佚書書目的功用。佚書書目的蒐求，將有助於選擇輯佚的素材。否則，無法確立是否為佚籍，復盲目蒐羅，終將無益於輯佚工作的進行。但佚書書目，若不能分門別類，或依據時代區分，

〔註6〕章學誠：〈論修史籍考要略〉，見載於《校讎通義》附錄。（台北：文史哲出版社，轉引昌彼得編輯：《中國目錄學資料選集》，民國73年1月），頁653。

〔註7〕同前註，頁270。

〔註8〕曹書傑：《中國古籍輯佚學論稿》，（長春東北師範大學出版社，1998年9月），頁135。

則難免漫無章法，毫無作用。孫永如在《明清書目研究》中主張：

> 鈎稽佚目不能不分門類，漫無章法。應該根據研究需要，分成專題，
> 或者就各門學科加以鈎稽。如鈎稽出《明代佚書目》、《清代佚書目》、《古
> 佚史書目》、《古佚地理目》、《古佚農書目》等，這樣，以可使散佚書目
> 作爲文獻資料在研究中更好地發揮運用〔註9〕。

我們可以根據《經義考》的著錄資料，再依其存佚的判別，即可輕易輯出《古佚
經籍書目》，若能輔以考證，才能提供更多的整理價值。如果要從事經籍佚書的考
證，必先確立其性質、數量，才能依據時間的多寡，來決定考證的主題。在下文
之中，筆者提供一項統計數據，來說明整理的取擇標準：

宋	1873	明	178	陳	32	北魏	6	後蜀	2
？（不明）	535	梁	139	吳	22	清	6	南唐	2
元	470	魏	103	北周	15	蜀	6	僞蜀	2
晉	279	劉宋	67	後魏	14	周	5	後周	1
漢	279	隋	57	金	9	高麗	4	吳國	1
唐	209	南齊	47	齊	8	北齊	3		

　　根據上述簡表，我們可以初步掌握歷朝各代的佚經數量。整體而論，距離時
代愈近，圖書佚亡的情況，較爲緩和，是以如明、清兩代的佚經數量偏少，這是
自然的現象。我們依據典籍亡佚的多寡，可以衡量考證的先後次序，次數較高者，
輯錄較易，但所需的考證時間較長。如就佚經數量而論，則宋代佚經達一八七三
部之多，值得我們的開發、研究。惟上述統計的數字，係竹垞判定的結果，其中
或有失誤之處，如：竹垞當日判定爲佚經者，或有發現存籍者；或當日判爲存籍，
至今卻成爲佚籍者，是以在考訂之時，宜先訂定編纂體例，藉以成爲取擇考證的
標準。在整理方式上，宜仿效劉兆祐先生《宋史藝文志史部佚籍考》〔註10〕之例，
將典籍分爲「已佚而無輯本者」、「已佚而有輯本者」二編，以各書爲一目，酌加
考證之語，使讀者得以瞭解各佚經的內容、旨要。在整理的過程中，也應致力於
掌握各項佚文，且要輯錄各項的解題，以利於考訂的進行。其次，在考訂題材的
選擇上，也可以根據各人的喜好，來選擇考訂的主題，如依典籍的分類而論，《經

〔註9〕孫永如：《明清書目研究》，（合肥：黃山書社，1993年7月），頁187～188。
〔註10〕劉兆祐：《宋史藝文志史部佚籍考》，（台北：國立編譯館中國叢書編審委員會，民
　　　國73年4月），全書共1198頁。

義考》「易」類佚籍，達一一一一部，其中的數量，可能過於龐大，可再以朝代為區隔，也選擇某一朝代的「易」學佚經，為考察的內容，再配合該朝的易學發展，可以觀察更多的主題。

四、經學書目的再製

《經義考》是一部優秀的書目，但其中難免有誤，若能改善其缺失，重新製成新的書目，將有助於取代原書的價值。在尚未有更完善的經學書目之前，先行改善《經義考》的缺失，使其能符合讀者的使用需求，其具體的改造意見如下：

（一）校訂《經義考》的異文，竹垞在編纂之時，從事過多的剪裁，使得原書的內容，錯漏不少，若不能加以校正，恐將造成讀者的誤用。

（二）查考《經義考》的引文出處，可附記在各解題之末，若有新增之項，亦等同處理。

（三）增加《經義考》的著錄，並別除不合宜的典籍，例如：重出之例等等。經由增補後的書目，應盡量求其完善。

（四）重新調整各經籍的順序，將裁篇的著錄，依據作者的次第，分散於各經之中，並將某些時代錯亂經籍，逐一加以扶正。

（五）加入各種版刻、輯佚書、藏地等資料，藉以增加更多的參考價值。

（六）補錄各項解題，尤其著重在清儒的論述，若是重要的研究論文，則酌立簡目，附於該著錄之末。

（七）考訂《經義考》的錯誤，並補充論述的意見。

《經義考》本身即具有高度的價值，只要改進其缺失，將有利於現代學者的使用。就其需要改善的內容，主要在於文句未能確實校理，且未能附記正確的出處，使讀者難於還檢原書，若能重新改善其缺失，並增補相關的解題，甚至改善其論證的缺失，將能增加全書的使用價值。

綜合上述所論的要點，都是屬於整理性的事項，若能依次行之，將有助於建立更完善的經學書目，以利於學者的使用，至於全書龐大的解題資料，所能提供的研究素材，將隨學者取擇的差異，也會呈現不同的研究風貌，若能取能為用，將有助於經學史的探討。《經義考》既能提供各種的利用，則其書的價值自現，其書對於後世學術的發展，能有著深遠的貢獻，值得我們從事相關議題的探討。

中國古代編纂的書目，是我國珍貴的文化資產，雖然目錄理論發展較緩，但其纂輯的功效，卻提供我們許多的參考價值。孫永如《明清書目研究》指出：

　　　　我國古代的各種書目是一份寶貴的文化遺產。從中吸取有益的營
　　養，概括、總結出我國書目發展的特點和規律，是目錄學研究的主要內
　　容之一；也是推動現代目錄工作的發展，挖掘、利用祖國文化遺產的需
　　要。因此，有必要對各個歷史時期的書目發展加以認眞的考察〔註11〕。

因此，如要研究中國古代的文化資產，則從書目研究開始，將有助於學問的開展，
並且藉由掌握中國古籍的數量，也能瞭解古代學術的種種變化。隨著學科的日益
分化，分類的概念日漸細緻，專科書目成爲研究各項學術的基礎，若能掌握其中
的特點，將有助於瞭解學術變遷的種種風貌。歷來在目錄學的研究上，卻未能重
視專科書目的研究，這無疑是目錄學研究的重要盲點，若我們想要提昇專科目錄
編輯的成果，則對於前人的編纂情況，必須加以探討，才能有助於學理、實踐並
合，能得到更好的編輯成果。

〔註11〕參考註9，頁4。

參考書目

書籍部份

二　劃

1. 丁丙撰，《善本書室藏書簡目》，（台北：廣文書局，民國 56 年「書目續編」本）。

三　劃

1. 上海圖書館編，《中國叢書綜錄》，（上海：上海古籍出版社，1986 年 2 月一版一刷）。

四　劃

1. 孔建國，《文獻通考經籍考研究》，（台北：政治大學中文研究所碩士論文，民國 64 年 6 月）。

2. 支偉成著，《清代樸學大師列傳》，（台北：明文書局，民國 74 年）。

3. 方祖猷，《清初浙東學派論叢》，（台北：萬卷樓，民國 85 年初版）。

4. 王士禎撰，盧見曾補傳，《漁洋山人感舊集》，（台北：明文書局，民國 74 年）。

5. 王余光，《中國文獻史》（第 1 卷），（武漢大學出版社，1993 年 3 月）。

6. 王余光，《中國歷史文獻學》，（台北：天肯文化出版社，民國 84 年初版）。

7. 王重民，《中國目錄學史論叢》，（北京：中華書局，1984 年 12 月一版一刷）。

8. 王重民，《中國善本書提要補編》，（北京：書目文獻出版社，1991 年 12 月一版一刷）。

9. 王紹曾、杜澤遜，《漁洋讀書記》，（青島：青島出版社，1991 年 8 月）。

10. 王嘉龍，《孫星衍及其孫氏祠堂書目之研究》，（台北：中國文化大學史學研究所碩士論文，民國 83 年 12 月）。

11. 王士禎，《居易錄》，（台北：新興書局《筆記小說大觀》十五編，冊八，民國 77 年）。

12. 中國人民大學編輯部,《中國人民大學圖書館古籍善本書目》,(北京:中國人民大學出版社,1991 年 2 月一版一刷)。

13. 毛亨傳,鄭玄箋,孔穎達疏,《毛詩正義》,(台北:藍燈文化事業有限公司影印嘉慶 20 年江西南昌府雕「重刊宋本毛詩注疏附校勘記」),年代未詳)。

五　劃

1. 田鳳臺,《古籍重要目錄書析論》,(台北:黎明文化事業股份有限公司,民國 79 年 10 月初版)。

2. 永瑢等撰,《四庫全書總目提要》,(北京:中華書局,1992 年 10 月 1 版 5 刷)。

六　劃

1. 全祖望,《鮚埼亭集外編》,(台北:台灣商務印書館影四部叢刊本,民國 68 年 11 月台一版)。

2. 朱彝尊,《經義考》,(台北:臺灣中華書局據揚州馬氏刻本影印,民國 68 年 2 月台三版)。

3. 朱彝尊,《曝書亭集》,(台北:世界書局,民國 78 年年 4 月再版)。

4. 朱彝尊,《騰笑集》,(上海:上海古籍出版社,1979 年 6 月一版一刷)。

5. 朱彝尊,《明詩綜采摭書目》,(台北:成文出版社有限公司「書目類編」本,民國 67 年)。

6. 朱彝尊,《全唐詩未備書目》,(台北:成文出版社有限公司「書目類編」本,民國 67 年)。

7. 朱彝尊,《潛采堂竹垞行笈書目》,(台北:成文出版社有限公司「書目類編」本,民國 67 年)。

8. 朱彝尊,《潛采堂宋金元人集目》,(台北:成文出版社有限公司「書目類編」本,民國 67 年)。

9. 朱彝尊輯,馮登府補,《逸經補正》,(台北:新文豐出版有限股份公司,民國 77 年 8 月)。

10. 朱稻孫,《竹垞行述》,(台北:藝文印書館影印《丙子叢編》,民國 61 年)。

七　劃

1. 何廣棪,《陳振孫之生平及其著述研究》,(台北:文史哲出版社,民國 82 年 10 月初版)。

2. 何廣棪,《陳振孫之經學及其直齋書錄解題經錄考證》,(台北:里仁書局,民國 86 年 3 月初版)。

3. 余嘉錫,《古書通例》,(台北:丹青圖書有限公司,民國 76 年 4 月再版)。

4. 余嘉錫,《目錄學發微》,(台北:藝文印書館,民國 76 年 10 月 2 版)。

5. 余嘉錫,《四庫提要辨證》,(北京:中華書局,1985 年 1 月 1 版 2 刷)。

6. 吳仲強等著,《中國圖書館史》,(長沙:湖南出版社,1991 年 12 月一版一刷)。

7. 吳政上編，《經義考索引》，（台北：漢學研究中心編印，民國81年3月）。

8. 吳修編，《昭代名人尺牘小傳》，（台北：明文書局，民國74年）。

9. 吳楓，《中國古文獻大辭典》，（長春：吉林文史出版社，1994年1月一版一刷）。

10. 吳楓，《中國古典文獻學》，（台北：木鐸出版社，民國72年9月）。

11. 吳光西、郭麟、周梁等撰，《陸隴其年譜》，（北京：中華書局，1993年9月一版一刷）。

12. 呂紹虞，《中國目錄學史稿》，（台北：丹青圖書有限公司，民國715年台一版）。

13. 李元度纂，《清朝先生事略》，（台北：明文書局，民國74年）。

14. 李玉棻撰，《甌缽羅室書畫過目考》，（台北：明文書局，民國74年）。

15. 李放纂輯，《皇清書史》，（台北：明文書局，民國74年）。

16. 李修生主編，《古籍整理與傳統文化》，（瀋陽：遼寧大學出版社，1991年4月一版一刷）。

17. 李清馥，《閩中理學淵源考》，（台北：台灣商務印書館影文淵閣「四庫全書」本，民國75年3月）。

18. 李桓輯，《國朝耆獻類徵初編》，（台北：明文書局，民國74年）。

19. 李慈銘，《越縵堂讀書記》，（台北：世界書局，民國64年7月再版）。

20. 李瑞良，《中國目錄學史》，（台北：文津出版社有限公司，民國82年7月初版一刷）。

21. 李濬之編輯，《清畫家詩史》，（台北：明文書局，民國74年）。

22. 杜松柏，《國學治學方法》，（台北：洙泗出版社，民國80年10月增訂版二印。

八　劃

1. 來新夏主編，《清代目錄提要》，（濟南：齊魯書社，1997年1月一版一刷）。

2. 來新夏等撰，《中國古代圖書事業史》，（上海：上海人民出版社，1991年7月1版二刷）。

3. 周中孚，《鄭堂讀書記》，（台北：世界書局，民國54年4月再版）。

4. 周采泉，《杜集書錄》，（上海：上海古籍出版社，19年12月一版一刷）。

5. 周彥文，《中國目錄學理論》，（台北：臺灣學生書局，民國84年9月初版）。

6. 周彥文，《千頃堂書目研究》，（台北：東吳大學中國文學研究所博士論文，民國74年4月）。

7. 昌彼得，《中國目錄學資料選輯》，（台北：文史哲出版社，民國73年1月再版）。

8. 昌彼得、潘美月，《中國目錄學》，（台北：文史哲出版社，民國80年10月初版二刷）。

9. 林葉連，《中國歷代詩經學》，（台北：學生書局，民國82年3月初版）。

10. 林慶彰,《明代考據學研究》,（台北；臺灣學生書局,民國 715 年 10 月修訂再版）。

11. 林慶彰,《清初的群經辨偽學》,（台北：文津出版社,民國 79 年 3 月）。

12. 林慶彰,《明代經學研究論集》,（台北：文史哲出版社,民國 83 年 5 月初版）。

13. 武作成編,《清史稿藝文志補編》,（北京：中華書局,1982 年 4 月一版一刷）。

14. 邵懿辰、孫詒讓等撰修,《增訂四庫簡明目錄標注》,（台北：世界書局,民國 66 年 8 月三版）。

九 劃

1. 姜亮夫,《歷代人物年里碑傳綜表》,（台北：文史哲出版社,民國 74 年 2 月再版）。

2. 姚振宗,《隋書經籍志考證》,（台北：開明書店,不著年代）。

3. 故宮博物院圖書館、遼寧省圖書館編著,《清代內府刻書目錄解題》,（北京：紫禁城出版社,1995 年 9 月一版一刷）。

4. 洪湛侯,《中國文獻學新編》,（杭州：杭州大學出版社,1995 年 6 月一版二刷）。案：本書臺灣藝文印書館亦曾梓行,惟卻題作《文獻學》,民國 85 年 3 月出版,審其內容,似乎並無改變,故不應擅改書名,使讀者誤為二書矣。

5. 胡渭,《禹貢錐指》,（台北：新興書局影「皇清經解」本,民國 61 年 11 月再版）。

6. 胡楚生,《中國目錄學》,（台北：文史哲出版社,民國 84 年 9 月初版）。

7. 胡應麟,《四部正譌》,（台北：世界書局,《偽書考》五種,民國 68 年 10 月三版）。

8. 范光陽,《雙雲堂文稿》,（台南：莊嚴文化事業有限公司,《四庫全書存目叢書》,民國 86 年初版一刷）。

十 劃

1. 孫永如,《明清書目研究》,（合肥：黃山書社,1993 年 7 月一版一刷）。

2. 孫殿起編,《販書偶記》,（台北：漢京文化事業有限公司,民國 73 年 7 月 1 日初版）。

3. 孫殿起編,《販書偶記續編》,（台北：漢京文化事業有限公司,民國 73 年 7 月 1 日初版）。

4. 徐世昌纂,《清儒學案小傳》,（台北：明文書局,民國 74 年）。

5. 晁公武,《郡齋讀書志》,（京都：中文出版社影武英殿聚珍版原本,1984 年 5 月再版）。

6. 秦瀛輯,《己未詞科錄》,（台北：明文書局,民國 74 年）。

7. 翁方綱,《經義考補正》,（台北：新文豐出版有限股份公司,民國 73 年 6 月初版）。

8. 馬宗霍輯,《書林藻鑑》,(台北:明文書局,民國 74 年)。

9. 馬端臨,《文獻通考‧經籍考》,(上海:華東師範大學出版社,1985 年 6 月一版一刷)。

十一劃

1. 國立中央圖書館編印,《國立中央圖書館善本序跋集錄》(經部),(台北:國立中央圖書館編印,民國 81 年 6 月)。

2. 國立中央圖書館編印,《國立中央圖書館善本序跋集錄》(史部),(台北:國立中央圖書館編印,民國 82 年)。

3. 崔富章,《四庫提要補正》,(杭州:杭州大學出版社,1990 年 9 月一版一刷)。

4. 張之洞撰,范希曾補正,蒙文通校點,《書目答問補正》,(台北:漢京文化事業有限公司,民國 73 年 1 月初版)。

5. 張心澂,《偽書通考》,(台北:鼎文書局,民國 62 年 10 月初版)。

6. 張舜徽,《清代文人別集》,(台北:明文書局,民國 71 年初版)。

7. 張維屏輯,《國朝詩人徵略(初編)》,(台北:明文書局,民國 74 年)。

8. 張家璠、閻崇東主編,《中國古代文獻學家研究》,(桂林:廣西師範大學出版社,1996 年 6 月一版一刷)。

9. 曹書杰,《中國古籍輯佚學論稿》,(長春:東北師範大學出版社,1998 年 9 月一版一刷)。

10. 梁子涵,《中國歷代書目總錄》,(台北:中華叢書編審委員會出版,民國 42 年)。

11. 梁啓超,《中國近三百年學術史》(附《清代學術概論》),(台北:里仁書局民國 84 年 2 月初版)。

12. 梁章鉅輯,《國朝臣工言行記》,(台北:明文書局,民國 74 年)。

13. 盛叔清輯,《清史畫史增編》,(台北:明文書局,民國 74 年)。

14. 莊清輝,《四庫全書總目經部研究》,(台北:政治大學中文研究所碩士論文,民國 77 年)。

15. 陳力,《中國圖書史》,(台北:文津出版社,民國 85 年 4 月初版)。

16. 陳垣編,《辦理四庫全書檔案》,(北平:國北平圖書館,民國 23 年)。

17. 陳振孫,《直齋書錄解題》,(京都:中文出版社影武英殿聚珍版原本,1984 年 5 月再版)。

18. 陳鱣,《經籍跋文》,(台北:成文出版社有限公司「書目類編」本,民國 67 年 5 月)。

19. 章鈺等編,《清史稿藝文志》,(北京:中華書局,1982 年 4 月一版一刷)。

20. 章學誠著,葉瑛校注,《文史通義校注》,(台北:里仁書局,民國 73 年 9 月 10 日)。

21. 陸隴其,《三魚堂日記》,(台北:新文豐出版公司,《叢書集成新編》冊 89,

民國 74 年）。

十二劃

1. 傅榮賢，《中國古代圖書分類學研究》，（台北：臺灣學生書局，民國 88 年 8 月初版）。

2. 喬好勤，《目錄學》，（武昌：武漢大學出版社，1992 年 6 月一版一刷）。

3. 彭斐章、謝灼華、喬好勤編，《目錄學研究文獻匯編》，（武昌：武漢大學出版社，1996 年修訂版）。

4. 曾純純，《朱彝尊及其詞研究》，（台北：淡江大學中文研究所碩士論文，民國 81 年 6 月）。

5. 程千帆、徐有富，《校讎廣義·目錄編》，（濟南：齊魯書社，1988 年 8 月一版一刷）。

6. 黃嗣艾撰，《南雷學案》，（台北：明文書局，民國 74 年）。

7. 黃虞稷，《千頃堂書目》，（台北：台灣商務印書館影文淵閣「四庫全書」本，民國 75 年 3 月）。

8. 黃虞稷、周在浚編纂；葉德輝考證，《徵刻唐宋祕本書目一卷附考證二卷》，（台北：廣文書局書目五編，民國 61 年）。

十三劃

1. 楊果霖，《新舊唐書藝文志研究》，（台北：中國文化大學中國文學研究所碩士論文，民國 83 年 6 月）。

2. 葉元章、鍾夏選註，《朱彝尊選集》，（上海：上海古籍出版社，1991 年 11 月一版一刷）。

3. 葉衍蘭、葉恭綽編，《清代學者象傳合集》，（上海：上海古籍出版社，1989 年 7 月一版一刷）。

十四劃

1. 管敏義主編，《浙東學術史》，（上海：華東師範大學出版社 1993 年 12 月一版一刷）。

2. 趙爾巽等撰，《清史稿》，（台北：明文書局，民國 74 年）。

十五劃

1. 劉兆祐，《中國目錄學》，（台北：五南圖書出版公司，民國 87 年初版一刷）。

2. 劉兆祐，《宋史藝文志史部佚籍考》，（台北：國立編譯館中華叢書編審委員會，民國 73 年 4 月）。

3. 劉簡，《中文古籍整理分類研究》，（台北：文史哲出版社，民國 70 年 2 月增訂再版）。

4. 蔡冠洛編纂，《清代七百名人傳》，（台北：明文書局，民國 74 年）。

5. 鄭玄注・賈公彥疏，《周禮注疏》，（台北：藍燈文化事業公司影印嘉慶 20 年江西南昌府雕「重刊宋本周禮注疏附校勘記」，年代未詳）。

6. 鄭元慶，《吳興藏書錄》，（台北：世界書局，《藏書紀事詩等五種》，民國 69 年 10 月 4 版）。

7. 鄭方坤撰，《清朝名家詩鈔小傳》，（台北：明文書局，民國 74 年）。

8. 鄭偉章，《文獻家通考》，（北京：中華書局，1999 年 6 月一版一刷）。

9. 鄭偉章、李萬健，《中國著名藏書家傳略》，（北京：書目文獻出版社，1986 年 9 月一版一刷）。

10. 鄧之誠撰，《清詩紀事初編》，（台北：明文書局，民國 74 年）。

11. 震鈞輯，《國朝書人輯略》，（台北：明文書局，民國 74 年）。

12. 蔣良騏原纂・王先謙纂修，《十二朝東華錄》（康熙朝），（台北：文海出版社，民國 52 年 9 月）。

十六劃

1. 盧正言主編，《中國古代書目詞典》，（南寧：廣西教育出版社，1994 年 4 月一版一刷）。

2. 錢大昕，《十駕齋養新錄》，（台北：世界書局，民國 66 年 12 月再版）。

3. 錢大昕，《元藝文志》，（台北：世界書局，民國 65 年 2 月再版）。

4. 錢仲聯主編，《清詩紀事》，（江蘇古籍出版社，1987 年 6 月一版一刷）。

5. 錢林輯・王藻編，《文獻徵存錄》，（台北：明文書局，民國 74 年）。

6. 錢泰吉，《曝書雜記》，（台北：成文出版社有限公司「書目類編」本，民國 67 年 5 月）。

7. 錢儀吉纂錄，《碑傳集》，（台北：明文書局，民國 74 年）。

8. 錢穆，《中國近三百年學術史》，（北京：中華書局，1986 年 5 月一版一刷）。

9. 閻若璩，《尚書古文疏證》，（台北：新興書局影「皇清經解續編」本，民國 61 年 11 月初版）。

十七劃

1. 謝啓昆，《小學考》，（台北：廣文書局影光緒十四年杭州浙江書局本「書目三編之六五」，民國 58 年）。

十八劃

1. 簡博賢，《今存唐代經學遺籍考》，（台北：臺灣師範大學國文研究所碩士論文，民國 59 年 11 月）。

2. 魏徵等撰，《隋書》，（台北：洪氏出版社，民國 66 年 6 月初版）。

3. 鄺士元，《中國學術思想史》，（台北：里仁書局，民國 84 年 2 月增訂三版）。

十九劃

1. 羅仲鼎、陳士彪選注，《朱彝尊詩詞選》，（杭州：浙江古籍出版社，1989 年 10 月初版一刷）。

二十劃

1. 嚴佐之，《近三百年古籍目錄舉要》，（上海：華東師範大學出版社，1994 年 9 月一版一刷）。

論文部份

二 劃

1. 丁原基，〈王獻唐先生於目錄版本學上的貢獻〉，（《國立中央圖書館館刊》新 23 卷第二期，民國 79 年 12 月），頁 33～頁 53。

2. 丁原基，〈王獻唐先生於校讎學上的貢獻〉，（《國立中央圖書館館刊》新 24 卷第二期，民國 80 年 12 月），頁 135～頁 161。

三 劃

1. 王利器，〈曹寅與朱彝尊〉，（《中華文史論叢》，1979 年，1979 年第一期），頁 387～頁 392。

2. 王俊義、趙剛，〈窺見清初經學堂奧的力作──評《清初的群經辨偽學》〉（台北：《中國文哲研究通訊》4 卷四期，民國 83 年 12 月），頁 461～頁 472。

3. 王重民，〈千頃堂書目考〉，（《中國目錄學史論叢》，（北京：中華書局，1984 年 12 月一版一刷），頁 185～頁 212。

4. 王渭清，〈談《經義考》中的「易考」──兼及全祖望《讀易別錄》〉，（《四川圖書館學報》，1988 年第二、三期，1988 年），頁 145～頁 160。

5. 王藝，〈明代私家目錄體例之研究〉，（《四川圖書館學報》，1989 年第二期，1989 年）。

五 劃

1. 田鳳台，〈朱彝尊與經義考〉，（台北：黎明文化事業公司，《古籍重要目錄書析論》，民國 79 年 10 月 1 日），頁 135～160。

2. 艾爾曼，〈清代科舉與經學的關係〉，（台北：南港中央研究院文哲所，《清代經學國際研討會論文集》，民國 83 年 6 月），頁 31～頁 102。

3. 白新良，〈清代前期的輯佚書活動〉，（《南開學報》第二期，1986），頁 67～頁 71；另接頁 80。

七 劃

1. 吳哲夫，〈清四庫臣對文獻文物管理方法之探尋〉，（《兩岸四庫學》──第 1 屆中國文獻學學術研討會論文集，台北：台灣學生書局，民國 87 年 9 月），頁 311～頁 336。

2. 吳梁，〈朱彝尊著述考略〉，（《古籍整理研究學刊》，1992 年第四期，1992 年），頁 15～頁 17。

3. 吳梁，〈經學目錄巨著——《經義考》〉，（《圖書館理論與實踐》第四期，1990年），頁 48～頁 49。

4. 呂士朋，〈清代的崇儒與漢化〉，（台北：南港中央研究院，《國際漢學會議論文集》（歷史考古組上冊），民國 70 年 10 月 10 日）。

5. 呂春嬌，〈目錄版本學的一代宗師——訪國立故宮博物院副院長暨國立臺灣大學圖書館研究所昌教授彼得〉，（《臺北市立圖書館館訊》，第 4 卷四期，民國 76 年 6 月），頁 84～87。

6. 李一遂，〈《左氏春秋》著錄書目研究〉，（台北：《書目季刊》，第 25 卷 3 期，民國 80 年 12 月 16 日），頁 94～頁 150。

八 劃

1. 周少川，〈論古代私家藏書的類型〉，（《文獻》第四期，1998 年），頁 148～162。

2. 周積明，〈《四庫全書總目》的經學批評〉，（台北：《孔孟學報》七十一期，民國 85 年 3 月），頁 179～頁 198。

3. 周駿富，〈明史藝文志淵源考〉，（台中：《圖書館學報》（東海大學）第八期，1967 年 5 月），頁 151～177。

4. 林慶彰，〈專科目錄的編輯方法〉，（台北：《書目季刊》30 卷四期，民國 86 年 3 月 16 日），頁 62～71。

5. 林慶彰，〈四庫館臣篡改《經義考》之研究〉，《兩岸四庫學》——第一屆中國文獻學學術研討會論文集，（台北：台灣學生書局，1998 年 9 月），頁 239～262。

6. 林慶彰，〈五經大全之修纂及其相關問題探究〉，（台北：文史哲出版社，《明代經學研究論集》，民國 83 年 5 月），頁 33～頁 60。

7. 林慶彰，〈晚明經學的復興運動〉，（《中國書目季刊》18 卷三期，民國 73 年 12 月）。

8. 林慶彰，〈朱睦㮮及其《授經圖》〉，（台北：《中國文哲研究集刊》第三期，民國 82 年 3 月）。

9. 邱建群，〈朱彝尊《經義考》讀後記〉，（《四川圖書館學報》，1985 年第二期）。

九 劃

1. 施隆民，〈朱彝尊宗經載道的文學思想〉，（台北：《孔孟月刊》，第 20 卷第六期，民國 71 年 2 月）。

2. 胡楚生，〈漢書藝文志與隋書經籍志比勘舉例〉，（台北：《國立中央圖書館館刊》，新 20 卷第二期，民國 76 年 12 月）。

十一劃

1. 張一民，〈朱彝尊與曝書亭藏書〉，（《圖書館（湖南）》第五期，1992 年），頁70～頁 72。

2. 張升，〈對清代輯佚的兩點認識〉，（《文獻》第一期，1994 年）。

3. 曹之，〈古書引文考略〉，（《四川圖書館學報》，1997 年第二期）。

4. 曹書杰，〈《四庫全書》采輯《永樂大典》本數量辨〉，（《中國歷史文獻研究》第二期，1988 年 8 月）。

5. 莊雅洲，〈經學史（導讀）〉，（台北：三民書局，《國學導讀》第二冊，民國 82年）。

6. 陳祖武，〈朱彝尊與《經義考》〉，（《文史》第四十輯，1994 年 9 月）。

7. 陳鐵凡，〈清代學者地理分佈概述〉（《圖書館學報》（東海大學）第八期，民國56 年 5 月）。

十二劃

1. 喬衍琯，〈經義考所引千頃堂書目集證〉，（台北：《書目季刊》，6 卷三期），頁3～頁 57。

2. 喬衍琯，〈《經義考》及《補正》、《校記》綜合引得敘例〉，（台北：《書目季刊》18 卷第四期，民國 74 年 3 月），頁 35～頁 37。

3. 喬衍琯，〈論經部的分類〉，（台北：《國立中央圖書館館刊》，新 27 卷一期，民國 83 年 6 月），頁 59～頁 85。

4. 喬衍琯，〈論千頃堂書目經考與明志的關係〉（台北：《國立中央圖書館館刊》新 10 卷第一期，民國 66 年 6 月），頁 1～頁 10。

5. 曾聖益，〈朱彝尊的詩文理論〉，（台北：《中國文化月刊》第一九五期，民國85 年 1 月），頁 109～頁 128。

6. 湯志鈞，〈清代經今古文學的傳承〉，（台北：大安出版社，《經學史論集》，民國 84 年 6 月）。

7. 程煥文，〈中國圖書文化的演變及其意義（代序）〉。《中國圖書論集》，一版一刷，（北京：商務印書館出版，1994 年 8 月），頁 1～頁 26。

8. 程玉鳳，〈清初順康兩朝對於知識份子的籠絡政策〉，（台北：《史學會刊》（師大）第 15 期，民國 65 年 2 月）。

9. 黃忠慎，〈《經義考》所載今存或可考之北宋《詩》學要籍述評〉，（台北：《孔孟月刊》第 32 卷第六期，民國 83 年 2 月），頁 2～頁 8。

10. 童鷹九，〈石經書目〉，（嘉義：《嘉義師專學報》，第四期，民國 62 年 5 月），頁 33～頁 58。

十三劃

1. 楊晉龍，〈四庫全書處理經義考引錄錢謙益諸說相關問題考述〉，《第七屆所友學術討論會論文集》，（高雄：國立師範大學國文學系，民國 87 年 5 月），頁

31～48。

2. 詹海雲，〈全祖望的經學思想〉，（北京：中國社會科學出版社，《論浙東學術》，1995 年 2 月），頁 413～423。

十五劃

1. 劉兆祐，〈臺灣地區博碩士論文在整理古籍方面之成果並論古籍整理人才之培育〉，（台北：《書目季刊》30 卷二期，民國 85 年 9 月），頁 35～43。

2. 鄭偉章，〈《清以來文獻家傳略》的撰寫〉，（《中國圖書館學報》，1995 年第四期，1995 年），頁 51～頁 53。

3. 鄭偉章，〈《四庫全書》獻書人叢考〉《書林叢考》，（廣東人民出版社，1995 年 7 月），頁 261～頁 429。

4. 鄧瑞，〈試論閻若璩的治學〉（《中國歷史文獻研究》第二期，1988 年 8 月），頁 168～頁 178。

十六劃

1. 盧仁龍，〈《經義考》綜論〉，（台北：文史哲出版社，《中國經學史論文選集》（下冊），初版，民國 82 年 3 月），頁 415～430。

2. 盧錦堂，〈經部善本書志簡編〉，（台北：《國立中央圖書館館刊》，新 26 卷第二期，民國 82 年 12 月），頁 157～頁 168。

十七劃

1. 謝正光，〈試論清初人選清初詩〉，（台北：《漢學研究》，15 卷二期，民國 86 年 12 月），頁 171～頁 183。

二十劃

1. 嚴佐之，〈清代私家藏書目錄瑣論〉《近三百年古籍目錄舉要》，（上海：華東師範大學出版社，一版一刷，1994 年 9 月），頁 1～頁 6。